LES GENTILLES FILLES VONT AU PARADIS, LES AUTRES LÀ OÙ ELLES VEULENT

Elie Grimes ne connaît qu'une recette pour que la vie soit plus belle : une grande cuisine, des amis un peu fous, quelques cocktails improvisés, de la bonne musique et des livres à portée de main. Des ingrédients qu'elle a décidé un jour de transformer en histoire… Le reste du temps, elle vit entre une épicerie chinoise et un lavomatique, ne quittant son ordinateur que pour suivre avec passion les tribulations de ses deux filles et de son *self-made man* attitré.

ELIE GRIMES

Les gentilles filles vont au paradis, les autres là où elles veulent

PRÉLUDES

Préludes est un département de la Librairie Générale Française.

ISBN : 978-2-253-26243-5

1

Les gentilles filles mettent des chaussures quand elles sortent

— Ces deux-là, on devrait les marier, répéta la grand-tante Vic pour la millième fois.

Zoey se retint de lever les yeux au ciel et préféra continuer à sourire aux deux vieilles dames – Tante Vic et son amie Beckey Manson – qui discutaient comme si Adrian et elle ne se tenaient pas là, juste devant elles.

Elle savait ce qui l'attendait et s'y résigna avec un vif sentiment de satisfaction, celui d'être une martyre subissant son châtiment par pure grandeur d'âme.

Tante Vic était intarissable lorsqu'il s'agissait de raconter la vie des jeunes gens qui l'entouraient et qu'elle appréciait. Elle n'y mettait aucune malveillance, bien au contraire.

Sans espoir de trouver du secours auprès d'Adrian dont la technique d'apathie totale face aux attaques matrimoniales de la charmante aïeule avait depuis longtemps fait ses preuves, Zoey risqua néanmoins un coup d'œil vers lui, alors que Tante Vic affirmait :

— Adrian et Zoey vivent à New York.

Zoey soupira.

Comme si nous vivions ensemble !

— Zoey y a sa propre entreprise. Elle a seulement trente ans ! Elle est traiteur. Sa grand-mère, ma sœur Angelina, lui a tout appris. C'est Zoey qui a fait le buffet. Son travail lui prend énormément de temps, ce qui explique qu'elle soit toujours célibataire. Pourtant, nous le savons, toi et moi, Beckey, n'est-ce pas, il suffit de regarder à côté de soi, au lieu d'aller chercher midi à quatorze heures.

Adrian, les mains dans les poches de son jean, se contenta de souffler sur une mèche brune qui lui roulait sur le nez, et de se reperdre dans une intense contemplation du fond du jardin.

Du coin de l'œil, Zoey vit sa mère lui faire signe, une expression désespérée sur le visage, puis lui montrer une table où une place vide au milieu des plats menaçait dangereusement l'harmonie du buffet.

Consciente d'être déloyale, elle tenta le tout pour le tout :

— Voyons, Tante Vic, Adrian ne ferait pas un petit ami acceptable ! Il n'est même pas sorti de l'adolescence. Regarde-le. Il porte encore des t-shirts AC-DC.

Adrian tressaillit à ses côtés et lâcha un sifflement entre ses dents serrées. D'un mouvement de tête, il laissa retomber sa mèche rebelle sur son front, pour se cacher derrière. Elle le paierait plus tard, elle le savait.

Mais à la guerre, tous les coups sont permis, pensa-t-elle, avec la certitude qu'il ne s'agissait que de la retranscription assez vague d'un proverbe connu.

La vieille dame reprit de plus belle :

— La valise d'Adrian s'est perdue en route. Sais-tu qu'il revient du Brésil ? Il est arrivé directement de Rio jusqu'ici, pour ne pas manquer les trente-cinq ans de mariage des parents de Zoey. C'est pour ça qu'il porte un de ses vieux t-shirts d'adolescent. Il est trop petit, ça se voit, non ? C'est un brillant compositeur. Brillant. Zoey et lui ont été pratiquement élevés ensemble ! Adrian est le fils de Stella et Darryl Peters, les amis des parents de Zoey qui vivent juste en face. Avec Dalton, le frère de Zoey, Tina, leur cousine, et Laurie, la fille des Harting qui habitent au bout de la rue, nous les appelions la « petite bande ».

— Si vous aviez voulu que je l'épouse, commença Adrian avec délectation, il aurait peut-être fallu l'éduquer un peu mieux.

Zoey tourna la tête, le temps d'apercevoir le regard plein de rancune que son ami d'enfance lui jetait puis, s'excusant à peine, s'élança pour rejoindre sa mère.

Bien tenté, Mozart, pensa-t-elle, repoussant l'envie de se jeter dans une joute verbale avec son meilleur ami.

Elle tenta de ne pas courir, alors que plusieurs regards se braquaient sur elle depuis les tables installées dans le jardin de ses parents. Elle ignora ostensiblement le signe de Nana, sa grand-mère, qui papotait avec Stella Peters, tout en faisant rouler les perles de son collier dans un geste qui lui était habituel et qui présageait une discussion des plus animées.

Rien, de toute façon, par rapport à ce qui l'attendait.

Plus Zoey se rapprochait de sa mère, plus la bouche de celle-ci se crispait. Fran Westwood avait hérité de la sienne, la terrible Nana, le sens du détail et un autoritarisme amplifié par un caractère bien moins original que celui de la vieille dame. Contrairement à cette dernière, elle accordait une grande importance à l'image sociale qu'elle renvoyait. Sa fête d'anniversaire de mariage représentait des mois de travail et Zoey avait cru devenir folle, à chaque fois que le téléphone avait sonné et qu'elle avait vu s'afficher « Maman » sur l'écran. À deux semaines de la date fatidique, elle avait sérieusement envisagé de changer d'adresse mail. Trois jours avant, elle se demandait s'il était vraiment compliqué de falsifier ses papiers et de fuir au Mexique ou, mieux, en France, où elle aurait trouvé une place de chef dans un bistrot.

— Tu n'as pas marqué les plats végétariens, asséna sa mère, dont les pupilles oscillaient à une vitesse inquiétante dans ses yeux écarquillés et parfaitement maquillés.

Zoey regarda la table, puis sa mère, et prit une longue inspiration.

— Tu m'as dit de ne pas mettre les plats végétariens sur la même table que les autres.

— Je n'ai jamais pu dire une chose pareille ! s'exclama Fran.

— Tu as dit que tes amis végétariens seraient dégoûtés à l'idée que leur nourriture ait pu cohabiter avec de la viande, continua calmement Zoey, en séparant bien toutes les syllabes.

— C'est ridicule !

— Je suis bien d'accord, répondit Zoey.

— Il faut que tu règles ce problème maintenant, reprit Fran, furieuse. La plupart des invités vont arriver d'une minute à l'autre. Si Roberta Conner n'a pas son menu végétarien, ma vie va devenir un enfer dans les jours à venir et tous mes efforts pour faire de cette fête un moment inoubliable auront été réduits à néant. Tu sais à quel point c'est important pour ton père.

Du coin de l'œil, Zoey vit Jo Westwood se servir un verre de whisky, tout en discutant le plus sereinement du monde avec Darryl Peters, calés dans les fauteuils du salon d'été où ils avaient passé tant d'heures à disserter de tout et de rien.

— Je vais mettre des étiquettes, affirma Zoey.

La promesse ne calma pas pour autant Fran Westwood.

— Tu en profiteras pour te coiffer, ma chérie. Et tant que je te tiens, car je vais être horriblement prise le reste du temps, sois aimable avec Laurie Harting. Sa mère m'a fait des réflexions à ce sujet. N'oublie pas que vous avez été amies d'enfance et que de l'eau a coulé sous les ponts depuis que Spencer et toi avez…

Zoey dévisagea sa mère et lâcha un ricanement amer, bien malgré elle.

— Depuis que Spencer et moi avons rompu parce qu'elle a tout fait pour qu'il tombe amoureux d'elle ?

Fran Westwood contempla à son tour sa fille, comme si elle venait de lui annoncer qu'elle avait décidé de fourrer les samoussas végétariens avec de la farce de porc.

— Pas d'esclandre ce soir, tu veux bien ? gronda-t-elle, après ce qui sembla être un court instant de réflexion. Ton père ne supportera pas que la fête soit gâchée par une scène.

Zoey hésita à répondre que son père aurait de toute façon une scène, mais pas de sa part, et pour un détail aussi futile que le type de verre qu'il aurait utilisé pour porter un toast.

Elle renonça cependant à se battre avec sa mère qui n'était pas apte à écouter ses arguments et préféra se concentrer sur la tâche qu'elle lui avait confiée.

Elle maugréa qu'elle irait chercher des étiquettes et qu'elle en profiterait pour se coiffer puis, non sans une certaine ironie, demanda si sa mère désirait autre chose.

Le claquement de lèvres de Fran lui fournit la réponse.

Elle promit alors de se montrer aimable avec Laurie Harting, tout en précisant qu'elle éviterait toute conversation qui tournerait autour de son mariage prochain avec Spencer, avant de se diriger vers la maison.

— Zoey ?

Sa mère, contre toute attente, souriait.

— J'espère que Dalton, Adrian et toi n'avez pas préparé de surprise, cette fois-ci.

La façon dont elle avait appuyé sur le mot « surprise » en disait long sur ce qu'elle avait pensé de leur dernier spectacle improvisé, lors du trentième anniversaire de mariage.

— Je crois que Dalton a prévu un rap, lança-t-elle avec un sourire délecté.

Elle n'écouta pas la saillie qui s'ensuivit et s'éloigna, le plus noblement possible, en ignorant de nouveau le signe de la main de Nana qui avait visiblement suivi l'échange de loin.

En gravissant les quelques marches qui menaient à la maison, elle repoussa du pied Velter, le jack russel de sa mère, qui attendait patiemment que quelqu'un lui ouvre, dans l'espoir toujours vivace de voler quelque chose.

— Désolée, Velt', mais les chiens ne sont plus admis dans la maison. Consignes sanitaires. Plains-toi à ta maîtresse.

Dans la cuisine où régnait un calme inquiétant, elle se dirigea directement vers une caisse en plastique marquée « Zoey's Kitchen » en lettres cursives, pour en tirer les étiquettes qu'elle avait utilisées pour la plupart des plats. Assise dans un coin, Sally, son assistante, scrutait son smartphone avec passion. Elle avait fait l'effort de mettre une jupe d'une longueur raisonnable, sous sa blouse de cuisinière, et d'attacher ses boucles d'un roux éclatant.

— Un souci ? demanda-t-elle, sans détacher les yeux de l'écran.

— Ma mère veut qu'on présente les plats végétariens avec les autres.

Sally quitta son écran des yeux pour les lever au ciel, ce que Zoey feignit d'ignorer.

— Est-ce que tu veux que je t'aide ? dit-elle, en posant son portable à regret.

— Tu as terminé le reste ?

— Oui. Les miniquiches finissent de cuire. Je crois qu'on est au point. Il faudra juste me dire quand apporter les verrines. Ta mère…

— … va nous rendre folles toutes les deux, je sais. Je te remercie de ta patience, Sally.

La jeune femme sourit.

— C'est sans doute la pire cliente que nous ayons eue, dit-elle. Désolée…

— Tu ne m'apprends rien. Des quiches et des verrines… Nous avons échappé de peu à la salade de homard.

— Ta mère est… disons… traditionnelle, répondit Sally. Espérons qu'elle sera satisfaite.

— Ou qu'il neige en juillet. Elle ne sera pas satisfaite, sauf si ses amies sont soudain touchées par la grâce et concèdent que le buffet était bon, sans ajouter de commentaires sucré-salé. Évidemment, si Nana s'en était occupée, personne n'aurait osé faire de remarques, même pas Maman. Tout est à double tranchant, dans ma famille. Ma mère fait ça pour « m'aider à me lancer », officiellement, alors que je sais très bien que c'est pour pouvoir me critiquer après. Je suis terriblement décevante.

Un sentiment d'amertume remonta soudain.

Depuis l'enfance, ses rapports avec Fran avaient été orageux. Sa mère avait toujours eu à cœur d'être une femme indépendante et active, ce qui était tout à son honneur. Nana avait pris le relais, devenant peu à peu bien plus qu'une grand-mère pour Zoey, qui avait passé les dix premières années de sa vie à aller d'une maison à l'autre, rentrant chez elle pour dîner et dormir – et parfois simplement pour dormir, lorsque Fran et Jo s'attardaient au bureau.

Son caractère profondément émancipé, son goût pour la liberté et son absence totale d'intérêt pour la réussite sociale avaient encore compliqué les choses, au fur et à mesure qu'elle grandissait.

Elle avait entendu, toute son adolescence, qu'elle devait se conduire comme une gentille fille, parfois en riant, parfois sérieusement. Tout dépendait de qui parlait.

Le ton de Fran, dont c'était devenu le mantra préféré, ne laissait aucune place au doute.

À partir de ses douze ans, avec la conscience de qui elle était et la tendre indulgence de Nana, elle avait entretenu une personnalité à l'opposé de ce qu'une mère de banlieue chic pouvait attendre de sa fille. L'adolescence avait été une montagne russe, faite de découvertes, de disputes et de soirées volées, dès que sa mère regardait dans une autre direction (celle de Dalton, ce qui l'arrangeait bien).

Arrivée à l'âge adulte, elle s'était assagie – à part peut-être en ce qui concernait l'alcool et les fêtes. Lorsqu'elle était sortie avec Spencer, elle avait cru que Fran serait satisfaite, même si à l'époque elle avait affirmé n'accorder aucune importance à l'avis de sa mère.

La rupture avec Spencer avait été un prétexte de plus pour lui rappeler à quel point elle était décevante.

À présent, elle se fichait d'être « une gentille fille ». Elle avait vraiment fait des efforts dans ce sens, mais en vain. Peut-être ne savait-elle pas ce à quoi ce titre correspondait. Elle supposait que, selon les critères établis, il avait quelque chose à voir avec la façon de se coiffer et le fait de ne pas coucher avec n'importe qui. Sur ce dernier point, elle pouvait affirmer qu'elle avait été *la plus gentille fille du monde*, cette dernière année.

Sans que personne lui décerne de prix de chasteté, cela dit.

Pour Fran, elle restait cette adolescente terrible, échevelée, traînant avec Adrian Peters et Dalton (qui était loin d'être un saint mais qui avait développé une forme de sournoiserie assez efficace pour échapper à toutes représailles, ce que Zoey n'avait jamais su faire) ; la vilaine gamine mal fagotée qui considérait la vie comme l'occasion de faire l'idiote.

— Je ne suis décidément pas la fille de ses rêves, conclut Zoey, alors que Sally la contemplait avec un regard affectueux.

Elle se rendit compte, bien que Sally soit devenue sa meilleure amie, qu'elle n'avait pas à lui dévoiler son intimité familiale de cette façon pendant qu'elles travaillaient.

Ce n'est pas une attitude très professionnelle.

Dans ce contexte, il lui était cependant très difficile de rester professionnelle. Depuis la veille, Fran s'était acharnée à l'infantiliser, à force de remarques hystériques sur sa façon de procéder ou son manque d'organisation.

Sally sembla suivre le cheminement de sa pensée sur son visage et posa son téléphone.

— Ne t'inquiète pas, répondit-elle doucement. Nous avons vécu pire et nous y arriverons, même si cette cuisine ne nous aide pas. Elle n'est pas vraiment pratique. Tout y est si… neuf. À croire qu'aucun des appareils n'a été utilisé jusqu'à maintenant.

— Bienvenue dans la cuisine type de la parfaite famille *upper class* américaine, grinça Zoey. Ça rend Nana complètement folle et elle refuse même d'y entrer. Ma mère ne se sert que du cuiseur vapeur, de toute façon. Ce qui explique qu'elle soit si mince. Elle essaie de faire croire que c'est son métabolisme, mais la vérité, c'est qu'elle s'affame.

Zoey se mordit les lèvres. Elle venait de recommencer. La réflexion sur ses cheveux, que sa mère lui avait assénée deux fois, faisait écho à d'autres remarques bien plus acides, prononcées à d'autres moments, au fil de sa vie. Contrairement à Fran, Zoey n'était pas ce qu'on aurait pu appeler la minceur incarnée. Elle avait des hanches, des fesses, des cuisses rondes et elle désespérait de faire disparaître le petit pli qu'elle avait gardé au-dessous des coudes et que son père appelait gentiment son « pli de bébé ».

Ajoutés à ça, ses cheveux bruns impossibles, qui ne supportaient ni épingles ni barrettes, contrastaient largement avec les coiffures maîtrisées et la chevelure cent pour cent italienne de sa mère, qu'elle entretenait à grands frais.

D'instinct, sa main se porta sur une des mèches folles qui sortaient du chignon que Giuliano, le coiffeur de Fran, avait patiemment construit le matin même et qui avait dégringolé au fur et à mesure de la journée, alors qu'elle se baissait vers le four ou qu'elle se penchait sur la vapeur des casseroles. Puis, prise d'une angoisse soudaine, elle regarda sa robe bleu marine, la plus sage qu'elle avait trouvée dans son placard bourré de jeans bruts, de tops décolletés et de baskets aux couleurs vives, et remarqua ses pieds nus, non sans horreur.

— Tu aurais pu me dire que je n'avais pas de chaussures ! s'exclama-t-elle.

Plût au ciel, Fran n'avait rien vu, sans quoi elle se serait fait un plaisir de s'indigner.

— Tu adores cuisiner les pieds nus, répondit Sally, avec un haussement d'épaules. Et puis, tu es charmante, comme ça.

La réflexion de son amie lui arracha un sourire. Sally avait le don de lui remonter le moral, toujours positive et toujours de son côté.

— Je suis bien contente de rester en cuisine, reprit Sally, avec un air malicieux. Et de ne pas avoir à quitter ma blouse. Ta mère a réussi à me dire qu'avec des cheveux roux et aussi bouclés, je gagnerais à me les faire couper court.

— Je suis tellement désolée, murmura Zoey.

— Ne t'inquiète pas. Ma mère dit la même chose, ajouta Sally en souriant. Ça et que je suis bien trop âgée pour être une simple assistante. Nous avons chacune une famille écrasante à gérer. Sinon, nous n'aurions rien à compenser et nous serions passées à côté de notre amour délirant pour le sucre.

Appuyant ses paroles, elle ramassa un peu de sucre glace qui traînait sur la table, du bout du doigt, et le lécha.

— Finissons ces étiquettes, que je puisse repartir affronter le dragon et sa cohorte de vilaines fées, dit Zoey en s'installant du côté propre de la table. J'ai lancé ma mère sur Dalton, mais il ne tiendra pas éternellement, du moins pas sans tenter de me la renvoyer dans les pattes.

Les yeux de Sally s'illuminèrent brièvement.

— Est-ce que ton frère s'en sort avec la musique ?

— Dalton est un vrai dieu ! répondit Zoey, non sans rire intérieurement. Mais il fait une chaleur terrible et il a été obligé de se mettre torse nu. J'ai pris des photos. Tu veux voir ?

Sally la dévisagea, soudain rouge comme une pivoine.

— Tu es horrible ! murmura-t-elle. J'étais juste polie.

— Bien sûr, répondit Zoey, hilare. Cela dit, je crois que Dalton souffre des choix de musique de ma mère, comme moi de ceux de son buffet. Et de la chaleur aussi, parce que tu imagines bien qu'il a été forcé de porter une chemise et qu'il est hors de question qu'il l'enlève en public. Mais si tu insistes un peu, je suis sûre qu'il acceptera de te faire une séance privée.

C'était très exactement le genre de Dalton. Adolescente, Zoey avait renoncé à avoir des amies filles, le jour où elle s'était aperçue que certaines d'entre elles la fréquentaient pour avoir une chance auprès de son frère ou, au mieux, de le croiser dans la salle de bains par une coïncidence savamment programmée. Du morveux qu'aucune de ses camarades de classe ne voulait approcher à ses goûters d'anniversaire, Dalton était devenu, par un miracle que Zoey attribuait à ses excellents conseils de grande sœur, souvent agrémentés d'une claque derrière la tête, un véritable séducteur, dès son entrée au lycée. Elle se faisait souvent la réflexion que la génétique avait été heureuse : avec des cheveux noirs et un teint d'Italien, il aurait été une parfaite caricature du dragueur méditerranéen. Or son côté espiègle et ses taches de rousseur poussaient à l'indulgence et lui permettaient, avec une certaine ironie, d'arriver encore plus vite à ses fins.

Sally attrapa une pile d'étiquettes et un marqueur.

— Zoey Westwood, tu es la pire amie du monde. Tu mérites entièrement toutes les réflexions que ta mère t'a faites.

Zoey éclata franchement de rire, cette fois-ci.

— Qu'est-ce que j'ai dit ? Je ne vois pas d'objection à ce plan. Je dois bien reconnaître que mon frère, ce petit cancrelat imbu de lui-même et de ses diplômes de droit prestigieux, a tout de l'homme idéal pour une jeune rouquine de ma connaissance.

— Je n'ai aucun projet avec ton frère, grogna Sally, rougissant et riant en même temps. Il n'a visiblement aucun projet avec moi non plus, à part ce café que nous avons pris l'année dernière et après lequel nous ne nous sommes plus jamais revus seuls. Je parle de Dalton avec toi parce que je suis ton amie et que tout ce qui te touche m'intéresse.

— On parle de moi ? fit alors une voix enjouée, depuis l'encadrement de la porte de la cuisine.

Dalton entra d'un pas nonchalant. Effectivement, il portait une chemise bleu ciel à rayures blanches qui n'allait pas du tout avec la masse de cheveux châtains et raides qu'il s'obstinait à ne pas vouloir couper, ni avec son visage criblé de taches de rousseur, et encore moins avec son pantalon beige qui ressemblait étrangement au style habituel de son père, quelques tailles en moins. L'ensemble lui donnait l'allure d'un gamin partant à la remise des prix de son école et contrastait violemment avec l'air malicieux qu'il affichait à cet instant en dévisageant les deux jeunes femmes.

— On discutait de tes compétences de DJ.

Dalton s'affala sur la chaise la plus proche.

— Ne m'en parle pas. Maman est en train de me rendre dingue.

Sally et Zoey ne purent retenir un rire complice.

— J'ai prétexté une envie urgente d'aller aux toilettes pour ne pas subir « Fly me to the moon » de Sinatra.

— J'aime bien cette chanson, murmura Sally, avant de replonger avec une brusque passion dans ses étiquettes.

— Moi aussi, répondit Dalton. Mais pas quand elle est précédée et suivie de tout le best of de Frankie, tu vois ? J'ai voulu mettre Harry Connick Junior, histoire de changer un peu, et Maman m'a demandé pourquoi ma génération avait ce goût aussi lamentable pour les reprises.

Zoey et Sally pouffèrent de nouveau.

— Est-ce que les autres invités sont arrivés ? demanda Zoey.

— Oui, il y a eu une entrée en masse. Tu sais comment sont les gens dans les banlieues chics… Ils respectent tous le petit retard réglementaire de vingt minutes. Dis donc, traîtresse, ajouta-t-il en s'adressant à sa sœur, tu as refourgué Tante Vic à Adrian et je crois qu'il est au bord du suicide. Quand je suis passé près d'eux, il était à deux doigts de hurler que s'il ne t'avait jamais demandée en mariage, ce n'était pas parce qu'il était homosexuel. Je l'aurais bien sauvé mais…

— Tu n'as pas eu le courage. C'était déloyal, je l'avoue. J'adore Tante Vic, mais Maman plus elle la même soirée, sans parler de Laurie Harting…

Dalton lui jeta un regard, soudain mal à l'aise. Zoey savait qu'il n'aimait pas aborder avec elle les sujets qui concernaient leur vie sentimentale. Ils parlaient de tout, depuis l'enfance, sauf de ça. Dalton, sous ses dehors amusants et bavards, pouvait se montrer d'une extrême pudeur. Sally brisa le silence, sans se rendre compte de leur gêne, la tête toujours penchée sur sa tâche.

— Laurie Harting ?

Elle contempla Zoey qui avait légèrement pâli.

— Est-ce que ça veut dire que Spencer sera là ?

— Est-ce que tu crois que Laurie s'abstiendrait de se pavaner ici avec son fiancé ? répondit Zoey, un peu plus sèchement qu'elle ne l'aurait voulu.

— Je ne la connais pas, grimaça Sally. Mais d'après ce que tu m'en as dit, effectivement, j'ai l'impression que c'est le genre de filles qui se fichent un peu des sentiments des autres, non ? Quant à Spencer, que je ne connais pas non plus…

Dalton se trémoussa sur sa chaise.

— Spencer est un chouette type.

Sally leva la tête. Ses joues s'étaient de nouveau empourprées, mais Zoey nota l'éclat furieux dans ses yeux, alors qu'elle dévisageait son frère.

— Un chouette type ?

— J'ai toujours apprécié Spencer, commença Dalton, sans oser regarder Zoey.

— Apprécié Spencer ? Ce type a littéralement brisé le cœur de ta sœur !

Zoey n'avait jamais vu son amie en colère. Elle l'avait déjà vue agacée, après un coup de fil avec une cliente pénible ou, son cauchemar, le comptable. Elle l'avait vue froissée, décontenancée, et une fois ou deux peinée, mais jamais encore elle n'avait entendu cette voix furibonde, ni vu son visage se plisser de cette manière, ni ses yeux verts briller de cette lueur vengeresse.

— Un chouette type ne quitte pas quelqu'un pour son amie d'enfance. Un chouette type ne le fait certainement pas par mail non plus.

— Je… hasarda Zoey qui sentait que le terrain dérapait et que le ton montait un peu trop. Il était en Europe, à sa décharge, et…

— Laisse, répondit Sally, en l'arrêtant d'un geste autoritaire.

Elle se reconcentra sur Dalton qui, muet, la dévisageait avec une expression indéchiffrable.

— Un chouette type a la décence de ne pas débarquer à l'anniversaire de mariage des parents de son ex, à peine fiancé. Tu vois, Dalton, je suis d'accord pour qu'on n'ait pas tous le même avis sur les gens en général, mais ça, ce n'est pas vraiment ma définition d'un chouette type.

Elle se leva, fit un tas avec ses étiquettes, d'un geste rapide et efficace, et, sans ajouter un mot, sortit.

— Qu'est-ce qui lui a pris ? demanda Dalton, le visage figé et tellement perplexe que Zoey eut envie de rire.

— Je crois que Sally est particulièrement pointilleuse sur le vocabulaire, répondit Zoey.

Dalton se leva à son tour et traîna autour de la table, soulevant du bout des doigts les étiquettes que Zoey était en train de terminer. Elle reconnut, à sa façon de tourner autour d'elle, la même hésitation qu'il avait lorsqu'il lui demandait de le couvrir, à l'adolescence, alors qu'il sortait en cachette et qu'il ne voulait pas lâcher le nom de celle qu'il allait rejoindre.

— Est-ce que ça t'ennuie vraiment qu'il soit là ? murmura-t-il. Ça fait deux ans.

Zoey ne sut quoi répondre. Elle n'avait pas vraiment l'expérience de ce genre de conversation avec son frère et elle doutait que ce soit le bon moment pour commencer. Dalton lui-même semblait poser la question par principe, et le rictus crispé qu'il affichait à présent montrait bien qu'il n'avait pas vraiment envie d'obtenir une réponse. Ou qu'il se préparait à un déluge de larmes, ce qui aurait été à la fois tout à fait inhabituel et gênant.

— Non, finit par déclarer Zoey en se forçant à sourire. Le temps a passé. C'est oublié. J'ai plus peur de la réaction de Maman si je ne vais pas poser ces étiquettes sur-le-champ que de croiser Spencer et Laurie. Viens, Dalton, avant qu'on ait tous les deux de sérieux problèmes.

Elle fit le tour de la table, ouvrit le four pour s'assurer de la cuisson des miniquiches et, après avoir récupéré les étiquettes, chassa son frère de la cuisine. Dalton parut se détendre, alors qu'ils retrouvaient leur chahut d'adolescents et se poussaient dans le couloir.

Avant de sortir de la maison, Dalton s'arrêta et se tourna vers sa sœur.

— Zoey ? Ne te prends pas trop la tête, d'accord ?

— Je ne me prends jamais la tête.

Dalton leva un sourcil circonspect.

— À d'autres… Écoute, je ne veux pas que tu penses que je me fiche de ce que tu ressens mais tu devrais vraiment tourner la page.

— J'ai tourné la page, Dalton. Mon Dieu, est-ce que tu es en train de me donner des conseils sur ma vie amoureuse ? Sally t'aurait chamboulé à ce point ?

Son frère dansa d'un pied sur l'autre, mal à l'aise. Alors qu'il relevait la tête vers elle, Zoey remarqua sa mâchoire serrée et la crispation de ses mains.

— Je n'aime pas tellement qu'on me parle sur ce ton. Sally devrait apprendre à se modérer un peu.

— Je pensais que tu l'aimais bien.

Le regard de Dalton sembla un instant contenir tout le courroux de l'univers. Il avait à peu près le même quand, enfant, elle se permettait de rentrer dans sa chambre pour lui emprunter des jouets sans lui demander la permission.

— Est-ce que tu m'as déjà entendu dire ça ?

— Non, c'est vrai.

— Alors, ne commencez pas vos interprétations de… de…

— De filles ?

Son rictus agacé se transforma en sourire moqueur.

— De copines. Je sais très bien ce que vous pouvez vous dire quand vous êtes seules.

— Oh, Dalton, s'il te plaît… Nous n'avons plus quatorze ans.

Il ouvrit la porte, se faufila à l'extérieur et, comme sa sœur lui emboîtait le pas, se retourna pour lancer, d'un ton railleur :

— Vraiment ?

Puis il évita la main de Zoey, qui avait toujours été facilement leste mais plus assez rapide apparemment.

Il n'a pas tort. Parfois, je me comporte comme si j'avais quatorze ans. Allez, du courage. De la maturité. Toi aussi, tu es une adulte.

Ce qui ne l'empêcha pas de rattraper discrètement son frère au moment où il fendait la foule pour retourner à sa platine et de lui pincer le côté avec un contentement extrême, avant de s'enfuir pour échapper à ses représailles.

2

Les gentilles filles ne boivent jamais trop

Les invités venaient effectivement d'arriver en masse. Zoey devait reconnaître ce talent à sa mère : personne ne ratait ses fêtes. Sally avait changé les plats de place, rapide et discrète.

Fran Westwood était occupée à recevoir ses amis. Zoey put donc se faufiler parmi les gens qui s'agglutinaient sur la pelouse parfaitement entretenue de ses parents et s'assurer que tout était en ordre, depuis le buffet des petits-fours jusqu'au bar à cocktails qu'elle avait obtenu de dresser, malgré les réticences de sa mère. Fran avait fini par se laisser convaincre sur le seul argument qu'elle serait la première de leur entourage à proposer une telle attraction.

Zoey connaissait la plupart des gens qui riaient, discutaient et acceptaient les petits-fours qu'elle avait fabriqués elle-même et que les serveurs venaient d'aller chercher en cuisine, sous le contrôle ferme de Sally.

C'était peut-être ça le problème.

Elle recula derrière la table, dans l'ombre fraîche des arbres, soudain prise d'un besoin sauvage de s'isoler.

Hormis quelques étrangers, sans doute des clients de son père ou de nouveaux voisins que sa mère désirait intégrer à son cercle, elle avait passé son enfance avec ces hommes et ces femmes qu'elle voyait désormais une à deux fois par an, pour Noël ou le traditionnel barbecue de ses parents – exceptionnellement remplacé par cette somptueuse fête où tout avait été parfaitement orchestré, depuis les lampions blancs accrochés aux arbres jusqu'à la porcelaine empilée au bout des tables.

Adrian avait échappé à Tante Vic et était désormais aux prises avec sa propre mère qui tirait sur le col de son t-shirt trop petit en lui parlant avec animation. Dalton, derrière sa platine, sur l'estrade de bois encore vide de danseurs, vérifiait au casque la prochaine chanson qu'il allait mettre, tout en jetant des regards furtifs vers un groupe d'amis de sa mère, apparemment décidés à le harceler tout le reste du cocktail pour avoir leurs morceaux préférés. Sally avait de nouveau disparu dans la cuisine.

Zoey vit son oncle Malcolm, engoncé dans un costume clair, et sa tante Babeth dont la robe moulante ressemblait comme deux gouttes d'eau à celle de Fran. Les deux sœurs, pourtant si différentes, avaient pris l'habitude de s'habiller de la même façon depuis l'enfance. Babeth et Malcolm parlaient avec les parents de Laurie.

Zoey eut un petit mouvement nerveux en apercevant le profil parfait de Suzie Harting.

L'abominable Suzie Harting… la pire des amies de sa mère, toujours prête à asséner une petite remarque fielleuse après un compliment, le tout accompagné du sourire travaillé et doucereux qui ne la quittait jamais.

Mais rien comparé à son abominable mari…

Fred Harting était ce qu'on pouvait appeler un chef d'entreprise à la poigne de fer et au cœur d'acier. La seule faiblesse qu'on lui connaissait ou, plus exactement, qu'il voulait bien concéder avec un petit rire satisfait, était sa fille unique Laurie, le joyau de sa maison, la jolie et impeccable Laurie, portrait vivant de sa mère. Cette faiblesse l'avait poussé à se montrer particulièrement sec avec Zoey, qu'il considérait comme le bourreau officiel et injuste de sa princesse.

Comme s'il suffisait d'évoquer son nom, Laurie apparut dans le champ de vision de Zoey. Le qualificatif de princesse lui allait bien. La jeune femme portait une robe au-dessus du genou, d'un rose tout à fait estival, qui mettait en valeur son bronzage sans marque et ses cheveux blond cendré, aux vagues soigneusement agencées, qui tombaient sur ses épaules nues.

Zoey réprima un sifflement exaspéré. Rien que ses jambes auraient poussé Barbie à aller se cacher dans son camping-car pour enfiler un survêtement et descendre tout un pot de glace aux noix de pécan.

Assaillie par tant de perfection, et soudain consciente que sa robe marine lui donnait l'air d'une adolescente mal dégrossie, Zoey recula un peu plus entre les arbres. Le souffle court, elle s'attendait à voir Spencer surgir et venir enlacer la taille de guêpe de sa fiancée.

Il n'y avait cependant aucune trace de lui, ni à côté des parents de Laurie qui la regardaient avec une satisfaction non feinte, ni plus loin.

Elle sentit une main glisser sous son bras.

— Je savais que tu serais là, Zoey-Zou, fit la voix d'Adrian.

— Où voudrais-tu que je me cache ? Je suis sûre que ma mère arriverait à me retrouver aux toilettes.

— Sans doute aidée par la mienne.

— Remercions le ciel qu'elles soient occupées à torturer leurs voisins.

— Ou remercions plutôt la terre du New Jersey qui n'a jamais supporté de pelouse dans cette partie du jardin, ce qui la rend impraticable pour des quinquagénaires juchées sur des hauts talons.

— Si je m'écoutais, je serais déjà dans notre cabane, grommela Zoey en levant les yeux vers les branches.

— Si je m'écoutais, je vivrais dans cette cabane, confirma Adrian. J'y ai de merveilleux souvenirs.

— Moi aussi. Comme la fois où j'ai fait saigner du nez Laurie.

Adrian passa un bras autour des épaules de son amie.

— C'est donc Laurie Harting, la cause de ta retraite derrière les arbres ? Sa robe rose est affreuse. On dirait Miss Piggie et…

— Adrian, l'interrompit Zoey. Merci pour ce que tu fais. Toi et moi savons qu'elle est tout simplement parfaite. Même le rose bonbon lui va bien. J'ai l'air d'un teckel, à côté d'elle.

— Écoute, mon petit teckel, dit Adrian en la regardant droit dans les yeux, Laurie Harting n'a pas une once de ton humour, de ton intelligence et de ta classe. Rien de rien. C'est une poupée plastique qui aura sans doute recours à la chirurgie esthétique avant ses trente-cinq ans, et que son mari trompera avec sa secrétaire.

— Tu as d'autres clichés, dans le genre ? sourit Zoey, un peu réconfortée à cette idée – et se sentant aussitôt méchante et mesquine.

— Quelqu'un s'apercevra qu'elle n'est pas une vraie blonde et le dira publiquement le jour de son mariage ?

— Je pense que Spencer a remarqué qu'elle n'était pas une vraie blonde.

— Je ne tiens pas à visualiser ce genre de choses, répondit Adrian d'un ton plein d'humour. Elle s'ennuiera tellement dans son pavillon de banlieue qu'elle passera ses soirées sur Facebook à poster des photos de chatons.

— Je passe mes soirées sur Facebook.

— À poster des photos de chatons ?

— De gâteaux.

— Ce n'est pas du désœuvrement, ça. C'est de la conscience professionnelle.

— Est-ce que tu postes des vidéos de concert sur Facebook, toi ?

— Non, admit Adrian. Bon. Attends, j'ai une preuve irréfutable que tu vaux mieux que toutes les Laurie Harting du monde !

Zoey le scruta, dans l'attente d'une réponse. Adrian prit son air le plus solennel, qui lui donna aussitôt envie de le taper du revers de la main, comme lorsqu'ils étaient enfants, pour l'énormité qu'il ne tarderait pas à proférer.

— Ce n'est pas à Laurie Harting que j'ai donné son premier baiser.

— Ce n'était pas mon premier baiser, Adrian. C'était le tien.

— Je préfère m'en tenir à ma version.

— J'y étais, je te signale.

Elle se souvenait particulièrement des yeux écarquillés d'Adrian, à douze ans – ses yeux un peu mélancoliques –, juste au moment où leurs bouches s'étaient touchées. Ils avaient décidé de ne pas fermer les paupières. C'était, selon Adrian, un truc d'amoureux. En voyant ses yeux exorbités, elle avait cru qu'il avait peur, pour s'apercevoir quelques secondes après qu'il venait de découvrir Dalton qui les espionnait par la trappe de la cabane et qui s'élançait déjà vers l'échelle en ricanant qu'il allait tout raconter. Ils lui avaient couru après, puis elle l'avait ceinturé sur le sol et lui avait frotté le visage dans la terre jusqu'à ce qu'il jure de ne rien dire à personne.

Adrian n'avait jamais reparlé de l'événement. Elle non plus. Mais parfois, durant cette année-là, le soir, elle s'était prise à rêvasser en les imaginant tous les deux plus vieux, échangeant un des baisers passionnés et un peu dégoûtants que les seniors de l'école se donnaient parfois appuyés contre des arbres autour du terrain de foot. Puis Adrian avait repris sa place de meilleur ami, du jour au lendemain. Ils étaient entrés dans l'adolescence comme ils étaient sortis de l'enfance, chahuteurs et sauvages, Dalton accroché à leurs basques.

Adrian colla sa joue contre la sienne.

— Tu es toujours amoureuse de Spencer ? demanda-t-il.

— Ne sois pas idiot. Depuis deux ans ? Non. Simplement, Laurie et lui me renvoient une image vraiment catastrophique de ce qu'est ma vie et de ce que je suis. Si j'avais été plus mince, moins hésitante, plus jolie, il ne m'aurait certainement pas quittée pour elle, non ? On peut dire que c'était un coup de foudre, que c'était écrit et bla-bla-bla, dans les faits, il m'a bien quittée pour elle. Parce que je ne suis pas une Laurie Harting.

— C'est tout à fait vrai. Tu n'es pas une Laurie Harting et tu ne le seras jamais. Dieu merci. Elle a passé son enfance et son adolescence à essayer de jouer le rôle de la fille parfaite. Pendant ce temps, tu as grandi, appris, et tu es devenue la jeune femme imparfaite et attachante que tu es aujourd'hui. Je n'ai pas voulu te le dire à l'époque, parce que tu avais l'air très amoureuse et très heureuse, mais Spencer est une sorte de Laurie Harting, lui. L'étudiant parfait, le cadre parfait. Ils vont parfaitement ensemble. Je suis sûre qu'il y a un homme imparfait en ce moment qui t'attend.

— Oh, Adrian, murmura Zoey. Tu es toi-même tellement… parfait…

— C'est bien pour ça que je ne suis pas fait pour toi, ce que tu as compris à peu près trois secondes après ton premier baiser.

— Ton premier baiser.

— En revanche, tu n'as toujours pas réglé ton problème de mythomanie, à ce que je vois…

Zoey éclata de rire et lui pinça le bras.

— D'ailleurs, reprit Adrian, tu pourrais enfin me dire qui est le chanceux qui t'a embrassée avant moi.

— Chris Holfer.

— Chris « Mormon » Holfer ? Le type qui a aujourd'hui cinq enfants et va à la messe tous les dimanches ?

— Lui-même. Tu crois que ça a un lien ?

— Sans aucun doute. Après un tel traumatisme, ce pauvre type n'avait pas d'autre choix que de se réfugier dans la religion.

Elle balaya l'assistance du regard. Tous ces gens, bien habillés, satisfaits et prospères, la renvoyaient encore une fois à sa propre insignifiance. Elle pouvait compter les célibataires sur les doigts d'une main. Même Stannie Jefferson, le chargé de clientèle de son père, était accompagné, malgré un tout récent veuvage. Et la seule personne qui attestait qu'elle avait été en couple un jour – Spencer – allait se marier l'année suivante.

— Je suis maudite. Je finirai toute seule à faire des tartes pour les petits-enfants des autres, comme Tante Vic. Et tous mes ex sont des détraqués.

Adrian la serra entre ses bras, d'un geste plein de tendresse. Son t-shirt sentait la lessive que Stella Peters n'avait jamais cessé d'utiliser, et dont le parfum la replongeait dans un passé rassurant.

— Tous tes ex ? demanda-t-il. Et Harry Urcman ?

— Il paraît qu'il est devenu alcoolique.

— Ah, en effet… Et Georgie Wilson ?

— Il vit avec sa mère.

— Pete Frydrier ?

— Mort.

— Tu plaisantes ?

— Oui. Mais il est devenu comptable.

Adrian éclata de rire à son tour.

— Et Spencer est fiancé à Laurie. Note qu'il y a une logique. Allez, ma Zoey, tu ne vas pas devenir une de ces trentenaires pathétiques qui courent après tout ce qui bouge dans l'espoir de se caser ? Tu ne vas pas devenir, je ne sais pas, ta cousine Tina ?

Il lui montra du doigt la jeune femme qui venait de s'approcher de Fran pour l'embrasser. Zoey étouffa un cri d'exaspération. Tina avait évidemment sorti le grand jeu : robe en soie bleue – la couleur préférée de Fran –, talons vertigineux, queue-de-cheval retenue par une barrette assortie à sa robe. Par une ironie du sort, elle avait plus l'air d'être la fille de Fran, les cheveux bruns en moins, que Zoey elle-même.

— Toute la « petite bande » est réunie, semble-t-il, dit Adrian, pince-sans-rire. Laurie, Tina, Dalton, toi et moi.

— Jusqu'à notre mort, Adrian, nous aurons à traîner Laurie la bêcheuse et Tina la peste, annonça Zoey d'une voix dramatique. La petite bande ! Ça faisait plaisir à nos parents de croire que nous étions une joyeuse troupe inséparable. Je n'ai pas un seul bon souvenir de cette époque, hormis avec Dalton et toi. Pas un seul. J'ai l'horrible impression que je suis condamnée à revivre ce cauchemar tous les ans.

— Ne sois pas négative. Moi, j'ai encore des fous rires en pensant à la fois où nous avons attaché ta cousine dans une barque et que nous l'avons laissée dériver sur le lac.

— Parce que tu n'as pas été puni pendant une semaine après ça. Tes parents étaient bien plus indulgents que les miens.

— Vraiment ? Tu as regretté ?

Zoey lui adressa le regard le plus déterminé dont elle était capable. Ils échangèrent un sourire complice, exactement le même que celui qu'ils avaient eu, vingt ans plus tôt, avant d'attraper la corde à sauter de Zoey et de ficeler les poignets de Tina, qui refusait de sortir de la barque pour leur laisser la place. Ils n'avaient pas besoin de se parler, à l'époque, ce qui était plutôt pratique, compte tenu du mutisme quasi permanent dans lequel Adrian était plongé.

— Jamais ! lâcha-t-elle, avec exactement le même éclat de voix farouche que ce jour-là.

Puis elle lui sourit.

— Regarde-la, à minauder. Tu paries combien qu'elle trouvera quelque chose de mesquin à dire sur le buffet ?

— Quatre dollars.

— Petit joueur !

— Je ne mise beaucoup que quand je suis sûr de gagner.

Zoey posa sa tête sur l'épaule de son ami.

— Nous avons l'air fin à médire cachés derrière les arbres. Nous allons virer aigris, si tu veux mon avis. Comme les deux vieux du Muppet Show.

— C'étaient déjà mes préférés. Pas toi ?

— Non. Mon préféré, c'était le chien qui jouait du piano. Parce qu'il me faisait penser à toi.

Elle lui posa un baiser rapide sur la joue.

— Je suis un bon toutou, sourit Adrian. Merci, Zoey.

— De rien. Imagine seulement comme la vie serait facile, sans des Laurie et des Tina. Comme notre enfance aurait été merveilleuse, si on ne les avait pas eues derrière nous, pas eu à les intégrer dans nos jeux et à se faire punir parce qu'elles trouvaient toujours le moyen de s'unir et de nous cafarder.

— Nous n'aurions pas eu cette cabane pour nous cacher, si nous n'avions eu personne à fuir. Allez, je déteste quand tu te lamentes. J'aime mieux la Zoey qui est en colère contre le monde entier et qui en rigole la minute d'après. Redresse la tête et montre-leur qui tu es maintenant. Donne-leur une leçon de classe. Avec tes pieds nus et tes cheveux en bataille, tu ressembles à Carmen. Va montrer à tous les Spencer de la terre que l'amour est un oiseau rebelle.

— Je suis vraiment décoiffée ? s'exclama Zoey qui se souvenait soudain qu'elle n'était pas passée par la salle de bains, pas plus qu'elle n'avait mis de chaussures.

— Une vraie gitane.

— Ma mère va me tuer.

Adrian retira son bras de l'épaule de Zoey.

— Va vite mettre des chaussures. Je te sers de diversion.

— Tu ne vas pas chanter ?

— Non. Je vais aller raconter à Tante Vic que je t'ai donné ton premier baiser. Pendant qu'elle s'évanouira et que ta mère courra lui porter secours, tu pourras rentrer discrètement dans la maison.

— Mon pauvre Adrian, riposta Zoey en levant les sourcils. Même Tante Vic ne croira pas à ton histoire…

Adrian lui répondit par un sourire.

— File ou je te dénonce !

Elle ne se le fit pas dire deux fois. S'assurant que personne ne traînait vers le bar à cocktails, elle contourna les arbres sur sa droite et marcha en direction de la maison, de son pas le plus rapide. Lorsqu'elle arriva à hauteur de la table où trônaient les fontaines à cocktail, son cœur manqua un battement.

Spencer se tenait dans la lumière des lampions, à quelques mètres d'elle, avec le père de Laurie. Il dépassait Fred Harting d'une bonne tête. Zoey avait oublié comme il était grand, comme il était blond et comme rire lui allait bien. Évidemment, elle l'avait connu souvent sérieux et c'était même ce qui l'avait séduite : un grand type blond donnant l'impression d'être perdu dans une perpétuelle réflexion dont il était le seul à connaître les tenants et les aboutissants.

Elle s'arrêta net, soudain au bord des larmes et aussitôt furieuse contre elle-même. Elle s'était préparée à cette rencontre. Elle s'était imaginée arriver, sereine et majestueuse, et tendre la main (la joue ?) à Spencer, parfaitement maîtresse de ses émotions. Elle avait refait vingt fois le dialogue qui aurait dû suivre, égrenant avec modestie ses réussites des deux dernières années et lui demandant des nouvelles de sa carrière et de sa mère. Spencer, bluffé par sa maturité, aurait immédiatement regretté tout le mal qu'il lui avait fait.

À présent, elle avait juste envie de s'écrouler à ses pieds et de mourir sur place, sans chaussures et décoiffée, sous l'œil atterré de tous les convives, et celui, glacial, de sa cousine Tina qui ne manquerait pas de lui rappeler à quel point elle avait toujours été pathétique.

— Vous voulez un verre ? dit quelqu'un à ses côtés.

Elle se retourna. L'homme qui se tenait près d'elle, son verre vide à la main, la dévisageait, impassible.

— Ils auraient dû mettre un peu plus de lumière sur le buffet, dit l'invité. Je n'arrive pas à lire les étiquettes.

Maudites étiquettes… Elle regarda l'étranger, avec la certitude soudaine qu'il avait été payé par sa mère pour souligner ses erreurs. S'il continuait à lui parler, elle serait obligée de rester là, et ses chances d'avoir l'air présentable pour affronter Spencer – même si c'était pour mourir à ses pieds – s'amenuiseraient considérablement.

— C'est moi qui ai fait le buffet, répondit-elle, en lui prenant son verre des mains et en ouvrant le robinet de la fontaine. C'est de la margarita. Ça vous va ?

— Très bonne idée, les fontaines.

— Je vous remercie.

— À moi de vous en servir une, fit-il, élégant.

Sa voix avait quelque chose de chaleureux et de sec à la fois, comme s'il cachait un tempérament avenant sous plusieurs couches de bonne éducation forcée.

Elle le regarda plus franchement et nota qu'il était très athlétique, à défaut d'être souriant, et effectivement élégant. Il portait une chemise blanche et un jean brut bien taillés. Ses cheveux raides, épais, d'un brun profond, donnaient envie d'y passer la main.

Son visage n'était pas vraiment harmonieux et, pourtant, il s'en dégageait une impression de noblesse subtile. Un nez droit, mais sans finesse, et une bouche un peu trop longue accentuaient sa mâchoire carrée. Seul son regard, alors qu'il le dirigeait vers elle, donnait de la grâce à l'ensemble. En d'autres lieux et surtout à un autre moment, elle se serait laissée aller à son charme, sans aucun doute. Elle se demanda qui il était et pourquoi il continuait à l'observer d'un air étrange, entre l'intérêt et la méfiance, tout en portant son verre à sa bouche.

— Je suis Zoey, dit-elle.

Il sembla se concentrer un court instant, puis fit passer son cocktail dans sa main gauche et lui tendit la droite.

— Matthew Ziegler.

Elle n'avait jamais entendu ce nom chez ses parents. Il l'avait murmuré presque à regret, comme s'il n'était pas certain d'avoir envie de se présenter.

— Vous en êtes sûr ?

— Tout à fait sûr, répondit-il avec un rire gêné. Même si cette margarita est particulièrement forte.

— C'est moi qui l'ai faite aussi, précisa-t-elle. J'aime les alcools forts.

— Vous semblez en avoir besoin.

Il lui sourit. Zoey fronça les sourcils.

— Que voulez-vous dire, exactement ?

— Eh bien, à vous voir comme ça, debout sur la pelouse, une main sur le cœur, pieds nus…

Zoey sentit son visage s'empourprer. Toute la colère accumulée depuis le début de la soirée paraissait sur le point d'exploser. Elle la submergea d'un seul coup.

— Qu'est-ce que c'est censé vouloir dire ? Est-ce que j'ai l'air d'être alcoolique ? Ou désespérée ?

Il la dévisagea et n'eut pas le temps de lui répondre.

— Est-ce que toutes les femmes qui traversent un jardin pieds nus ont l'air d'avoir besoin d'un verre ? continua-t-elle, agitée. C'est ça que vous pensez ? Que si on ne porte pas une robe à cent quatre-vingt-cinq dollars en satin rose, on est obligatoirement une pauvre fille à qui il faut servir des margaritas pour la rendre un peu plus agréable ?

À présent, il écarquillait les yeux, immobile, son verre suspendu en l'air.

— Je voulais simplement dire que vous aviez l'air d'avoir reçu un coup et…

— Ah, c'est ça ! s'exclama Zoey. Vous pensez peut-être que je suis une de ces femmes battues qui ont besoin de l'aide de parfaits inconnus pour remettre de l'ordre dans leur vie ? C'est hallucinant ! On traverse tranquillement son jardin et, soudain, un type qui ne se souvient même pas de son propre nom se permet de vous servir une analyse psychologique complète, tout ça parce qu'on boit un verre de margarita ! Vous me connaissez, peut-être ? Qu'est-ce qui vous dit que je supporte les chaussures, d'abord ? J'ai peut-être, je ne sais pas, moi, les pieds plats ! Ou peut-être que j'aime me promener pieds nus. Ce qui fait de moi une originale dépressive, bien évidemment !

— Je…

— Moi, je vais vous donner un conseil. Vous devriez sortir un peu de votre banlieue !

Elle s'arrêta, le souffle court, brusquement consciente qu'elle avait parlé fort et d'une voix tout à fait hystérique. Contre toute attente, il ne déguerpit pas. Au contraire, il laissa échapper un rire discret, bien que d'une extrême joyeuseté. Derrière lui, quelques invités, dont Spencer qui plissait les yeux pour voir de qui venait cette diatribe enflammée, s'étaient arrêtés de parler et les contemplaient.

— Je suis désolée, bégaya Zoey, sans lâcher Spencer des yeux.

— Pas tant que moi, souffla Matthew. Surtout si vous avez vraiment les pieds plats.

Elle aurait voulu s'enfoncer dans la terre pour disparaître. Sans répondre, elle fit volte-face et courut se réfugier dans la maison.

À la tête que fit Sally en la voyant débarquer par la porte de derrière et s'appuyer contre le plan de travail, elle comprit qu'elle devait avoir l'air d'une folle fraîchement échappée de son asile.

— Ta mère vient de s'apercevoir que rien n'était casher, c'est ça ? demanda-t-elle.

— Ne plaisante pas maintenant, ahana Zoey, en vidant son verre de margarita d'une traite, ce qui lui provoqua une brève quinte de toux. C'est vrai qu'elle est forte !

— Ta mère ?

— La margarita. Sally, il faut aller rectifier les doses tout de suite ou les invités de mes parents vont tous rouler sous la table avant le début du bal.

— Je suis tentée de ne pas le faire…

Zoey lui jeta un regard furieux.

— D'accord, d'accord, continua Sally. Laisse-moi deviner… Tu t'es battue avec Laurie Harting ?

— C'est à ce point ? demanda Zoey en retournant un bol en inox pour essayer de constater les dégâts.

— Disons que tu es un peu échevelée et carrément écarlate. Que s'est-il passé ?

— C'était horrible, dit Zoey. Spencer était là.

— Tu savais que Spencer serait là, objecta Sally.

Elle ouvrit le frigo pour en sortir des citrons et entreprit de réassembler le complexe et rutilant appareil ménager multifonction de Fran Westwood.

— Je ne savais pas que ça me ferait un choc pareil.

Sally leva les yeux au ciel.

— Voilà quelque chose que j'aurais pu te dire. Et donc ? Tu es devenue toute rouge et tu as fui ?

— Ne sois pas sarcastique…

— Je ne suis pas sarcastique, répondit Sally, sérieusement. C'est ce que j'aurais fait, moi.

— J'ai fui, oui. Mais avant, j'ai agressé un des invités de mes parents, un type que je ne connais même pas.

— Un de leurs amis ?

— Non, quelqu'un dans nos âges. Sans doute le fils d'un des clients de mon père… Ô mon Dieu, ils vont me tuer et ils auront raison, cette fois-ci !

— Bon. Ça doit être moins dramatique que ce que tu penses. Tu vas simplement retrouver ce type et t'excuser, expliquer que tu es très soucieuse que tout se passe bien et que tu as eu trop de pression. Le coup de la pression, ça marche toujours. Tu te souviens de son nom ou il n'a pas eu le temps de se présenter avant de subir tes foudres ?

— Oui… Matthew… attends… Ziegler.

Sally arrêta son geste et se retourna. Zoey comprit que quelque chose d'encore plus dramatique que la petite scène dont elle avait régalé tout le monde venait de se produire.

— Matthew Ziegler ? Grand, brun, sexy ?

— Grand et brun, oui. Sexy sans doute, quand il ne se fait pas hurler dessus par une hystérique.

Sally lâcha le demi-citron sur le plan de travail et s'approcha de son amie.

— Matthew W. Ziegler ?

— Il n'a pas mentionné le W.

— Attends. Bien fichu, plutôt élégant ? Avec l'air de trouver tout ce qui l'entoure d'une vulgarité affligeante ?

— Oui. Non. Je ne sais plus. Mais qui est Matthew Ziegler, à la fin ?

— Ça t'arrive de lire les dossiers de presse que je monte ?

La voix de Sally partait dangereusement dans les aigus.

— Euh… parfois.

— Jamais !

Zoey se sentit prise en faute, ce qui était le cas, à vrai dire. Les dossiers de presse l'ennuyaient, de même que la comptabilité et tout ce qui ne touchait pas directement à la cuisine. Elle laissait Sally gérer toute cette partie du métier, ce que la jeune femme faisait par ailleurs très bien.

— Matthew Ziegler, répéta Sally. L'un des critiques gastronomiques les plus influents de New York. Matthew W. Ziegler. Il a fait fermer des restaurants en quatre-vingt-dix mots !

La bouche de Sally s'était refermée sur un rictus furieux. Elle sortit son smartphone de la poche de sa blouse et tapota frénétiquement dessus.

— Tu veux un exemple ? *Le Crescendo mérite son nom à plus d'un titre, bien que la montée ne se fasse pas dans votre assiette, mais bien de votre estomac vers votre gorge, tant tout y est exagéré, épicé, boursouflé d'originalité disparate. De la petite montée douce qu'on attendrait de l'amuse-bouche au dessert, on en arrive à avoir l'impression de grimper l'Everest : il faut au moins des piolets pour éviter la chute libre, pourtant inévitable, quand l'addition arrive.*

Sally sourit, mais de son sourire inquiétant.

— Et parfois, il le fait en moins de mots : *Trois étoiles, vraiment ? Par temps dégagé, peut-être…*

— Ô mon Dieu, souffla Zoey. Il a critiqué ma margarita !

Un fou rire nerveux lui monta dans la poitrine. La tequila lui donnait chaud, à présent, et l'étourdissait.

— Ça te fait rire ? lança Sally, au bord de la crise de nerfs. Tu viens d'agresser un type qui peut défaire ta carrière et te faire perdre ton entreprise et ça te fait rire ?

Zoey voulut répondre, mais le rire l'empêchait de parler. Un long hululement s'éleva dans la cuisine, alors que Sally la regardait d'un air de plus en plus ahuri.

— Zoey… Tu es complètement saoule ? Mais à quoi penses-tu ?

— Je… non… à rien… c'est juste que…

Une nouvelle vague de rire l'interrompit.

— Je me disais que… qu'il…

Zoey glissa lentement le long du plan de travail chromé.

— … qu'après ça, il…

Des larmes lui coulaient le long des joues. Sally eut un petit hoquet et tenta de réprimer un sourire. Assise sur le carrelage, Zoey prit une longue inspiration pour finir sa phrase.

— … il ferait peut-être fermer le jardin de mes parents !

Luttant visiblement contre l'envie de l'étrangler, Sally éclata de rire à son tour.

3

Les gentilles filles ne gâchent pas la nourriture

Une fois les citrons pressés, ses cheveux recoiffés, ses pieds chaussés de ballerines affreusement inconfortables, et après dix minutes de coaching musclé de la part de Sally, Zoey accepta de retourner dans le jardin. Tout le monde semblait avoir oublié ou plus probablement nié l'incident, car elle fut accueillie par des visages amicaux et des compliments sur sa cuisine.

Seule Nana, sa grand-mère, la regarda s'approcher d'un œil vert aiguisé, de ceux qu'elle lui adressait lorsque, enfant, elle posait une question que la vieille dame jugeait en deçà de son niveau.

Zoey plaqua un sourire chaleureux sur son visage et vint s'asseoir près d'elle. La vieille dame gardait toute sa prestance, malgré l'âge qui l'avait amincie, et cette prestance tenait essentiellement à son regard autoritaire. Grâce à ces yeux-là, elle avait tenu toute la famille en respect, sauf Zoey avec qui elle partageait une complicité rieuse et pleine de mansuétude.

— *Errare humanum est, perseverare diabolicum*, gronda-t-elle, en tapotant du doigt la table en émail blanc sur laquelle traînait une assiette de petits-fours à moitié grignotés.

Zoey ouvrit la bouche pour objecter qu'elle ne parlait toujours pas italien.

— C'est du latin… précisa Nana, avec cette redoutable connaissance qu'elle avait de sa petite-fille. Ça veut dire qu'il est humain de se tromper, mais diabolique de continuer dans l'erreur. Peux-tu m'expliquer ce qu'il s'est passé ?

— Je ne sais pas moi-même. J'étais tellement en colère… et Maman…

— Non, je ne parle pas de la scène dramatique dont tu nous as régalés tout à l'heure. Je pense qu'à l'heure qu'il est, ce jeune homme regrette de t'avoir manqué de respect, en tout cas.

— Il ne m'a pas manqué de respect. C'est moi qui… bref !

— Oui, bref. Je te parle de ça.

Du bout du doigt, elle lui montra un feuilleté posé sur le coin de son assiette.

— Trop cuit ? hasarda Zoey.

— La cuisson est parfaite. Mais Zoey ! De la béchamel dans des petits-fours ?

— Trop sec, lâcha Zoey, d'un air dépité. La pâte a bu la béchamel, je suppose.

— Ne t'ai-je donc rien appris ?

Zoey plissa le nez.

— Si. Mais ma mère, ta fille, voulait des feuilletés. Je t'assure que ce n'est pas mon idée.

— Je m'en doute bien. Tu te souviens de ma tante Tilla, non ?

Elle lui en avait parlé effectivement, à peu près un million de fois, mais Zoey adorait cette histoire, sans doute largement romancée.

Nana avait passé la première partie de son enfance à Naples, dans le restaurant familial, remorquant derrière elle sa sœur Victoria comme elle continuait à le faire depuis plusieurs décennies. Elle parlait souvent des odeurs qui venaient de la cuisine, depuis la *parmigiana* du lundi aux *frittate di maccheroni* du dimanche, en passant par les *piatti* de poisson du vendredi. Giuseppe, le père de Nana, travaillait en famille, au centre de son univers. Nana le décrivait comme un petit homme dynamique, souvent éructant, un peu flambeur, à la belle moustache noire et à l'œil terrible. Il régnait dans la salle de restaurant, mais, dans la cuisine, le pouvoir appartenait à sa sœur Tilla, de deux ans sa cadette – son portrait se confond avec celui que se fait Zoey de Nana jeune femme. La mère de Nana, une femme douce, s'occupait un peu du service, beaucoup d'une petite Victoria déjà bavarde comme une pie et d'une Nana toujours prompte à échapper à sa surveillance, en évitant de se trouver au milieu des conflits entre son père et sa tante, impétueux, tous deux au caractère bouillonnant, et habitués à gérer leurs différends culinaires dans les hurlements et les éclaboussures de sauce tomate.

Souvent, Giuseppe, excédé, traditionnel et, au fond, fier de sa petite sœur, se plaignait qu'elle ne soit pas mariée. Il se mit donc en tête de lui trouver un mari, de préférence conciliant, avec un acharnement qui fit grand bruit dans le petit quartier tranquille qu'ils nourrissaient de leurs excellents antipasti. Les prétendants se présentèrent, attirés autant par la beauté de Tilla que par la fausse réputation de prospérité de sa famille.

La jeune femme les congédia un à un, allant jusqu'à se cacher dans les toilettes du fond de la cour pour éviter de les rencontrer, tandis que Giuseppe, en rage, l'appelait depuis la cuisine, et que le prétendant essayait déjà de s'enfuir, peu enthousiaste à l'idée d'épouser une femme aussi sauvage.

Giuseppe finit par se résigner, non sans avoir prédit à sa sœur qu'elle finirait vieille fille, desséchée comme un pruneau, et probablement à sa charge.

L'un des points de dispute entre le père de Nana et sa fougueuse sœur était une sauce, la *genovese*, que Tilla avait ajoutée à la carte et que Giuseppe, pur Napolitain, refusait d'y voir. Il lui fit une guerre dont Nana se souvenait parfaitement, malgré ses six ans, les cris de son père faisant vibrer les fondations de la maison. Tilla se contentait de lui opposer un sourire narquois la plupart du temps, arguant que cette sauce ferait leur richesse et sa gloire, avec un aplomb exagéré et une volonté infaillible. Son frère contre-attaquait en guidant le choix de ses clients vers d'autres plats. Grâce à son bagou légendaire et au crédit qu'il avait auprès des habitués, plus personne n'en commanda, ce qui ne découragea pas Tilla qui, chaque jour, cuisinait en plus du plat habituel une casserole de la sauce bannie.

Nana racontait cette histoire avec le point de vue de la fillette dévouée à cette tante qui la laissait toucher aux casseroles, quand tout le monde lui disait qu'elle était trop petite pour apprendre quoi que ce soit. Dans son esprit romanesque enfantin, l'histoire prit des allures de conte de fées, puis de légende, ce que personne ne remit jamais en cause. Selon elle, un beau jour, un étranger venu de Gênes se présenta au restaurant, s'assit seul à une table et commanda un plat de pâtes. Lorsque Giuseppe se renseigna sur la sauce qu'il désirait, il répondit qu'il laissait ce choix au soin de la cuisinière. Avec un certain défi et non sans humour, Tilla lui fit donc porter une *genovese*. L'homme y goûta puis demanda à rencontrer Tilla. Il la félicita, laissa un généreux pourboire et revint le lendemain, en voulant à nouveau un plat de pâtes, « au choix de la cuisinière ». Giuseppe ne décoléra pas de la semaine, puis il finit par s'habituer à ce client étrange, aux belles manières, qui, au bout d'un mois, demanda la main de Tilla.

Contre toute attente, celle-ci accepta, séduite par cet homme silencieux qui aimait sa cuisine. La mort dans l'âme, et non sans avoir prédit à son frère qu'il ne pourrait rien sans elle, elle le suivit à Gênes. Un an après, le chômage poussa le quartier d'ouvriers et d'artisans à la restriction, le restaurant fit faillite, et Giuseppe, dans un bel élan qui lui ressemblait, vendit tout pour partir aux États-Unis avec sa famille. Sur place, déplaçant l'amour inconditionnel qu'il portait au fond à sa sœur sur sa fille aînée, aussi douée qu'elle aux fourneaux, et après avoir fait la cuisine pour un autre pendant quelques années, il ouvrit un nouveau restaurant qui prospéra.

Nana ne revit jamais sa tante Tilla. Alors que la jeune femme parlait de les rejoindre avec son mari, dont Nana se rappelait seulement qu'il portait une chevalière en or le jour de son mariage, une lettre arriva, annonçant la mort de sa tante, probablement d'une pneumonie. Nana n'avait jamais vu son père pleurer, ne pleura pas elle-même pour rester forte, mais garda toute sa vie, cachée dans le tiroir de sa coiffeuse, une broche achetée à un camelot, que sa tante lui avait offerte le jour de son départ pour Gênes, ainsi qu'un solide sens de la répartie et un farouche refus des conventions culinaires imposées par les autres.

— Et donc ? reprit Nana. Quel est le meilleur atout d'une cuisinière ?

— Un bon détachant ?

Nana réprima un sourire.

— De la conviction, récita Zoey. J'aurais dû défendre mes choix de menus. Ce n'est pas si facile. Il n'y a pas de bel étranger pour me soutenir. Et Maman est ta fille, je te signale.

— Je le sais et crois bien que je m'en étonne toujours. Le bar à cocktails est ton idée, à toi seule, en revanche ?

— Oui. Et la margarita est trop forte.

— La tequila est toujours trop forte. Contrairement à ce que l'on pense, c'est le rhum qu'il faut mettre dans les cocktails et la tequila dans les pâtisseries.

Zoey enregistra l'information. Elle n'avait jamais pensé à utiliser la tequila dans ses desserts, ni d'autres alcools que ceux communément autorisés, comme le rhum ou le cognac. Son cerveau se mit aussitôt à mouliner.

— Tu devrais écrire un nouveau livre de recettes, Nana.

— Dieu m'en préserve ! Allez, dis-moi… Si tu avais eu les mains déliées, quel buffet aurais-tu proposé ?

Zoey ne réfléchit pas longtemps. Quand sa mère lui avait demandé d'être le traiteur de sa fête – négociant sans en avoir l'air une jolie ristourne –, elle avait tout de suite visualisé le menu idéal pour une telle occasion.

— J'aurais représenté tous les pays d'Europe où ils sont allés pendant leur voyage de noces. La France, l'Italie, l'Espagne, l'Autriche et la Grèce. J'aurais fait des stands avec des plats préparés devant les invités et un bar à cocktails inspiré du Ritz. Du sucré-salé, parce que Papa adore ça, et des desserts à composer soi-même.

Nana lui posa la main sur l'avant-bras.

— Bien. J'aurais aimé voir ça au lieu de goûter pour la centième fois à des blinis au saumon. Très bien réussi, ton tartare, d'ailleurs, ma chérie. Tu me diras où tu as trouvé ce miel.

Le compliment rasséréna un peu Zoey.

— Tu crois que Maman l'a remarqué ?

— Ta mère n'a pas mangé depuis trois jours en prévision de la fête. La plupart des gens qu'elle fréquente seraient incapables de faire la différence entre du miel d'oranger et de la fiente de pigeon. Encore heureux, nous avons échappé aux vol-au-vent.

Zoey eut un sourire crispé.

— Ils arrivent. Avec les entrées.

Nana laissa échapper un profond soupir, mais ses yeux pétillaient.

— Tu as de bonnes idées, ma petite-fille. Ne permets pas à des imbéciles de les gâcher. Surtout, quoi qu'il arrive, ne laisse personne te dicter ta conduite sous prétexte que tu mérites mieux que la vie que tu as choisie.

Elle accentua la pression de sa main.

— Crois-moi. Beaucoup de gens trouveront tes idées originales, parce que tu considères que la cuisine est un partage et pas un catalogue de conventions et de clichés. Ils essaieront de te faire croire que ton talent devra être mis au service du plus grand nombre. C'est un leurre. Quand j'ai publié mon premier livre de recettes, on a voulu le couper en quatre thèmes. Un bon livre de recettes doit contenir tout ce qu'il faut pour faire plusieurs dizaines de repas, selon l'envie et les moyens de celui qui cuisine.

— Et tu en as vendu des milliers d'exemplaires.

— Des millions, si on compte les traductions. Même en Europe. Un livre de cuisine américain. J'ai dû batailler pour ça. Imagine, une femme, à l'époque…

— Tu étais terriblement avant-gardiste, Nana.

— Non. J'ai cuisiné pour ma famille toute ma vie, je n'ai jamais travaillé en dehors de ma maison et ton grand-père a toujours cru que les enfants et les toilettes étaient autonettoyants. Mais je n'ai jamais cédé sur une chose.

— Ta liberté ?

— Mes choix. Défends tes choix, coûte que coûte.

La bouche de Nana se plissa dans un rictus amusé.

— Sauf face à ta mère. C'est du temps perdu. Fais ce que tu veux et ne lui dis rien.

Elle tapota le bras de Zoey, une dernière fois.

— C'est bien ce que tu as toujours fait, non ? Bien. Est-ce qu'Adrian va nous jouer quelque chose ce soir ?

— Pas si on ne l'y oblige pas.

Nana rit. La plupart des rires montaient. Le sien descendait en cascade, frais et délicieusement libre.

— J'ai toujours été fascinée par la façon dont ce garçon avait l'air de souffrir quand on le contraignait à jouer du Gershwin aux fêtes de famille, alors que je l'ai déjà entendu maîtriser des concertos entiers lorsqu'il pensait qu'on ne l'écoutait pas. Un peu comme toi avec les feuilletés au fromage. Je me demande comment des gens aussi conventionnels que les Peters et tes parents ont pu donner naissance à des sauvageons comme vous deux.

— Les hasards de la génétique, répondit Zoey, avec une inflexion sarcastique. Il paraît que la plupart des tares sautent une génération.

— Apprête-toi à avoir des enfants terriblement ennuyeux, dans ce cas, rétorqua la vieille dame, sur le même ton. Allez, file. Ma sœur s'approche dangereusement de notre table avec son amie Beckey. Personne n'a à subir ça.

Zoey embrassa la joue de sa grand-mère et s'éclipsa, avant que la tante Vic ait pu la coincer avec un de ses interminables monologues. Après avoir vérifié que tout était en ordre sur les tables, plus par désœuvrement que par réelle inquiétude, car Sally veillait au grain pour la laisser profiter de sa soirée, elle se posta à côté du bar à cocktails, le seul endroit déserté par les conventionnels amis de ses parents qui préféraient attendre qu'un serveur passe à leur portée.

Elle fut rejointe par un Adrian désespéré, qui n'avait visiblement pas réussi à appliquer sa technique du voyage intérieur. Sans un mot, il lui tendit un des deux verres qu'il tenait.

— Merci d'avoir pensé à moi, dit-elle.

— C'est un hasard, je comptais boire celui-ci aussi. Est-ce que tu savais que Fred Harting avait deux nouveaux bateaux ?

— Il te les a décrits ?

— De la cale aux voiles.

Zoey étouffa un gloussement dans son verre de margarita.

— C'est mieux ! Il faudra féliciter Sally.

— Tu lui enverras Dalton, commenta Adrian.

— Dalton n'est pas du tout intéressé par Sally. La pauvre… Je ne vais évidemment pas le lui dire, mais imagine ma souffrance lorsqu'elle me reparlera de lui.

Il lui jeta un coup d'œil de côté et se remit à siroter son verre.

— Tout se passe comme tu veux ?

— Je n'ai plus grand-chose à faire. Juste à superviser. Et à m'ennuyer.

— Ne dis pas ça ! Comment pourrais-tu t'ennuyer par une telle occasion ? Avec un peu de chance, nous pourrons même danser !

Il amorça quelques pas de tango.

— J'espère que Laurie et Spencer nous régaleront de ce qu'ils ont appris dans les cours de valse pour leur fabuleux mariage, grinça Zoey avant de finir d'une traite son verre. Un autre ?

— Zoey, Zoey, Zoey… Tu sais ce qu'il arrive quand tu bois.

— Je tiens parfaitement bien l'alcool.

Pour preuve, elle alpagua un serveur et attrapa un verre sur son plateau. Elle le vida aussi rapidement que le premier, avant d'en prendre un troisième.

— D'accord. C'est un défi, sourit Adrian en se servant à son tour.

— Non, répondit-elle, avec la sensation étrange que sa langue était à moitié anesthésiée. Ce qui arrive est un défi. Viens.

Avant qu'il ait pu protester, elle lui prit le bras et se dirigea vers la table où étaient installés plusieurs invités. Spencer venait d'apporter une assiette à Laurie qui le remerciait en silence, le visage levé vers lui, un bras négligemment posé sur le dossier de sa chaise, ses interminables jambes croisées.

— Tu as vu comment elle fronce le nez ? murmura-t-elle à l'oreille d'Adrian. J'imagine que ce genre de mimique est mignon. Dans un clapier à lapins.

— Oh, Zoey, je t'en prie, ne me parle pas en plein visage. Et pour l'amour de Dieu, ne t'approche pas d'une bougie.

Il dut la rattraper, alors qu'elle glissait sur l'herbe.

— Fichues ballerines ! Ce genre de choses n'arriverait pas avec des baskets. On devrait interdire toute autre paire de chaussures que des baskets.

— Zoey, je pense que c'est la pire idée que tu aies jamais eue. Tu es à moitié saoule.

— Je ne suis pas à moitié saoule.

— Tu es complètement saoule, effectivement, et…

Adrian ne put finir sa phrase. Ils étaient déjà devant Laurie et Spencer, qui marquèrent un temps d'arrêt en les voyant surgir de nulle part, puis calquèrent le même sourire poli sur leurs visages. Au moment où Zoey allait ouvrir la bouche sur un « Quoi de neuf ? » particulièrement hilarant, de son point de vue, elle aperçut, non sans horreur, sa cousine Tina penchée vers Matthew Ziegler, assis tous les deux à la même table, et manifestement en pleine conversation. Quand il la vit à son tour, le critique arrêta de parler et une lueur traversa ses yeux noisette. Laurie fut la première à rompre le silence épais qui s'était installé.

— C'est vraiment délicieux, Zoey, dit-elle, montrant son assiette. Cette sauce en particulier. J'aimerais bien savoir ce que tu as mis dedans.

Elle allait répliquer, quand Adrian se tourna vers elle et lui souffla à l'oreille :

— Ne réponds pas ce à quoi tu penses, par pitié.

Elle le repoussa légèrement. Du moins crut-elle avoir été délicate. Le jeune homme fit un véritable bond de côté.

— Du curry.

— Juste du curry ? insista Laurie.

— Évidemment que non. Je peux te donner la recette, si tu veux.

— C'est tellement original.

Zoey la dévisagea un court instant, pour s'assurer qu'il n'y avait aucune ironie dans ses paroles.

— Pas en Inde, je suppose, répondit-elle.

— Heureusement que nous sommes dans le New Jersey, alors !

Tina venait d'intervenir, un sourire mielleux aux lèvres. Laurie se tourna vers elle, cachant l'expression de son visage à Zoey qui ne douta pas une seconde que ce soit pour l'approuver. Elle connaissait leur petit manège depuis l'enfance.

— Et sinon, quoi de neuf ? reprit Zoey.

Elle avait tenté de donner tout le détachement possible à son ton. Sa voix lui parut aigre et aiguë. Au côté de Laurie, Spencer fronçait déjà les sourcils.

— Spencer vient d'avoir une promotion, annonça Laurie.

Zoey dévisagea son ex-petit ami, dans l'attente qu'il intervienne.

— Et quelle promotion ! surenchérit Tina. Laurie et lui vont acheter une maison dans le coin. Est-ce que vous vous êtes décidés, au fait ?

— Pas encore, murmura Laurie.

— Celle avec les trois chambres te plaisait bien. Tu me disais l'autre jour que la véranda de la deuxième donnait une vraie luminosité au salon.

— C'est bien, une véranda, intervint Adrian. Une maison. Des enfants. (Il hésita puis ajouta :) Un chien.

Il fit un clin d'œil à Zoey puis lui entoura la taille avec son bras.

— C'était chouette de se parler. Maintenant, je crois que Zoey devrait aller s'assurer que tout se passe bien en cuisine. N'est-ce pas, Zoey ?

— Tout est sous contrôle, répondit-elle, la langue pâteuse.

Sa bouche entière semblait avoir été anesthésiée, à présent. Spencer la contempla longuement, avant d'avoir le petit tic nerveux qu'elle connaissait bien, celui qui lui venait lorsqu'il était particulièrement embarrassé – comme la fois où elle avait demandé à un de ses amis, au cours d'une conversation politique, quel était le réel problème avec l'Irak et qu'elle s'était embarquée dans une argumentation qui avait fini par fortement ressembler aux paroles de « We Are the World ».

— Tout va bien, Spencer ? demanda Adrian.

Zoey ouvrit la bouche pour lui dire de se taire. Lui aussi, elle le connaissait. Il ne résistait pas longtemps à l'idée de se moquer de quelqu'un qui lui déplaisait et, chaque fois, il avait ce calme étrange d'avant la tempête, cet air sérieux qui présageait le pire.

— Tout va bien, confirma Spencer. Et toi, Adrian ? Toujours dans le piano ?

Zoey se tourna vers Adrian. Ça allait être une boucherie.

— Toujours dedans, mon cher Spencer. Presque installé, même. Le seul souci, avec les pianos, c'est l'absence de tout-à-l'égout.

Spencer ne comprit pas la plaisanterie, mais Zoey nota que Matthew Ziegler, qui suivait l'échange sans montrer le moindre intérêt jusque-là, esquissa un sourire.

— Et les amours ? demanda Tina.

— Toujours pareil. Pas de place pour deux, dans le piano, lâcha Adrian d'un ton détaché. Les musiciens sont des gens solitaires.

— Je suis sorti avec une violoncelliste, quand j'étais à la fac, lança Spencer. J'étais subjugué par sa façon de tenir l'archet.

Adrian écarquilla les yeux. L'expression « servi sur un plateau d'argent » vint à Zoey, malgré la brume qui commençait à lui envahir le cerveau.

— Merci, Spence, pour cette limpide métaphore musicale. Tu aimes toujours autant la flûte à bec, Laurie ?

Zoey éclata de rire, brièvement, car le regard que lui lança son ex à cet instant précis lui donnait plutôt envie de disparaître sous terre. Un autre rire répondit au sien. Elle leva les yeux vers Matthew Ziegler et constata qu'il était franchement amusé, cette fois-ci.

Laurie, en revanche, semblait furieuse.

— Tu es toujours tellement drôle, Adrian, dit Tina. Peut-être pourrais-tu utiliser ce don particulier pour raconter des blagues entre deux morceaux de Gershwin… je ne sais pas… dans un piano-bar, par exemple ?

— Excellente idée, rétorqua Adrian. J'espère que tu viendras me voir. Je demanderai au barman de t'indiquer où sont les célibataires. À partir d'un certain taux d'alcool dans le sang, tout est possible, tu sais.

Tina serra les lèvres.

— Tout est possible, effectivement, siffla-t-elle. Peut-être même qu'ils croiront que tu as du talent.

— Et toi, un cerveau.

— Je crois que tout le monde a compris, murmura Laurie. Si vous pouviez arrêter…

Zoey constata que son joli teint avait viré au rouge. Elle fut partagée entre l'envie de la torturer encore un peu et celle d'empêcher sa cousine et son meilleur ami de se donner en spectacle devant Spencer. À ce dilemme que l'alcool l'empêchait de résoudre s'ajoutait la frustration de ne pas l'avoir fait elle-même.

Adrian sembla désamorcé par l'intervention de Laurie, à son grand soulagement.

— Spencer, c'est toujours un plaisir de discuter avec toi, dit-il. Laurie, Tina et…

Il appréhenda soudain Matthew Ziegler. L'expression délectée qui s'épanouit sur sa figure annonçait le bouquet final.

Zoey s'agrippa à son bras pour le faire taire. Surpris, il le retira aussitôt. Avec horreur, elle se vit glisser sur Spencer, essaya de se stabiliser et tourna sur elle-même. Son coude heurta le nez du jeune homme qui tomba à son tour et voulut se rattraper au bord de la table, le manqua, et tapa le bord de l'assiette que Laurie avait posée durant leur conversation.

L'assiette vola en l'air. Zoey la vit atterrir à plat sur la robe de Laurie, maculant sa robe rose de saumon et de sauce au curry. La jeune femme poussa un hurlement strident.

Autour d'eux, une vingtaine de visages firent volte-face d'un seul coup. Zoey aperçut celui de sa mère, immobilisé sur un sourire gracieux qui se transforma aussitôt, lorsqu'elle vit la scène, en un rictus de désapprobation furieuse.

À partir de ce moment-là, tout alla très vite.

Spencer se mit à tapoter d'un geste maladroit la robe fichue de Laurie, Tina lâcha une bordée d'injures en direction de sa cousine, Matthew Ziegler se mit en quête de serviettes en papier et Suzie Harting se précipita avec un verre d'eau vers sa fille qui regardait le désastre, les larmes aux yeux.

Les invités les plus proches les dévisageaient, alors que Fran Westwood s'apprêtait à fondre sur Zoey, comme la misère sur le pauvre monde.

Ce fut Dalton qui lui sauva la mise. La musique retentit soudain plus fort et une exclamation ravie monta aux premières mesures de « Strangers in the Night ». Jo Westwood, qui n'avait rien vu de l'événement, se hâta de rejoindre sa femme pour l'inviter à danser.

La chanson devait annoncer l'ouverture du bal – ce que Fran avait seriné à son mari et ses enfants pendant à peu près autant de temps qu'il avait fallu à Zoey pour passer son diplôme universitaire. Fran n'eut pas d'autre choix que de prendre le bras de Jo et de le suivre.

Adrian en profita pour saisir Zoey par l'épaule et la sortir de la scène du crime, non sans la faire profiter d'un fou rire tenace.

— Tu ne sais jamais te retenir ! s'écria-t-elle, lorsqu'ils se furent enfin fondus dans la masse rassurante des invités qui regardaient les Westwood virevolter élégamment sous les lanternes.

— Tu devrais me remercier, répondit Adrian. Tu allais te rendre parfaitement ridicule.

Zoey lui enfonça ses ongles dans la main, alors qu'ils se frayaient un chemin parmi les gens qui s'amassaient autour de l'estrade.

L'événement avait eu pour seule conséquence positive de la dégriser.

— J'ai fichu en l'air la robe de Laurie, tout le monde va croire que je l'ai fait par vengeance mesquine.

— Tout le monde sait que tu n'es jamais mesquine.

— Je devrais te taper, riposta Zoey.

— Tu m'as déjà griffé, espèce de harpie !

Plusieurs têtes se tournèrent vers eux, dont celle de la mère d'Adrian. Elle fit un geste pour les sommer de parler moins fort.

— Nous en sommes toujours au même point, maugréa Zoey. Quinze ans après, Laurie est la pauvre victime de l'histoire et nous sommes toujours les deux perturbateurs qu'il faut faire taire, parce qu'ils ne savent pas se tenir correctement plus de deux minutes.

Un « chut » discret, venu de nulle part, l'interrompit. Elle regarda autour d'elle, décidée à ne pas se laisser faire, mais tout le monde semblait subjugué par le spectacle de ses parents reproduisant parfaitement la chorégraphie qu'ils avaient longuement préparée.

Jo Westwood faisait tourner Fran sur elle-même, lorsqu'elle reprit :

— Tu sais ce que je vais faire ? Je vais aller droit sur la fontaine de margarita et la vider.

— Sur la tête de Laurie Harting ? Pour accompagner la sauce curry ? lâcha Adrian.

— Et après, je vais rentrer chez moi et tâcher d'oublier cette horrible soirée.

Ses parents tournoyaient devant elle, gracieux. Les yeux de Fran pétillaient, alors que Jo la ramenait vers lui pour la serrer contre son cœur. Zoey ne doutait pas une seconde qu'elle ait longuement étudié ce regard émouvant, avec une minutie dénuée de tout scrupule.

— Je suppose que rien de ce que je pourrais dire ne te détournera de ton noble but, lui murmura Adrian à l'oreille.

— Tu en as déjà fait assez, je crois.

Il admit cette accusation d'un signe de tête.

— D'accord, Carmen, souffla-t-il. Allons vider cette fontaine pleine de tequila. Je te soutiendrai, dans le plaisir comme dans la douleur.

— Contente-toi de t'assurer que je retrouve mon lit quand je serai raide saoule.

Elle savait qu'elle pouvait compter sur lui pour ce genre de choses. Adrian se montrait sans limites lorsqu'il s'agissait de sortir vainqueur d'une joute verbale, mais il ne l'avait jamais laissée dans une situation véritablement embarrassante ou n'importe quel endroit qui aurait pu s'avérer dangereux pour sa santé physique ou, dans le cas présent, mentale.

Lorsqu'elle se réveilla le lendemain matin, elle constata qu'il avait tenu parole : elle était effectivement dans sa chambre de jeune fille, dans son lit une place, sous son couvre-lit brodé.

La seule chose à laquelle elle ne s'attendait pas, c'était d'y trouver également Adrian, coincé entre le mur et elle, un bras sur son ventre et l'autre perdu quelque part sous les oreillers à ruflettes en coton crème et bleu.

La chose à laquelle elle s'attendait encore moins, c'était d'être aussi nue que lui.

4

Les gentilles filles ne couchent pas avec n'importe qui

Elle réussit à ne pas hurler, sauvée par le marteau-piqueur qui lui vrillait le cerveau.

Elle ne se souvenait de rien. Presque rien.

À tâtons, elle vérifia si elle portait des sous-vêtements. Elle vérifia même deux fois et dut se résoudre à accepter l'idée que le seul vêtement qui la couvrait vaguement était le t-shirt AC-DC d'Adrian jeté sur sa poitrine.

Des images morcelées lui revinrent subitement, tandis qu'elle se trémoussait pour récupérer sa robe jetée au bas du lit. Quand elle arriva à l'attraper, elle s'aperçut qu'un vêtement s'était entortillé dans une des manches et, une fois qu'elle eut réussi à l'en extraire, qu'il s'agissait du boxer noir d'Adrian.

Comme dans un cauchemar, elle se revit sur l'estrade avec lui, lancés dans un rock déchaîné sur « Johnny B. Goode ». Le visage mi-hilare, mi-consterné de Dalton, accroché à ses platines, apparaissait et disparaissait au travers de ses cheveux tressautant au rythme de tout le reste de son corps.

Pas la peine de se demander si son semblant de chignon avait tenu le choc.

Elle enfila sa robe comme elle put, repoussant divers flash-back dont un particulièrement gênant où elle remontait le tissu pour essayer de grimper à l'échelle de la cabane dans les arbres, poussée par un Adrian éructant des conseils alcoolisés.

Elle posa un pied par terre, aussitôt assaillie par une nausée. Le parquet tanguait plus que le pont d'un des bateaux de Fred Harting. Elle se mit en quête de sa culotte sur le sol, luttant contre l'envie de vomir.

Ses yeux se dirigèrent vers ses pieds. Vu l'état de ses orteils, elle n'avait pas gardé ses ballerines bien longtemps non plus.

Elle se souvint alors vaguement de les avoir lancées sur la pelouse, tard dans la nuit, alors que le jardin s'était déjà pratiquement vidé de tous les invités.

Impossible, en revanche, malgré toute la concentration dont elle était capable et qui lui arrachait des vagues de douleur, de retracer ce qu'il s'était passé entre le moment où Adrian et elle avaient tenté de monter aux arbres et celui où ils avaient atterri dans son lit.

Adrian grogna dans son sommeil.

Elle tituba jusqu'à la porte et l'ouvrit avec précaution, autant pour ne pas le réveiller que pour s'éviter un nouvel élancement de migraine.

La voix de sa mère lui parvint du bas de l'escalier.

— Je ne suis pas sûre de pouvoir petit-déjeuner, Joseph. Toute cette nourriture, hier…

Zoey s'immobilisa sur le palier, le souffle court, entre la chambre de son frère et la sienne. Elle ne pouvait pas descendre maintenant, dans sa robe de la veille, les cils collés par des paquets de mascara et tellement coupable que ça devait se lire sur son visage – dans le cas, tout à fait improbable, où sa mère n'aurait pas remarqué qu'elle avait fichu en l'air la robe de Laurie puis entrepris de se saouler avec un certain succès.

Un nouveau grognement sourd sortit de sa chambre, au moment même où le pas de sa mère s'éloignait. Il lui fallait de l'aide, le plus rapidement possible

Avec une rapidité qui la surprit elle-même, elle s'engouffra dans la chambre de Dalton, juste en face de la sienne. La pièce n'avait pas changé depuis le départ à l'université de son frère. Dalton gisait au travers de son lit d'adolescent, sous un poster de voilier et une étagère que leur mère avait débarrassée des lectures jugées grotesques de son fils pour les remplacer par des recueils de poésie anglaise.

Récrire l'histoire… Tel était le sport préféré de Fran Westwood.

Le chapitre « Trente-cinq ans de mariage » ferait l'objet de plusieurs brouillons, Zoey en était convaincue. Sa mère la torturerait de mille façons en privé avant de donner au monde sa propre version des faits, largement édulcorée.

Elle s'arrêta.

Un autre flash-back la prit à la gorge. Avait-elle pleuré pendant le discours de son père ? Devant tout le monde ? Avant de se jeter dans ses bras pour sangloter sur son épaule ?

D'accord, pensa-t-elle, entre deux sursauts de honte. *Je suis morte.*

Deux fois morte si sa mère surprenait Adrian dans sa chambre. Aucun des enfants de Fran Westwood n'avait jamais été autorisé à dormir avec quelqu'un sous son toit.

Encore moins à… à… baiser avec un ami d'enfance dans son lit de jeune fille.

Si Fran n'avait jamais clairement formulé cette interdiction, c'était sans doute parce que, bien que s'attendant à ce que sa fille aînée s'ingénie perpétuellement à l'embarrasser, elle n'imaginait pas une seconde qu'elle soit capable d'une telle chose, ne serait-ce que parce que Adrian ne lui avait jamais paru être un gendre acceptable.

Zoey enjamba les vêtements jetés par terre jusqu'au lit de son frère et posa sa main sur son épaule pour le secouer doucement.

— Dis à Maman que je n'ai pas faim, grogna Dalton, la tête enfouie dans son oreiller.

— Dalton, il faut que tu m'aides.

— Fiche-moi la paix, Zoey. J'ai fait danser tout le Country Club jusqu'à une heure du matin et mes oreilles saignent encore.

— Dalton, c'est une urgence. Si tu ne te lèves pas maintenant, je raconte à Maman que tu as passé ton stage d'été de deuxième année à fumer de l'herbe avec Andrew Mayer sur le toit de l'immeuble de son père.

Ses paroles eurent l'effet d'une douche glacée sur Dalton qui se redressa d'un bond, sans pour autant avoir ouvert les paupières.

— Je ne peux rien faire pour toi, argumenta-t-il d'une voix pâteuse. Tu t'es saoulée à la tequila et Oncle Malcolm a tout filmé. Si cette vidéo de moi en chemise bleu ciel est divulguée, je peux dire adieu à ma réputation.

— Tu es avocat, Dalton, pas DJ professionnel. Tu vas passer ta vie en chemise bleu ciel. Lève-toi, maintenant. Il faut vraiment que tu m'aides.

Dalton ouvrit des yeux ensommeillés, regarda sa sœur puis éclata de rire.

— Salut, Robert Smith…

— Pas le moment de rigoler, gronda Zoey. Il faut que tu descendes tout de suite et que tu éloignes Maman de la salle à manger.

— Je peux aussi aller te chercher du démaquillant. Ce sera plus rapide et moins douloureux pour moi.

— Je n'ai pas besoin de démaquillant. J'ai besoin que Maman n'entre pas dans la salle à manger et n'aille pas dans le jardin.

— Pour quelle raison ?

Zoey sentit son ventre se serrer, à l'idée de devoir raconter à son frère qu'Adrian dormait dans son lit, nu comme un ver, et sans doute encore saoul, lui aussi.

— Pour quelle raison ? insista Dalton. Je ne bougerai pas tant que je ne saurai pas pourquoi je dois affronter Maman dès le matin et sans même avoir bu un café.

— Adrian est dans ma chambre.

— Quoi ?

La surprise de Dalton se mua instantanément en franche hilarité.

— Dans ta chambre ? Tu veux dire, dans ton lit une place ?

Il repoussa les couvertures et bondit sur ses pieds.

— Tu plaisantes ? Tu t'es envoyée en l'air avec Adrian Peters sous le toit de Maman ?

— Je ne me suis pas envoyée en l'air avec Adrian sous le toit de Maman... Ce que tu peux être vulgaire ! J'ai... je...

Dalton se dirigeait déjà vers la porte.

— Fais moins de bruit, le supplia Zoey en lui emboîtant le pas pour essayer de le retenir.

— Après vingt-cinq ans d'amitié, tu t'es envoyée en l'air avec Adrian, répéta Dalton. Sans rire, Zoey ?

Il s'immobilisa et se tourna vers sa sœur.

— Est-ce que tu as pris des photos, pour Tante Vic ?

— Dalton, je te jure que si je me sors de là, je te tuerai.

— Tu crois vraiment que je vais t'aider, dans ces conditions ? Tu as un plan d'ailleurs ?

— Tu retiens Maman dans la cuisine, je fais descendre Adrian dans la salle à manger et il sort par la porte-fenêtre.

Dalton la contempla avec le mélange de tendresse et de consternation qu'on réserve aux enfants en bas âge.

Ou aux débiles profonds, admit Zoey.

— C'est toujours tellement rafraîchissant la vie avec toi, chuchota-t-il.

Puis il sortit de sa chambre pour aller directement dans celle de sa sœur, malgré ses protestations silencieuses.

Lorsqu'il vit Adrian toujours endormi, elle dut lui mettre la main sur la bouche pour étouffer son éclat de rire. La lutte qui suivit les jeta sur le lit. Adrian redressa une tête ébouriffée et un air hagard vers eux.

— Allez jouer ailleurs, se plaignit-il.

— Non, souffla Zoey. Adrian, tu dois te réveiller.

— Qu'est-ce que vous fichez dans ma chambre ?

— Tu es dans ma chambre.

Adrian releva de nouveau la tête, contempla les oreillers à ruflettes, regarda Zoey et Dalton, qui souriait de toutes ses dents.

— Merde, Zoey, qu'est-ce que tu as encore fichu ? maugréa-t-il.

— Ce que j'ai encore fichu ? Nous sommes deux, dans cette histoire, je te signale !

— Je confirme, intervint Dalton. Même Zoey, avec son niveau déplorable en sciences naturelles, sait qu'on doit être deux pour ce genre de choses.

— De toutes les blagues que vous avez faites, c'est sans doute la plus lamentable, répondit Adrian, avec un bâillement.

Il souleva la couette et poussa un soupir.

— D'accord, Dalton. Tu m'as même enlevé mon caleçon. Très drôle. Bon, allez, libérez-moi, avant que mes parents collent ma photo sur les bouteilles de lait.

— Ce n'est pas une blague, explosa Zoey.

— Zoey ? cria la voix de sa mère du bas de l'escalier. Est-ce que tu cries vraiment à cette heure ? Ton frère dort !

Zoey fit un bond jusqu'à la porte.

— Désolée, Maman. Je descends bientôt. J'ai... je suis tombée du lit.

— Visiblement oui ! Est-ce que la notion de respect te dit quelque chose ? répondit Fran, en élevant un peu plus la voix pour marquer sa vive réprobation.

Zoey referma la porte, puis se tourna vers son frère et Adrian dont les mouvements sous la couette indiquaient qu'il avait récupéré son boxer et qu'il tentait de l'enfiler avec un minimum de dignité.

— Donc, si ce n'est pas une blague... commença Adrian.

— Tu ne te souviens de rien ?

L'agressivité de sa voix sembla clouer le jeune homme sur place, ce qui était tout à fait inhabituel car Adrian était en général déstabilisé par peu de choses. Il fronça les sourcils, alors que Zoey continuait sur le même ton :

— Rien de rien ?

— Je me rappelle qu'on a essayé d'aller dans la cabane, mais que tu étais trop saoule pour grimper à l'échelle.

— Parce que toi, tu étais parfaitement *clean* !

— Apparemment, non, mais moi, j'ai réussi à monter !

Il eut un rictus ironique, celui qu'il utilisait pour déstabiliser les interlocuteurs qui l'ennuyaient, mais à l'intention de Dalton. C'était tout à fait Adrian. Il se moquait d'elle puis il l'excluait. Comme lorsqu'ils se disputaient enfants et que Dalton se retrouvait entre eux deux.

— Vous comptez passer la matinée à discuter ? intervint Dalton.

— Dalton a raison, marmonna Zoey. On va continuer à ne se souvenir de rien, tu veux bien ? Dalton va faire diversion et toi, tu vas sortir par la porte vitrée de la salle à manger et rentrer chez toi. Discrètement.

— Mes parents doivent être en train de petit-déjeuner dehors, objecta Adrian.

Zoey jeta un regard dégoulinant de désespoir à son frère.

— Dalton, va t'assurer que Darryl et Stella ne sont pas sur leur terrasse.

Dalton croisa les bras.

— Et comment ? En débarquant dans leur jardin ?

— Trouve un truc, nom de Dieu !

— Non, riposta Dalton. Toi, trouve un truc. Ce n'est pas moi qui ai couché avec le voisin.

— Encore heureux, souffla Adrian. J'étais saoul, mais pas à ce point-là.

— Je n'ai pas couché avec le voisin, cracha Zoey, les joues écarlates. Et d'abord, Adrian n'est pas « le voisin ».

— Techniquement, si, rétorqua Dalton, de plus en plus réjoui.

— Techniquement, je suis quasiment certain que nous n'avons pas couché ensemble, dit Adrian, en jetant la couette au pied du lit et en se levant.

Il avait un hématome sur le côté droit et une fine balafre, encore un peu sanguinolente, à l'épaule.

Dalton se mit à glousser à grand bruit.

— Parce que tu t'en souviens, maintenant ? gronda Zoey.

Elle évita de regarder son torse, envahie par la honte et l'envie de gifler son frère.

— D'abord, si nous avions couché ensemble, tu serais de meilleure humeur, articula Adrian, avec une moue déterminée. Ensuite…

Il se baissa pour ramasser son pantalon et l'enfila d'un geste naturel, pas du tout gêné par leur présence.

— Ensuite ?

Il se retourna pour prendre son t-shirt resté dans le lit et s'en vêtit, cachant ainsi l'hématome et la balafre, ce qui permit à Zoey de relever la tête et de le gratifier d'un regard de défi.

— Ensuite, si nous avions vraiment couché ensemble, tu serais pleine de reconnaissance. Vu ton attitude, je me permets de douter fortement de cette probabilité et même d'affirmer que tu as passé une très mauvaise nuit.

Il lui adressa un sourire narquois et se tourna vers Dalton.

— La treille qui est sous ta fenêtre, elle tient toujours ?

Dalton acquiesça.

— Elle tenait encore l'année dernière.

Par réflexe, Zoey enregistra l'information qui constituerait, sans aucun doute, un nouveau moyen de pression sur son petit frère, si celui-ci s'avisait de lui servir quelques fines allusions dans les mois à venir.

— Ne vous dérangez pas pour moi, alors, annonça Adrian. Je me débrouille.

Il passa devant eux, d'un pas royal, bien qu'un peu vacillant. Lorsqu'il fut sorti, Dalton siffla entre ses dents.

— Il a toujours eu une bonne dose de classe, quand même, Adrian.

— En effet, grogna Zoey. L'élégance incarnée. « Si nous avions couché ensemble, tu serais de meilleure humeur… »

Elle perçut le bruit de la fenêtre qui s'ouvrait, malgré tous les efforts qu'Adrian devait déployer pour être discret.

— Il va se casser une jambe, murmura-t-elle.

Une partie d'elle, rancunière, l'espérait. L'autre se mit à psalmodier d'une voix anxieuse.

— On peut descendre jusqu'au bout, la rassura Dalton.

— Je ne veux pas voir ça, geignit Zoey en plaquant ses mains sur son visage. Si Maman…

— Zoey ? hurla sa mère de nouveau. Zoey ? Est-ce que tu embêtes ton frère ?

— Je suis réveillé, cria Dalton.

Zoey gémit une nouvelle fois. Un bruit confus lui indiqua qu'Adrian l'avait entendue, lui aussi.

— J'arrive, Maman ! ajouta Dalton.

Un sentiment d'intense reconnaissance envahit la jeune femme. Elle articula un merci du bout des lèvres.

— Tu m'en dois une, chuchota son frère, avant de quitter la pièce et de descendre précipitamment l'escalier. Maman ? Tu me ferais un cappuccino avec cette nouvelle machine que tu as achetée le mois dernier ? J'ai très envie d'essayer de nouvelles choses !

On pourrait en faire un à Zoey ! Elle aussi est toujours prête pour de nouvelles expériences, tu sais !

Tout en étayant toutes les allusions possibles et imaginables sur ce qu'il croyait s'être passé dans la chambre de sa sœur, Dalton entraînait Fran vers la cuisine. Son intonation ostensiblement enjouée confirma à Zoey qu'il y prenait un réel plaisir. Elle aurait un double prix à payer. Dalton n'était pas du genre à effacer les dettes. Ça aussi, elle le savait depuis l'enfance.

Elle ne pouvait pas lui en vouloir. Elle-même conservait âprement tout privilège gagné après un honnête chantage. Tout comme Adrian avait appris à le faire à leur contact.

Se souvenant soudain du motif de sa négociation, elle courut jusqu'à la chambre de son frère, qui s'avéra vide, puis bondit à la fenêtre restée ouverte.

Adrian avait disparu, comme elle l'espérait et le redoutait à la fois. Elle savait qu'elle ne le reverrait pas avant son départ pour New York et sa voix intérieure – ainsi que son expérience des lendemains de fête – lui soufflait qu'elle serait plus que mal à l'aise lorsqu'ils se recroiseraient.

Alors qu'elle refermait la fenêtre, elle aperçut son reflet dans la vitre, poussa un glapissement de terreur puis d'horreur, en se rendant compte que c'était bien elle qui écarquillait des yeux de raton laveur sous cette tignasse emmêlée et hirsute, et galopa jusqu'à sa chambre pour tenter de revenir d'entre les morts.

La demi-heure qu'elle passa à se brosser les cheveux ne suffit pas à la calmer. Dès que son esprit semblait retrouver un minimum de paix, elle se rappelait qu'elle avait peut-être couché avec Adrian. De temps en temps, son cerveau lui envoyait des appréciations douteuses sur les raisons de l'attitude de son ami, déviant parfois vers l'analyse de la vexation, mais tournant en boucle la plupart du temps autour de la seule hypothèse qui lui parut viable : ça avait été si lamentable qu'il préférait nier la vérité.

Ou tellement traumatisant qu'il ne pourrait plus jamais lui parler.

Voire ne plus jamais se trouver dans la même pièce qu'elle.

Elle, en tout cas, n'était même pas certaine qu'elle en soit de nouveau capable un jour.

Sur ce dernier sentiment, qui ne la quitterait plus de la journée, elle descendit l'escalier, droite et nauséeuse, prête à affronter son destin, telle une martyre marchant vers l'arène où l'attendaient les lions.

5

Les gentilles filles assument leurs erreurs

Contrairement à ce que Zoey s'attendait, il n'y eut pas d'offensive. Elle prit son petit-déjeuner seule à table. Debout devant elle, Dalton et Fran discutaient, du moins selon ce que Fran estimait être une discussion : elle harcelait Dalton de questions sur son travail et sa vie sentimentale, et ponctuait ses réponses par des « bien » et des « parfait », avant de reprendre son interrogatoire.

Avec Zoey, elle se contenta d'être cordiale, ce qui était nettement plus glaçant que si elle avait suivi le cours normal des choses et l'avait assaillie de remarques moralisatrices sur sa conduite. De temps en temps, Zoey sentait son regard sur elle. Elle se fit la réflexion que Ponce Pilate avait dû avoir la même lueur de froide détermination avant d'ordonner qu'on crucifie le Christ.

Fort heureusement, sitôt le petit-déjeuner avalé, elle remballa ses affaires et entreprit de les charger dans la camionnette garée à l'arrière de la maison.

Sally s'y trouvait déjà, les cheveux soigneusement tirés au-dessus d'un visage encore plus pâle qu'à l'accoutumée.

— Mauvaise nuit ? demanda Zoey.

— J'ai nettoyé la cuisine de ta mère jusqu'à quatre heures du matin, maugréa Sally.

— Je suis désolée, j'étais…

— Je sais dans quel état tu étais, l'interrompit son assistante. Adrian et toi êtes venus chercher de la farine vers deux heures.

L'image d'Adrian et elle se courant après sur la terrasse pour se jeter de la farine lui revint en pleine tête. Ils étaient trop saouls, heureusement, pour être efficaces. Le parquet extérieur devait être dans un sale état, lui aussi.

S'éloigner d'ici devenait une véritable nécessité.

— J'ai vu Adrian, ce matin, continua Sally. Cette tête !

— Ça s'est bien passé, chez les Peters ?

Sally avait été logée chez les parents d'Adrian, faute de place dans la maison. La chambre d'amis des Westwood était en cours de rénovation et Fran avait refusé de hâter les travaux pour la fête. Zoey la soupçonnait même de les avoir retardés pour ne pas avoir à héberger Nana.

— Impeccable, répondit Sally. Ce sont des gens charmants. J'ai dormi dans une chambre couverte de papier peint liberty. Adrian a joué du piano ce matin. Il a vraiment un talent fou.

— Oui, marmonna Zoey, qui n'avait aucune envie de s'appesantir sur le sujet Adrian. On va dire au revoir à mes parents et à Dalton, et on file, ça te va ?

Sally eut un petit sourire.

— Toi, tu ne veux pas les affronter toute seule…

— Certainement pas.

Lorsqu'elles rentrèrent dans la maison, Fran et Jo Westwood étaient installés dans leur salon. Depuis le canapé beige, parfaitement droite, habillée d'un impeccable chemisier en soie bleu et d'un pantalon gris, Fran regardait les informations sur l'immense écran de télévision qui touchait la cheminée, son chien couché à ses pieds. Jo lisait un journal mais semblait lutter contre le sommeil, les paupières lourdes.

Il sursauta quand Zoey annonça qu'il était temps pour elle de repartir.

— C'était parfait, ma Zoey, dit-il. Merci encore.

Il se leva pour la serrer dans ses bras. Zoey retint un instant l'envie de se blottir tout à fait contre lui et l'embrassa chaleureusement.

Puis elle contourna la table basse et se pencha vers sa mère. Glaciale, Fran lui rendit son baiser.

— Pense à appeler ta grand-mère, s'il te plaît.

— Je l'appelle toutes les semaines, riposta Zoey.

— Et fais attention sur la route, intervint son père. C'est vous qui conduisez, Sally ?

Sally acquiesça, avant de les remercier pour leur accueil.

Dalton descendit à ce moment-là, sans doute parce qu'il avait entendu que sa sœur partait. Il avait pris sa douche, s'était rasé et avait même fait l'effort de coiffer ses cheveux en arrière et de porter une autre chemise, d'un bleu océan, celle-ci, qui faisait ressortir ses yeux.

— Fayot, murmura Zoey, en lui donnant un baiser sonore sur la joue.

Dalton grimaça un sourire et s'approcha de Sally. Pendant ce qui sembla à Zoey un temps interminable, ils restèrent face à face, apparemment gênés, puis firent le même mouvement maladroit l'un vers l'autre.

Ils n'avaient pas échangé un mot. Zoey leur lança un regard exaspéré, avant de quitter la pièce, sur un dernier au revoir, Sally lui emboîtant le pas.

Quand elles furent enfin installées dans la camionnette, elles poussèrent un soupir en chœur.

— Rude soirée, dit Sally en appuyant sur le lecteur MP3.

Le premier morceau du dernier album de Moriarty emplit l'habitacle, alors qu'elle tournait la clé.

— Tu t'es couchée sans problème ? demanda-t-elle.

— Pas de souci, lâcha Zoey. Une nuit tranquille, dans mon lit. Mon lit de jeune fille.

— Je vois, rétorqua Sally, en trifouillant dans la boîte à gants pour en extirper ses lunettes de soleil. Une autre nuit tranquille !

Zoey ne goûta pas la plaisanterie à sa juste mesure et Sally n'insista pas.

La camionnette s'engagea dans l'allée. Sally l'arrêta devant chez les Peters. Derrière le portail en bois blanc, Ludwig, le labrador des parents d'Adrian, les regarda d'un œil réjoui.

— Tu as oublié quelque chose ?

— Non. Adrian m'a demandé si nous pouvions le ramener à New York.

— Quoi ?

Zoey avait glapi. Sally la dévisagea, étonnée.

— Ce n'est pas la première fois que nous serons trois à l'avant, objecta-t-elle.

— Oui. Pas de problème, bafouilla-t-elle en priant le ciel de ne pas rougir.

Adrian sortit de la maison à cet instant. Lui aussi avait pris une douche et même trouvé un sweat propre dans son ancien placard. Le sigle de leur école secondaire, blanc sur bleu marine, était encore lisible, même si le vêtement semblait avoir vécu plusieurs vies. Il descendit l'escalier extérieur, avec la même démarche que quinze ans plus tôt, lorsque Zoey l'attendait sur son vélo pour qu'ils fassent le chemin ensemble. Leurs yeux se croisèrent, puis il sauta la dernière marche. Il avait gardé cette façon de se mouvoir qui lui était propre, comme si rien n'avait d'importance et que rien ne le touchait véritablement. Néanmoins, le temps et les margaritas de la veille avaient fait leur œuvre. Si des cernes gris lui descendaient jusqu'aux joues pour attester qu'il avait encore plus d'alcool dans les veines que de sang, ce n'était rien à côté de son teint livide et de sa coiffure désordonnée.

Il caressa le museau de Ludwig et referma le portail derrière lui, après un signe de la main à sa mère qui le regardait partir depuis la fenêtre de son salon.

Zoey glissa sur la place du milieu.

— Tu as pris des fesses, non ? railla-t-il en la poussant et en s'installant à sa place.

Il boucla sa ceinture de sécurité. Zoey aurait voulu lui répondre par une répartie bien sentie, comme elle en avait l'habitude, mais rien ne sortit. Elle se contenta de l'observer avec des yeux qui devaient paraître bovins car Adrian grimaça, amusé.

Puis il amena le sujet sur la musique que diffusait le lecteur et eut un nouveau rictus, quand Sally lui apprit qu'il s'agissait d'une suggestion de Dalton. Leurs goûts en la matière divergeaient radicalement, depuis toujours.

Il y eut enfin un silence que Zoey qualifia aussitôt d'extrêmement gênant. Elle se concentra sur la route, qu'elle connaissait par cœur pour l'avoir empruntée chaque jour de son enfance et de son adolescence, et ne respira correctement que lorsque la camionnette quitta le quartier. À chaque coin de rue, elle se voyait avec Adrian, d'abord enfants, lorsqu'ils allaient jouer dehors, puis adolescents, lorsqu'ils passaient des heures à discuter assis sur le trottoir, jusqu'à ce qu'un des parents rentre du travail et leur demande d'arrêter de se conduire « comme des sans-abri ».

À ces images – Adrian en t-shirt Superman, puis vêtu de noir de la tête aux pieds – se superposait celle de son réveil – Adrian nu dans son lit, puis debout devant elle, en boxer, railleur et hautain.

Lorsqu'ils arrivèrent au petit muret protégé par les arbres où ils avaient l'habitude de se cacher, durant leur première année de lycée, elle sourit. Ils avaient découvert cet endroit idéal pour échapper à la traque minutieuse de Stella et de Fran qui avaient entendu parler de problèmes de drogue dans le quartier et, évidemment, avaient tout de suite imaginé que leurs enfants tomberaient automatiquement dans ce piège-là, parce que c'étaient « Zoey et Adrian, tout de même ».

Ce qui était délicieusement ironique, quand on savait tout ce que Dalton avait pu fumer durant ses études…

Leur cachette avait été éventée à cause de l'affaire Jon Garibaldi et de la stupide intervention d'Adrian, entré dans la période de l'adolescence qui consistait à se conduire de façon bizarre et disproportionnée – leur seule brouille, qui avait duré plus de deux semaines, le temps que les ecchymoses sur le visage de Jon se résorbent, en même temps que sa relation amoureuse avec Zoey.

En dépassant le muret, toujours coincée entre Sally et Adrian, Zoey se fit la réflexion que jamais ils ne s'étaient expliqués sur le sujet. Ils s'étaient contentés de se reparler, en évitant de mentionner l'événement, puis la vie avait repris son cours.

Elle se souvenait à présent très précisément de ce moment où, alors qu'elle remontait la rue avec Jon, traînant côte à côte comme les adolescents de l'époque le faisaient, le pied d'Adrian avait surgi de derrière les branches et heurté le nez de son petit ami de plein fouet.

Sans un mot, sans même une sommation, sans même tenter de le faire passer pour un accident, sans même justifier cet acte de violence qui ne lui ressemblait pas.

Juste son pied et son regard noir, la minute d'après, alors que Zoey regardait le nez de Jon saigner abondamment et qu'elle se mettait à hurler.

La camionnette tourna à gauche, les éloignant définitivement de ce muret où aucun d'eux n'avait osé retourner par la suite.

Sally commentait la musique et la route. Zoey sentait le bras de son ami contre le sien et faisait des efforts constants, bien que discrets, pour s'en détacher le plus possible, ce qui la projetait contre Sally qui à son tour la repoussait gentiment mais fermement.

— Je ne peux pas conduire si tu t'appuies sur moi, Zoey, finit-elle par dire.

— C'est Adrian qui est collant.

Elle se mordit l'intérieur de la joue. Pendant quelques secondes, elle avait oublié qu'elle n'était pas censée parler à Adrian, ni même d'Adrian, du moins tant qu'ils n'auraient pas eu une conversation sur les événements de la veille.

— Collant, moi ? s'indigna Adrian. Je connais des filles qui paieraient pour être à ta place.

— Voilà une intéressante perspective de carrière.

Adrian passa son bras par-dessus les épaules de Zoey et la serra contre lui. Elle réprima un haut-le-cœur. Leur proximité avait désormais quelque chose d'embarrassant et d'étrange. La main d'Adrian touchait son bras nu et le contact de sa peau lui arracha un frisson.

— Là, ça va, je ne suis pas trop collant ? dit-il de son air le plus sérieux.

Elle sentit le bout de ses doigts glisser doucement sur sa peau. Lorsqu'elle se tourna vers lui d'un air furieux, il haussa les sourcils.

Elle lui demanda d'enlever sa main, deux fois, sans qu'il fasse mine de l'écouter.

— Tu ne me fais pas rire, scanda Zoey.

— Il y a en effet beaucoup de sons que j'arrive à faire sortir de ta gorge et le rire n'en fait pas partie en ce moment.

Elle retint une vocifération exaspérée, puis donna un coup de coude sec dans les côtes du jeune homme qui laissa échapper une expiration douloureuse, sans bouger d'un pouce pour autant. Zoey accentua le coup, auquel Adrian répondit en lui pinçant le gras du biceps, ce qui la rendit encore plus enragée. Ils luttèrent ainsi quelques secondes en silence.

— Vous pouvez arrêter de gigoter ? gémit Sally. Vous allez nous faire avoir un accident.

— Adrian va nous faire avoir un accident.

— Je peux savoir ce qu'il vous arrive ? Vous avez le diable au corps, ce matin !

Zoey siffla de rage. C'était tout à fait le style d'Adrian, d'appuyer là où ça faisait mal. Il n'aurait de cesse de la chahuter, de la houspiller et de faire des allusions grotesques, sans jamais aborder directement le sujet. Pire, il entretiendrait le doute jusqu'à ce qu'elle devienne hystérique.

— Tu veux que je te dise ? lança Zoey en agrippant la main de son ami de toutes ses forces pour lui faire lâcher prise. Parfois, tu te conduis comme un abruti.

— Vous vous conduisez tous les deux comme des abrutis, renchérit Sally. On ne peut pas dire que vous ayez la gueule de bois facile.

— Zoey ne se conduit jamais comme une abrutie, souffla Adrian, qui tentait vainement de se soustraire aux ongles de la jeune femme, tout en gardant fermement sa prise. Le truc de Zoey, c'est de pousser les autres à se conduire comme des abrutis et de se plaindre après. Comme par exemple, les faire se casser la figure d'une échelle et pleurnicher qu'ils lui sont tombés dessus.

Sally quitta la route du regard pour le porter sur Adrian. Zoey remarqua qu'elle écarquillait légèrement les yeux, comme si elle venait de comprendre quelque chose qui avait pourtant été sous son nez sans qu'elle s'en aperçoive. Zoey paniqua aussitôt. Se tournant vers Adrian avec la ferme intention de lui coller sa main sur la bouche, elle vit qu'il rendait son regard à Sally, mais que celui-ci était carrément devenu railleur. La camionnette dévia légèrement de sa trajectoire et mordit la bande d'arrêt d'urgence.

— Sally, regarde devant toi ! Et toi… Tiens-toi tranquille ou on te débarque sur le bord de l'autoroute. Tu rentreras en stop, si quelqu'un accepte de te prendre, avec ton look de tueur d'adolescents et ta tête de déterré. Et à coup sûr, ce sera un routier.

— Qui sait ? Je retrouverai peut-être un de tes ex.

— Dépêche-toi de nous faire rentrer, ordonna Zoey à son amie. Sinon, il se pourrait qu'il y ait un meurtre.

— Le coffre est déjà plein, Thelma, sourit Sally.

— On trouvera de la place. Maintenant, enlève ta main de mon épaule, Adrian, sinon je te jure que je ne t'adresserai plus jamais la parole.

Adrian plissa les yeux, scrutant le visage de Zoey pour voir si elle plaisantait, puis retira sa main, sans un mot. Le voyage parut sans fin.

Le jeune homme s'enferra dans un silence boudeur. Une fois dans New York, il n'adressa la parole qu'à Sally, pour lui demander de le déposer à une station de métro. Il évita les embrassades, prétextant que la camionnette gênait la circulation, et disparut dans la foule. En refermant la portière, Zoey poussa un soupir de soulagement.

— C'était quoi, ce manège avec Adrian ? demanda Sally, nerveusement. Vous vous êtes disputés ?

Zoey mourait d'envie de tout raconter à son amie, mais la perspective de l'hilarité ou, pire, de la désolation de Sally l'en empêchait. Elle avait déjà assez honte comme ça.

— Bizarre, son attitude, quand même, continua Sally. On aurait dit qu'il réglait des comptes. Il a réagi comme si… ô mon Dieu !

Elle se tourna vers Zoey, tel le rapace sur sa proie.

— Vous avez couché ensemble, affirma-t-elle froidement.

— Bien sûr que non !

Ne me mens pas. Ça se lit sur ton visage.

Zoey aurait voulu disparaître sur-le-champ. Sally la regardait sans rire ni avoir l'air choqué, mais avec un mélange de sérieux et d'intérêt grandissant.

— Je ne sais pas, en fait, avoua Zoey. J'étais saoule. Je me suis réveillée avec Adrian. Je n'y suis pour rien !

— Tu penses que c'est lui qui a initié le truc ?

— Je te dis que je ne me souviens de rien ! Adrian non plus !

Sally siffla entre ses dents.

— Tu parles !

L'affirmation jeta le doute dans l'esprit de Zoey. Elle repoussa fermement cette idée. Si Adrian s'était souvenu de quelque chose, il aurait été aussi gêné qu'elle. Et quand il était gêné, ce qui lui arrivait très peu, il avait tendance à prendre la fuite. Il aurait préféré rentrer par le train, qu'il détestait, que de se retrouver coincé avec elle sur l'autoroute.

— Tu ne connais pas Adrian comme je le connais. Il est capable de faire semblant de savoir des trucs, juste pour faire enrager quelqu'un. Quand nous étions adolescents, il m'a fait croire qu'il avait lu mon journal intime. Résultat, je l'ai brûlé.

— Ton journal intime ?

— Évidemment… pas Adrian ! Après, je me suis rappelé qu'il n'aurait jamais pu lire mon journal intime, pour la bonne raison que je l'écrivais en français, afin d'éviter que Dalton le lise.

— Tu écrivais ton journal intime en français ?

Sally éclata de rire.

— J'ai toujours été douée pour les langues, bredouilla Zoey. J'étais une bonne élève, si tu veux tout savoir. Adrian était nul en français, comme il était nul dans à peu près toutes les matières, à part la musique. Quant à Dalton, n'en parlons pas. Il confondait le français et l'espagnol… De toute façon, peu importe. Je ne compte pas revoir Adrian avant un bon moment.

— Tu le vois samedi prochain, à la réception du consulat du Brésil.

— Oh, non !

Adrian avait joué de ses relations pour lui obtenir ce client-là. La réception du consulat du Brésil, après les trente-cinq de mariage de ses parents, avait canalisé toute son attention et tout son stress, ces dernières semaines. Adrian devait obligatoirement y assister, puisqu'il jouait ce soir-là, pour accompagner une chanteuse qui venait de Rio de Janeiro.

— Il sera enchaîné à son piano et moi à ma cuisine, répondit Zoey. Nous n'aurons pas le temps ni l'un ni l'autre.

— Si j'étais toi, je laisserais filer. Tout n'est peut-être pas si clair que ça entre vous.

Zoey poussa un glapissement indigné.

— Adrian est mon meilleur ami. Mon seul ami homme, de toute façon. Nous sommes pratiquement frère et sœur. Tout est clair, d'accord ?

— J'ai compris ! Garde ton calme !

— Je suis calme ! hurla Zoey.

Elles arrivaient devant la boutique. Au-dessus du rideau de fer, le nom Zoey's Kitchen, fraîchement peint, s'étalait en jaune sur la devanture bleu marine. Son immeuble jouxtait la boutique. Il semblait avoir été encastré par erreur dans le minuscule espace entre deux bâtiments plus imposants. Zoey l'adorait. Avec ses fenêtres tout en longueur, sa pierre jaunie par le temps et son toit délavé, il avait l'air d'un photophore de Noël oublié dans la vitrine d'un antiquaire. Sally se gara sur l'emplacement livraison et éteignit le moteur.

— J'ai les caisses à vider avant de ranger la camionnette au garage.

— Je vais t'aider, affirma Zoey, même si son estomac protesta violemment à la perspective d'être comprimé par des caisses en plastique.

— Pas la peine. Tu n'es pas en état.

Zoey remercia son amie et sortit du véhicule pour se diriger vers la porte rouge écaillée de son immeuble.

— Zoey ? l'appela Sally par la vitre baissée. Ne te prends pas trop la tête.

— Qu'est-ce que vous avez tous à croire que je me prends la tête ?

Le sourire de Sally en disait long, mais elle esquiva la remarque, prudemment.

— S'il s'est passé quelque chose entre Adrian et toi, il a sans doute besoin de temps pour comprendre ce que ça implique.

Zoey haussa les épaules. Elle n'avait pas le cœur à s'interroger sur la déclaration nébuleuse de son amie.

— N'en parlons plus, tu veux bien ? À demain ?

— À demain, Zoey, soupira Sally.

Elle la dévisagea comme si elle voulait ajouter quelque chose et parut renoncer. Zoey s'engouffra dans son immeuble.

Elle gravit les trois étages qui menaient à son appartement, ouvrit précautionneusement la porte. La dernière chose qu'elle voulait, c'était voir celle de Karen s'ouvrir et être obligée d'entretenir une des longues conversations dont sa voisine était friande. Elle avait beau l'apprécier, et pas seulement parce qu'elle était serviable et enjouée, elle ne se sentait pas capable de supporter son débit et son goût pour les blagues avec une telle gueule de bois.

À son arrivée, une boule de poil noir et blanc se jeta sur ses jambes et se frotta furieusement contre ses mollets. Sushi était le seul chat de sa connaissance qui l'accueillait comme un chien : agité et maladroit. « Je suis sûre que c'est à cause de son nom, avait dit Adrian un jour. Un nom de bouffe à base de poisson, pour un chat ! Il y a de quoi devenir schizo ! »

Elle trépigna d'agacement. Elle ne voulait pas penser à Adrian, même si, remarqua-t-elle, le bon côté de la chose était qu'elle avait oublié Spencer.

Évidemment, elle se mit à penser aussitôt à Spencer et à la scène déplorable qui s'était terminée par un lancer de sauce au curry sur la robe de Laurie.

Elle prit Sushi dans ses bras. Le chat ronronna avec délice, blotti contre sa poitrine, alors qu'elle faisait les trois mètres qui la séparaient du canapé. Elle s'y affala, faisant craquer les ressorts.

— Il se pourrait bien que j'aie pris du poids, effectivement, dit-elle à Sushi.

Machinalement, elle tendit la main pour attraper le téléphone fixe et appuyer sur le bouton de la messagerie.

— C'est crétin de vérifier ses messages professionnels un dimanche, hein, mon beau ? Je dirais même que c'est pathétique. Mais je ne suis partie que trois jours. Tu t'es ennuyé, non ?

Tout en grattant l'animal sous le menton, elle se mit à écouter d'une oreille distraite les quatre messages qu'on lui annonçait.

« Bonjour, mademoiselle Westwood, c'est Jenny Hawkins. J'ai bien reçu votre proposition de menu pour notre mariage et on se demandait avec mon fiancé s'il était possible d'avoir une fondue au chocolat pour chaque table, des mini, en fait, au lieu d'en avoir une grande sur le buffet… »

— Mais bien sûr ! soupira Zoey. Ça ne fait que trois fois que vous changez d'avis, ton fiancé et toi…

Elle appuya sur la touche « effacer » en se promettant de rappeler sa cliente dès le lendemain matin pour lui annoncer, comme les autres fois, que tout était possible mais dépendait du budget. Elle était traiteur, pas magicienne.

« Zoey ? C'est Orlando. Est-ce que tu aurais un double de la clé de la porte de derrière ? C'est vendredi soir et Gabriella a perdu la sienne. »

Zoey grimaça. Depuis vendredi soir, elle espérait qu'Orlando et Gabriella, les gérants du restaurant italien qui jouxtait sa boutique, avaient trouvé une solution. Elle se sentit aussitôt désolée pour eux. S'ils n'avaient pas remis la main sur leur clé, Gabriella, qui faisait le service en salle, avait dû être obligée de passer par la porte de devant et le trajet avait dû largement la fatiguer. Elle abordait le sixième mois d'une première grossesse que Zoey savait difficile, même si la jeune femme avait refusé de laisser son mari s'occuper seul du restaurant.

« Zoey ? C'est Maman. J'espère que tu n'es pas encore partie. Dis-moi, est-ce que tu as bien noté qu'il fallait disposer les plats végétariens sur une table à part ? Est-ce que tu as pensé aux étiquettes ? Dalton est déjà là. Il met un bazar épouvantable dans nos CD. Ton père est fou de rage. À tout à l'heure. Je vais essayer sur ton portable d'ici là. »

— Effacer, grommela Zoey, en appuyant de nouveau sur la touche.

Un dernier bip retentit.

« Mademoiselle Westwood, c'est Matthew Ziegler. »

Zoey tressaillit. Un court silence s'ensuivit, comme si son interlocuteur lui laissait le temps de digérer l'information.

« J'ai beaucoup apprécié votre buffet hier soir. J'aimerais goûter de nouveau votre cuisine, peut-être dans un cadre moins conventionnel. J'aurais voulu savoir si vous organisiez des dégustations. Sans sauce au curry, si possible. Vous pouvez m'appeler à mon bureau… »

Un autre silence, plus long, celui-là, lui indiquait qu'il venait de se rendre compte qu'on était dimanche.

« … demain. À bientôt. »

Il donna deux fois son numéro de téléphone professionnel et répéta « à bientôt » d'une voix ferme, qui n'appelait aucun refus. Zoey dégagea le chat de sa poitrine pour attraper un calepin et le noter rapidement.

« Sans sauce au curry, si possible. »

Le visage de Laurie, au bord des larmes, et sa robe maculée de sauce lui apparurent, puis celui de Matthew Ziegler, amusé, s'y superposa. Adrian et elle s'étaient bien donnés en spectacle.

Elle reposa le téléphone et sombra dans le canapé, la tête dans les coussins. Sushi vint se coller contre elle, réclamant son dû à grands cris. Tandis qu'elle enlaçait le chat dont la fourrure douce lui procura un sentiment de réconfort instantané, elle fit ce qu'elle avait toujours fait après une soirée agitée : elle jura qu'elle ne toucherait plus une goutte d'alcool ni n'approcherait un homme de sa vie.

6

Les gentilles filles écoutent les conseils de leurs amies

— Tu ne peux pas refaire ce menu jusqu'à la dernière minute, Zoey, bougonna Sally, en regardant les pattes de mouche que son amie avait jetées sur son carnet de notes.

Elle était assise au comptoir de la boutique sur un tabouret de bar en métal, une jambe repliée sous ses fesses. Ses cheveux roux tombaient de chaque côté de ses épaules nues. Comme tous les lundis, les jours les plus détendus dans le labo de Zoey, car ils suivaient des week-ends bien remplis depuis quelques mois, l'ambiance était à la décontraction vestimentaire. Sally portait donc un t-shirt d'un jaune poussin aveuglant, un short en jean et une paire de tongs en plastique rouge. Devant elle, des classeurs ouverts, des tasses vides que le café froid avait marquées d'une auréole poisseuse, un nombre incalculable de plats sales et une assiette remplie de choux témoignaient de la créativité qui avait jeté Zoey hors du lit à la première heure.

— Tu dois te décider, surtout que tu changes des détails. Franchement, Zoey, tes petits-fours sucrés étaient parfaits…

— Goûte ! répondit simplement la jeune femme.

Elle lui tendit l'assiette et savoura le changement d'expression de Sally, alors qu'elle croquait dans un des choux.

— Citron et… sucre, évidemment… et, mon Dieu, Zoey, tu les as fourrés avec de la crème à la caïpirinha !

— Nana m'a donné l'idée. Enfin, presque ! J'ai adapté une de ses suggestions. J'avais des doutes sur le résultat, à cause de la cachaça.

— C'est délicieux… Et léger ! Enfin en texture.

Elle termina le chou avec un sourire extasié.

— Tu dois absolument les servir samedi !

— Tu vois que ça valait le coup que je revoie les détails.

Sally rit.

— Tu as raison ! C'est noté. Une bonne chose de faite. Quand je dis bonne… je devrais dire excellente. Tu m'as fait ta liste pour la commande ?

Si Sally ne tarissait pas d'éloges et d'encouragements, elle revenait toujours à la logistique. Zoey l'aimait pour cette conscience professionnelle qui leur permettait de travailler ensemble, sans que leur amitié en souffre.

Elle n'avait jamais regretté de l'avoir embauchée. Elle avait hésité, pourtant, après leur premier entretien. Cette fille superbe, au look complètement improbable, qui lui avait présenté un CV digne d'une future grande chef d'entreprise : grande école de commerce, stages dans de prestigieuses sociétés, compétences de management et en langues, en plus d'avoir été – détail qui avait fait tiquer Zoey – une athlète accomplie durant toutes ses années de lycée.

Elle avait eu le sentiment qu'il y avait là une erreur de casting. Elle l'avait donc rappelée pour lui poser la question qui lui avait échappé lors de leur rencontre : « Pourquoi ? »

Sally avait répondu très sérieusement qu'elle avait besoin de construire son job, pas de le subir.

Il n'y avait pas de mot équivalent à « tomber amoureuse » pour l'amitié, mais c'était exactement ce que Zoey avait éprouvé à ce moment-là.

Depuis quatre ans, elles partageaient leur quotidien sur une partition parfaitement orchestrée, où le travail et l'amitié s'entremêlaient sans jamais dépasser les limites qu'elles s'étaient imposées tacitement. Tout était naturel avec Sally, même le fait que son amie recadre parfois sa créativité débordante et sa tendance à passer d'une chose à l'autre sans se soucier des contraintes matérielles. Souvent, en fait.

— Il me reste à finaliser les cheese-cakes au fruit de la passion, dit Zoey. J'en ai bien pour la demi-journée.

Le visage de Sally prit une expression de maîtresse d'école.

— Zoey, il y a le mariage Richardson-Welleba dans moins d'un mois. Tu as promis un gâteau en forme de statue de la Liberté à la mariée et tu n'as toujours pas regardé les essais d'Elena. Elle t'a envoyé plusieurs photos.

Elena était la sœur de Gabriella, du restaurant d'à côté. Elle s'était spécialisée dans les décors de gâteaux. Talentueuse et très jeune, elle travaillait essentiellement à domicile, pour payer ses études. Elle faisait les desserts spéciaux du restaurant, quand un client commandait un gâteau d'anniversaire ou qu'Orlando ne pouvait faire face à une demande particulière.

— Oh, soupira Zoey, levant les yeux au ciel. Je suis totalement dépassée.

— D'accord. Je sais que tu attends beaucoup de ce cocktail au consulat.

— Oui. M. Delacruz est vraiment quelqu'un de motivant et agréable.

Le consul du Brésil lui avait donné carte blanche. Sa seule exigence avait été que les plats soient tous inspirés de la cuisine brésilienne et américaine à la fois.

« Je sais que vous connaissez très bien votre métier, avait-il affirmé en la recontactant. J'ai déjà goûté votre cuisine, au mariage d'Amandina. J'aime faire appel à des entreprises différentes, pour varier un peu les plaisirs, voyez-vous. Notre ami Adrian m'affirme que vous savez faire preuve de la plus grande créativité. Je suis ouvert à toutes les propositions. »

Le consul avait tout de même assisté à une dégustation « libre », organisée en toute hâte par Sally et Zoey, puis confirmé qu'il voulait qu'elle assure un cocktail dînatoire pour « une fête tout à fait intime » de cinquante à soixante personnes. Il s'agissait de la soirée officieuse d'inauguration d'un festival au cours duquel un match amical et plusieurs concerts étaient prévus, avant le grand raout qui devait accueillir plus de deux cents personnes.

Un simple cocktail de bienvenue.

— Pour une fois qu'on te donne une vraie chance de montrer tes compétences ! lança Sally. Les mariés ont de telles exigences… Je ne pensais vraiment pas qu'un consul serait plus ouvert et finalement moins regardant sur les détails, bref, qu'il te ferait plus confiance qu'une New-Yorkaise de moins de trente-cinq ans.

Elle avait dit cela sans ironie. Sally était une New-Yorkaise pure souche, une de celles qui déambulaient dans la ville comme si elles arpentaient les rues d'un patelin du Michigan, avec un naturel déroutant, mais en proie à de soudaines crises de snobisme qui faisaient sourire Zoey.

— Je te trouve un peu injuste. Tu adores autant que moi nos mariés, même avec leurs exigences et leur totale ignorance de nos contraintes.

— Ce n'est pas ce que je veux dire, grimaça Sally, trahissant ainsi son avis sur les autres New-Yorkaises. Je pense simplement qu'il est temps que tu sois reconnue et que Zoey's Kitchen décolle un peu. Pour avoir vu M. Delacruz une fois, je pense aussi que c'est quelqu'un qui a un réel goût pour tout ce qui est créatif. Il se targue d'être un découvreur de talents.

Zoey fit un petit geste vague. À vrai dire, elle se fichait d'être « découverte ». Elle ne cherchait pas l'argent – même si un peu plus ne serait pas un luxe – ni la gloire, juste la possibilité d'utiliser ses compétences comme elle le voulait, avec la marge de passion et d'originalité qu'elle essayait de mettre dans chaque réalisation.

— C'est l'occasion d'avoir un peu plus de visibilité, Zoey, insista Sally.

— Tu trouves que nous n'avons pas assez d'ampleur ?

Son amie eut une moue hésitante.

— Je trouve que nous n'utilisons pas suffisamment les réseaux sociaux et que nous ne sommes pas assez innovantes en termes de communication. Quand je vois ce que certains arrivent à faire avec moins de moyens que nous, parfois, j'ai envie de…

Elle s'arrêta soudain et regarda Zoey, en se mordant la lèvre inférieure.

— Tu te sens à l'étroit ? surenchérit Zoey.

Son ton avait été plus sec qu'elle ne l'aurait voulu. Elle savait très bien qu'elle manquait parfois d'esprit d'initiative et cette vérité l'agaçait. C'était peut-être la seule conséquence négative à l'origine de son embauche ; elle sentait parfois les automatismes du passage de la jeune femme dans une grande école et la dualité qui en résultait.

— Non, répondit Sally, avec un sourire exagéré. Cependant, si j'avais plus de moyens et plus de liberté, j'utiliserais tous les outils à notre disposition pour que Zoey's Kitchen soit un peu plus connue.

— Nous sommes déjà au maximum de notre capacité, Sally, affirma Zoey, autoritaire. Nous ne pourrions pas faire face à plus de commandes.

— Alors, peut-être devrions-nous diversifier l'offre, augmenter les prix et…

— C'est hors de question ! l'interrompit Zoey.

Sally soupira.

— Je sais bien… Rappelle quand même Elena, pour le gâteau.

Zoey acquiesça. Elle n'avait pas pu s'empêcher d'être un peu cassante. Si elles étendaient leur clientèle, il faudrait employer un commis à plein temps, plus d'extras. La perspective comportait trop de risques pour l'entreprise qui, selon Zoey, devait limiter l'ambition à celle du travail bien fait.

Elle se dépêcha de disparaître dans son laboratoire, au cas où Sally reviendrait à la charge. Il y régnait un franc bazar. Si elle était capable de la plus grande minutie, qui confinait parfois à la maniaquerie, lorsqu'elle était dans le feu de l'action, elle avait besoin de se laisser envahir par l'impulsion pour créer une nouvelle recette.

Elle sortit la base sablée du four puis déposa les quatre petits ronds de pâte dorée sur la grille de refroidissement.

La tête de Sally surgit par l'entrebâillement de la porte.

— Je viens d'écouter le répondeur. Matthew Ziegler a appelé. Le message était archivé, tu l'as donc eu. Tu l'as rappelé ?

— Pas encore, répondit-elle d'une voix détachée.

Elle évita le regard appuyé de Sally et sortit un bol chromé du réfrigérateur. Elle la connaissait par cœur. Son amie ne lâchait jamais :

— J'organise la dégustation pour la semaine prochaine ? Veux-tu que je le rappelle ?

— Non.

La tête de Sally valait le coup d'œil. Elle était passée de l'autorité à une résignation que Zoey savait sournoise, pour l'avoir éprouvée à plusieurs reprises.

— Ça veut dire quoi ? « Non, je vais le faire » ou « Non, n'organise pas de dégustation » ? Parce que dans le dernier cas, je serais particulièrement fâchée, Zoey. Déçue, surtout.

Tous les coups étaient permis, même le chantage affectif. Zoey sourit.

— Sally, tu imites ma mère à la perfection. Oui, je vais le rappeler, mais non, n'organise pas de dégustation. Et ne me fais pas ton speech sur la communication. Je refuse de perdre mon temps à faire des déjeuners privés pour des journalistes.

— Des critiques gastronomiques et des blogueurs. C'est ainsi que l'on fait les choses, maintenant, Zoey.

— Tu as sans doute raison, murmura la jeune femme, de son ton le plus conciliant.

— Évidemment que j'ai raison ! Oh, je connais ce ton… Arrête ça tout de suite ! Tu l'as bien fait pour Delacruz !

— Ce n'était pas pareil. Delacruz voulait un cocktail dînatoire traditionnel. La plupart des services que nous proposons impliquent de prendre en compte la décoration et l'esprit des gens. Sans ça, ça ne veut rien dire et je pense même que ça peut nous desservir. Et puis… je n'en ai pas envie.

— Je ne connais pas moins ambitieux que toi, soupira Sally en levant les yeux au ciel.

Zoey eut une moue désappointée.

— Je ne mets pas mon ambition dans la même chose que la plupart des gens, c'est tout.

— Je sais.

Comme Sally sortait, Zoey se concentra sur son appareil à cheese-cake. Elle savait que Sally avait raison. Les blogueurs et les critiques gastronomiques avaient une influence énorme sur la réputation d'un restaurateur. Plusieurs blogueurs, en tout cas, l'avaient contactée pour faire un article sur elle, suite au post de l'un d'entre eux qui avait adoré son cocktail « Mille et une nuits » lors d'un mariage. Elle n'avait pas été opposée à l'idée mais préférait attendre d'avoir une vraie occasion de leur faire goûter sa cuisine.

Tout en garnissant les moules à cheese-cake de coulis de fruit de la passion, elle repensa à sa discussion avec Sally. Son amie essayait toujours de communiquer le mieux possible autour de ses créations et de mettre en avant son image. Zoey se sentait parfois injuste à son égard, même si elle repoussait toutes ses propositions avec la même obstination. L'ambition de Sally l'effrayait.

Le téléphone du laboratoire sonna, alors qu'elle venait de reposer le carafon rempli de coulis.

— Je te transfère Matthew Ziegler, lui annonça Sally, d'une voix exagérément chantante.

Elle allait la sommer de raccrocher, quand un « allô » bref lui indiqua que l'appel était déjà transmis.

Tout en maudissant son amie, elle s'éclaircit la voix pour répondre :

— Zoey Westwood.

— Je suis ravi de vous avoir enfin, répondit Matthew Ziegler, d'un ton professionnel.

— Nous sommes lundi, objecta Zoey. J'allais vous rappeler.

— C'est ce que vous venez de faire.

Zoey lança une bordée d'injures salées et heureusement silencieuses envers Sally qui devait arborer un air parfaitement satisfait au-dessus de son classeur de commandes.

— J'ai beaucoup aimé ce que j'ai entrevu de votre cuisine samedi, continua Matthew. Serait-ce possible d'assister à une dégustation ?

— Écoutez, j'aimerais bien, mais à vrai dire, je ne fais pas de dégustation privée.

— Oh, lança Matthew. Dommage. Où pourrais-je donc avoir une chance de goûter votre cuisine de nouveau ?

Sa voix suggérait qu'il ne parlait pas seulement de cuisine. Typique de ce genre d'hommes, sûrs d'eux et séducteurs, même dans leurs discussions professionnelles.

— Eh bien, à moins que vous soyez sur la liste de la réception au consulat du Brésil samedi prochain, à votre propre mariage, je suppose.

— Trop loin, rit Matthew. C'est amusant, parce qu'il se trouve que j'ai quelques accointances avec le Brésil, figurez-vous… En plus de la caïpirinha.

— Je croyais que c'était la margarita, votre truc.

Zoey appuya ses paroles par un petit rire, parfaitement stupide et tout à fait inapproprié, puis entreprit aussitôt de se taper la tête contre le mur.

Matthew Ziegler y répondit par un rire tout en retenue.

— Je vous dis donc à samedi ?

— Attendez, je… Allô ? Allô ?

Il avait déjà raccroché.

— Non mais quel abruti prétentieux ! siffla Zoey, le téléphone toujours posé contre l'oreille.

— Excusez-moi, j'ai fait une fausse manipulation, fit la voix de Matthew au bout du fil. Vous disiez ?

— Je disais oui, à samedi, parfait, grommela Zoey, en sentant le rouge lui monter aux joues.

— Je m'en réjouis. Au revoir !

Elle balbutia un rapide au revoir, puis coupa la communication et s'assura deux fois que le téléphone était bien raccroché. Sally fit irruption dans la pièce en sautillant.

— Alors ? dit-elle.

— Alors il vient samedi au consulat du Brésil.

— Je croyais qu'on ne pouvait inviter personne…

— Je ne l'ai pas invité. Il s'est invité tout seul, je ne sais par quel moyen.

Sally rit en silence. Elle n'arrivait pas à lui en vouloir. Sally partageait la même tendance qu'Adrian, Dalton ou elle, à être des sales gosses dans la plupart des circonstances, comme si leur propre nature ne pouvait s'empêcher de toujours prendre le dessus.

— Plutôt beau mec, ce Matthew Ziegler.

— Sally, arrête de tout sexualiser. Je te signale qu'il accompagnait ma cousine Tina. Je pense qu'ils sortent ensemble. On n'amène pas quelqu'un dans sa famille si on n'est pas dans une relation sérieuse, non ? Je n'aime pas Tina, mais pas au point de draguer son fiancé, tu vois ?

— Ils sont fiancés maintenant ?

— J'espère pour elle. Vu la pression qu'elle se met pour trouver quelqu'un, autant que les choses aillent vite.

— C'est clairement la seule personne de cette famille qui se met la pression pour trouver quelqu'un, oui.

— Ne recommence pas. Je suis très bien toute seule.

— Vraiment ?

Sally la scrutait d'un œil suspicieux. L'air comique que cela lui donnait arracha enfin un sourire à Zoey.

— Je pensais plutôt à Dalton, à vrai dire, précisa-t-elle.

— Dalton est immunisé contre la pression, répondit Zoey. Tu ressembles décidément de plus en plus à ma mère. Dans une version plus sentimentale, soit, et le brushing en moins.

Sally lui sourit.

— Je prends ça comme un compliment mal tourné. En tout cas, je suis contente que tu te décides à faire valoir tes talents.

— Bien sûr, je décide… Sally, la prochaine fois que tu prends l'initiative d'appeler quelqu'un, préviens-moi. J'avais du coulis de fruit de la passion plein les mains.

— Dis comme ça, ça sonne un peu sale…

L'air malicieux de son amie lui fit lever les yeux au ciel.

— Tu es irrécupérable. Va finir les bons de commande, tu veux ? J'espère que ça, au moins, ça te calmera.

— Oh que oui, répondit la jeune femme, dans un soupir.

Puis elle disparut.

Zoey se retrouva seule, au milieu du bazar qu'elle avait mis dans le laboratoire. Elle n'arrivait pas à en vouloir à Sally. Elle se sentait même étrangement bien. Peut-être avait-elle besoin d'être un peu poussée, au fond.

Elle avait passé ces deux dernières années à éviter toute autre publicité que le bouche à oreille.

La vérité, c'est que tu es terrifiée à l'idée de jouer dans la cour des grands. Mais pas seulement…

Jusque-là, elle avait mis de côté tout rapprochement entre sa grand-mère et elle. Personne ne savait qu'elle était la petite-fille d'Angelina Pinallo, dont les livres de cuisine traditionnelle avaient inspiré des milliers de ménagères de la génération précédente, avant de revenir curieusement à la mode, cinq ans auparavant. Bien évidemment, la tendance vintage avait grandement favorisé ce retour, et la réédition de la plupart des livres de Nana.

Personne n'était sans savoir le rôle particulier que les blogs avaient joué dans cette affaire. Plébiscités par toute une communauté qui avait grandi en goûtant aux recettes de leurs grands-mères, les livres avaient été largement cités et transmis sur le Net.

Zoey ne voulait pas bénéficier de cette aura pesante, ni que sa propre cuisine devienne l'objet d'une comparaison entre Nana et elle.

« Fais tes propres choix », lui avait dit sa grand-mère.

Ce qui serait difficile, si quelqu'un décidait que ses compétences n'étaient que l'écho de celles très singulières de la vieille dame. Bien sûr, Nana lui avait transmis ce qu'elle savait, la gardant des heures dans sa cuisine, quand sa mère travaillait, mais Zoey estimait avoir mis sa touche personnelle aux recettes familiales et s'être ainsi émancipée de cet héritage parfois encombrant.

Ou pas encore, et c'est peut-être ce qui t'inquiète…

Elle doutait que les blogueurs puissent faire le lien, cependant, entre Nana et elle. Matthew Ziegler, en revanche, avec ses appuis et ses connaissances du milieu…

Ou tout simplement parce que cette chère Tina n'a pas dû manquer de le lui dire.

Oui, il le savait déjà, sans aucun doute. De plus, elle le soupçonnait d'être assez snob pour détester la cuisine familiale que Nana avait proposée dans ses recettes.

Que voulait-il au juste ? La tester ? Faire d'une pierre deux coups et s'amuser à la démolir, en même temps que les très populaires livres d'Angelina Pinallo ? Se servir d'elle pour promouvoir la dernière tendance culinaire ?

Elle eut envie de le rappeler pour le convaincre de ne pas venir au cocktail du consulat. Ce serait un échec, évidemment, et peut-être même une humiliation, mais la peur qui l'envahissait lui paraissait plus désagréable que la perspective de s'abaisser à quémander une annulation.

« Fais tes propres choix », répéta la voix de Nana.

Elle avait raison. Elle avait toujours fait ses propres choix et se devait de les défendre maintenant.

Elle décida d'affronter Matthew Ziegler.

— Et même d'être éblouissante, murmura-t-elle.

Elle jeta un coup d'œil à sa cuisine dévastée.

— Il va y avoir du boulot, ajouta-t-elle en ramassant un bol sur le plan de travail.

Le miroir d'en face lui renvoya une image bien peu glamour d'elle-même.

— À tous niveaux… Mais commençons par le plus facile, soupira-t-elle.

Elle se mit à ranger son laboratoire.

7

Les gentilles filles ne répondent pas

— Et pour le gâteau ?

La jeune femme avait posé sa question sur un ton feutré, mais son sourire indiquait qu'elle mettait ses nerfs à rude épreuve depuis un petit moment.

Entre elles deux, sur la table en métal bleue, un présentoir donnait un échantillon assez complet de ce que Zoey's Kitchen pouvait réaliser. Bien trop occupée à récapituler toutes ses attentes, Jenna Welleba n'avait pas touché à un petit-four, tandis que son fiancé en était à son quatrième. Zoey fouilla dans le dossier que Sally venait de lui apporter et en tira les photos. Une mini-statue de la Liberté trônait sur trois étages de gâteaux d'un blanc crémeux.

— La base est là. La pâtissière demande si vous souhaitez une inscription.

Jenna Welleba regarda attentivement la photographie. Ses pupilles rétrécirent.

— J'aurais aimé lui parler moi-même.

— Ne vous inquiétez pas, j'ai l'habitude de travailler avec elle. Quelque chose vous déplaît ?

— Je voyais la statue plus grande.

Zoey retint un rire, en évitant scrupuleusement le regard de Sally. Elles avaient épuisé tout leur stock de blagues sur le sujet, mais la simple évocation de la pièce montée leur arrachait encore des éclats d'hilarité.

— Elle fait tout de même quinze centimètres, objecta-t-elle.

— C'est correct, confirma Sean Richardson, le futur marié, qui n'avait encore rien dit jusque-là.

— Oui, pour un homme, quinze centimètres, c'est toujours plus que suffisant, répondit Jenna Welleba, un éclair furieux dans le regard.

Le fiancé voulut répondre mais préféra apparemment s'abstenir. Il avait facilement dix ans de plus que Jenna ; le front un peu dégarni, des lunettes en écaille et un veston parachevaient son parfait uniforme de professeur de littérature.

Zoey baissa le nez dans son dossier. La dernière chose dont elle avait besoin était une dispute de couple devant elle. Hélas, c'était arrivé quelquefois depuis qu'elle faisait ce métier. Son expérience lui avait permis de classer les futurs mariés en plusieurs catégories : les toujours-d'accord (mais ce n'était souvent qu'une apparence, car la fiancée la rappelait souvent pour lui donner des instructions contraires à ce qui avait été décidé), les jamais-d'accord (et l'un des deux finissait par céder) et les tu-n'y-connais-rien.

Ceux-là appartenaient sans nul doute aux tu-n'y-connais-rien. Jenna Welleba quitta son fiancé des yeux pour avancer une main parée d'un très joli solitaire et tapoter la deuxième photo qui montrait plus précisément le gâteau.

— Je ne voyais pas ça. Juste la statue.

— C'est très difficile à faire, l'informa Zoey.

Jenna émit un petit claquement de lèvres.

— Vous ne comprenez pas à quel point c'est important pour moi.

— Je le comprends parfaitement…

— Tout le monde a cru qu'on se mariait pour que j'aie la *green card*, continua la jeune femme. Parce que je suis émigrée et d'origine indienne.

Son accent anglais impeccable attestait qu'elle n'avait jamais dû voir le Taj Mahal. Sauf si, bien sûr, il était visible depuis Big Ben. Elle secoua son joli visage, faisant cliqueter ses boucles d'oreilles, d'un mouvement plein de désapprobation. Son discours enflammé avait donné une teinte plus prononcée à ses joues cuivrées.

— Quand je suis arrivée d'Angleterre, Sean m'a demandé en mariage aussitôt et j'ai refusé.

Elle avait appuyé sur ce dernier mot.

— Je l'épouse en tant que citoyenne américaine. Je veux donc un gâteau qui symbolise ça. Il m'épouse librement, comme je l'épouse librement.

— Je comprends, marmonna Zoey. Sachez que je respecte cet engagement vis-à-vis des générations de femmes qui n'ont jamais consenti à leur mariage.

Jenna la dévisagea. Juste à ce moment-là, Sally lui fit un non catégorique de la tête, discrètement. Trop tard.

— Qu'insinuez-vous ? siffla sa cliente.

— Rien. Je veux dire que je respecte votre engagement féministe.

— Mes parents ne sont même pas mariés, fit remarquer la jeune femme. Seul mon père est indien. Je n'ai rien à prouver à ma famille, si c'est ce que vous voulez dire.

Zoey sourit, malgré elle. Elle connaissait bien ce genre de colère, de celles qui se nourrissaient du moindre mot ou de la moindre expression maladroits. Toujours derrière son comptoir, Sally mima un geste de strangulation, pour lui ordonner de se taire.

— Je comprends, dit Zoey d'une voix plus douce. Cependant, je crains que ce ne soit pas possible. Pas avec votre budget. Sauf si on fait l'impasse sur une partie du cocktail.

L'argument fit mouche. La jeune femme se cala sur sa chaise et soupira.

— D'autant plus que ça ne sera jamais à la hauteur de vos attentes.

— Vous pensez que ce sera kitsch, c'est ça ?

— Oui, admit Zoey.

— J'ai horreur du kitsch. Tout ça parce que je suis à moitié indienne, on croit que j'aime le clinquant, mais je déteste vraiment ça.

Zoey s'abstint de lui faire remarquer que la statue de la Liberté en sucre serait considérée comme extrêmement kitsch pour la plupart des convives. Elle préféra se concentrer sur le menu.

— Nous restons donc sur la base du cocktail déjeunatoire, option A. « Garden-party à Londres. » Je vous transmets le bon de commande pour le vin.

Elle tendit la facture au couple, en prenant soin de la faire glisser entre eux deux, de façon à ce que chacun puisse la consulter. Jenna posa la main dessus et la tira vers elle, sans se soucier des efforts démesurés que faisait son compagnon pour lire le montant.

— Pourquoi nos deux noms figurent-ils sur la facture ? demanda-t-elle en levant un sourcil.

— C'est votre mariage, répondit Zoey, sans oser regarder le futur marié.

— C'est moi qui le paie, précisa Jenna, assez sèchement. N'est-ce pas, Sean ?

Sean balbutia une vague affirmation.

— Donc ça devrait être à mon nom. Voyez-vous, j'ai pour principe de ne jamais dépendre de personne. Et pourquoi le nom de Sean est-il avant le mien ? Cette mentalité américaine…

Zoey commençait à se sentir agacée. Elle était également gênée de voir Sean Richardson rapetisser derrière la table, alors que sa future épouse continuait son flot de critiques.

— Nous avons pour habitude de mettre les noms par ordre alphabétique, mentit Zoey qui savait pertinemment que l'erreur venait d'elle.

— Oh, évidemment… Comme à l'école, sourit la jeune femme en faisant un clin d'œil à son fiancé.

Cette femme semblait passer de la rage la plus emportée à la complicité en quelques secondes. Zoey en profita pour détourner son attention.

— Avez-vous pris une décision pour les fleurs ? J'aurai besoin de savoir s'il y aura des bouquets sur le buffet ou de simples compositions sur les tables.

— Les deux. Ma belle-mère adore les fleurs. Je lui ai fait cette concession, en plus de la robe que je porterai qui était la sienne.

Zoey eut un petit gloussement intérieur.

Le paradoxe de la mariée.

La plupart du temps, elles affirmaient ne vouloir dépendre de personne et n'acceptaient aucunement les propositions des autres, mais finissaient par se sacrifier aux rites les plus obsolètes. Toutes les mariées, quelle que soit leur catégorie, avaient ce petit côté traditionnel qui leur permettait toujours d'ancrer leur mariage dans un esprit familial et communément admis.

— Ma mère n'étant pas mariée… commença Jenna, le regard de nouveau flamboyant.

— Je note pour les fleurs, l'interrompit Zoey qui ne tenait pas à entendre son avis sur l'union libre de ses parents. Bien que vous soyez seule à payer, j'aurais besoin de vos deux signatures sur la facture. C'est une sorte de garantie commerciale.

L'argent était apparemment une référence de poids pour Jenna Welleba. Elle poussa le papier vers son fiancé, après avoir apposé sa signature au bas, et le regarda signer à son tour.

— Parfait, dit Zoey en récupérant le document. Je vous envoie une copie.

La porte de la boutique s'ouvrit. Dalton entra, un sac de sport nonchalamment jeté sur l'épaule, les cheveux en bataille. Quand il vit que Zoey était en pleine discussion, il se dirigea directement vers le comptoir, s'assit sur un des tabourets de bar et commença une discussion à voix basse avec Sally.

— Vous croyez que ce sera suffisant ? demanda Jenna en montrant du doigt la longue liste des bouchées et verrines qu'elle avait validée dix minutes plus tôt.

— Parfaitement suffisant. Mais si vous voulez un conseil, faites bien attention à ce que les serveurs apportent l'alcool petit à petit. Le souci des cocktails, c'est que les gens boivent trop rapidement, par rapport à ce qu'ils mangent. Certains invités atteignent le milieu de soirée dans un état bien avancé.

— Ça ne me fait pas peur, répondit Jenna Welleba. Je suis anglaise, rappelez-vous. La moitié des invités aussi et il y aura une tireuse à bière.

— De mon côté, les invités sont plus sobres, objecta Sean. Tu devrais écouter ce que…

La jeune femme passa son bras sous celui de son futur mari et sourit.

— Il serait peut-être temps de vous décoincer, vous, les Américains.

Sally éclata de rire derrière eux. Zoey constata que cela n'avait rien à voir avec la conversation. La peau très blanche de son amie s'était empourprée, comme cela lui arrivait régulièrement, alors que Dalton se penchait par-dessus le comptoir pour lui chuchoter quelque chose à l'oreille.

— Je crois que nous sommes au point, annonça Zoey.

— Oui. J'ai encore une foule de détails à voir mais je suis contente que ce sujet-là soit clos.

Jenna se leva et tendit la main vers Zoey.

— À dans un mois et demi.

— Appelez-moi si vous avez le moindre doute.

La jeune femme acquiesça et sortit, remorquant son fiancé, la bouche pleine d'un dernier petit-four qu'il avait pris au passage.

Zoey regarda ce couple étrange, si mal assorti, se prendre la main sur le trottoir et disparaître à l'angle de la rue. Puis elle se tourna vers son frère et son assistante.

— Est-ce que ça vous dérangerait d'être un peu discrets, voire matures, quand je reçois des clients ?

— Salut, grande sœur, répondit Dalton en sautant de son tabouret et en l'embrassant chaleureusement. Je viens te rapporter des affaires que tu as oubliées chez les parents. Tu appelleras Maman pour lui dire que je l'ai bien fait, d'accord ?

— Pitié, Dieu me préserve de parler à Maman cette semaine.

— Je te le confirme, elle est furieuse contre toi.

— Elle trouve que je me suis donnée en spectacle, je suppose.

— En même temps… murmura Dalton, un sourire ravi aux lèvres. Après trois litres de margarita…

— Ne m'en parle pas ! J'en ai encore la nausée.

Elle grimpa sur le tabouret de bar et tendit son dossier à Sally. Comme par miracle, un soupçon de gloss était apparu sur les lèvres bombées de son amie. Sally avait des talents de magicienne en matière de maquillage : personne ne la voyait jamais faire de raccords et, pourtant, elle était toujours parfaitement apprêtée. Zoey la soupçonnait également d'avoir recours à de fausses larmes, avec un fond de déloyauté féminine. Ses yeux paraissaient humides et brillants en permanence, ce qui lui donnait un air adorable. Si elle n'avait pas été son amie, elle l'aurait probablement détestée.

— J'ai cru que Jenna Welleba n'arrêterait jamais, dit Sally.

— J'ai cru qu'elle allait me parler de la symbolique du petit-four dans sa lutte pour l'émancipation des femmes…

— Elles sont toujours aussi pénibles ? demanda Dalton.

— Elles ne sont pas pénibles. Tatillonnes, plutôt. Celle-là remontera l'allée de l'église dans la robe de sa belle-mère et pleurera au moment d'échanger les alliances.

— Vu le personnage, ça m'étonnerait.

— Crois-moi. On ne clame pas son indépendance avec autant de verve quand on a pris la décision de se marier. Ça s'appelle de l'autopersuasion. Un individu véritablement indépendant n'envisage même pas le mariage.

— À qui le dis-tu…

Zoey ébouriffa un peu plus les cheveux de son frère, d'un geste plein de tendresse feinte.

— Tu sais que je déteste ça, maugréa-t-il.

— Le mariage ?

— Qu'on me touche les cheveux. Le mariage aussi.

— On en reparlera quand tu nous ramèneras une parfaite héritière, blonde et toute rose…

— Pourquoi blonde ?

Zoey lança un coup d'œil discret à Sally.

— Ou une Irlandaise. Ça ferait tellement plaisir à Maman…

— Oui, c'est très connu, les Italiens rêvent de marier leurs enfants à des Irlandais, ricana Dalton. Papa serait ravi, lui, qu'on perpétue un peu son sang celte.

— Je pense que Papa se fiche qu'on se marie, du moment qu'on est heureux.

Dalton rit.

— Tu oublies que notre bon vieux paternel vit depuis trente-cinq ans avec Maman. Ne sous-estime pas l'influence de celle qui t'a donné le jour. De toute façon, le mieux, pour Maman, serait qu'on épouse quelqu'un qu'elle connaît.

Il se passa la langue sur les lèvres et sourit de nouveau.

— Sinon, des nouvelles d'Adrian ?

Un jour, je vais te tuer, Dalton, pensa Zoey.

Elle lui donna un coup de pied discret, loupa son tibia et se fracassa le gros orteil contre le métal du tabouret.

— Non, aucune, répondit-elle en retenant une grimace de douleur. En même temps, nous l'avons vu il y a trois jours.

— Nous l'avons vu, en effet, énonça Dalton, d'un ton exagérément sérieux.

Zoey regarda Sally, implorante. Son assistante relisait le dossier Richardson-Welleba en prenant des notes sur un calepin. Sa meilleure stratégie, quand elle ne voulait pas participer à une conversation. Zoey remarqua qu'elle se mordait la lèvre inférieure.

— Nous l'avons vu, répéta Dalton, encouragé par le fait que sa sœur détournait la tête. Au coucher et au réveil. Comme s'il faisait partie de la famille.

— Dalton, je…

— Et après ? murmura Sally.

Son murmure ressemblait en fait à un sifflement. Dalton croisa les bras sur le comptoir, avec une expression à la fois ironique et attentive.

— Et même si Zoey l'a vu au coucher et au réveil ? Ce sont des adultes, non ? Ils font ce qu'ils veulent.

— Loin de moi l'idée de censurer qui que ce soit, riposta Dalton, un peu piqué par le ton de la jeune femme.

— La seule personne qui devrait être censurée ici, c'est toi, Dalton, lâcha Sally.

Elle avait levé la tête.

— Zoey sait parfaitement ce qu'elle fait, ajouta-t-elle.

— Ce serait la première fois, objecta Dalton.

— Tu ferais mieux de t'occuper de ton cas, au lieu d'aller fouiner dans les affaires des autres.

— Vous n'allez pas vous battre à chaque fois que vous vous voyez ! intervint Zoey, consciente qu'elle occupait la place que Sally avait eue entre Adrian et elle.

— Ce serait dommage, en effet, rétorqua Dalton. Je voulais vous inviter toutes les deux ce soir.

— Nous inviter ? En quel honneur ?

— Comme ça, pour vous détendre un peu avant le grand soir ! Josh bosse comme barman au Raines Law Room depuis la semaine dernière. Il sera content de nous voir. Les cocktails valent le coup.

Josh était le meilleur ami de Dalton. Il avait terminé l'université en même temps que lui mais, contrairement au frère de Zoey, s'était donné un an pour réfléchir avant de se faire embaucher par un cabinet d'avocats. Le jeune homme était brillant, en plus d'avoir un certain charme. Zoey y vit aussitôt l'occasion de le présenter à Sally pour la détourner de son frère, qui ne semblait pas intéressé par elle. Peut-être alors pourraient-ils se parler normalement. Elle n'avait aucune envie que sa meilleure amie et son petit frère se chicanent ainsi à chaque rencontre.

— Toujours célibataire, Josh ? s'enquit-elle.

— Libre comme l'air. Il a eu le cœur brisé par son Espagnole, tu sais…

— Le cœur brisé… murmura Zoey en levant les yeux au ciel.

— Brisé en mille morceaux, riposta Dalton. Évidemment, pour comprendre ça, il faudrait que l'une de vous en ait un.

— Qu'est-ce que tu veux dire, encore ? s'écria Sally.

— Ça suffit, maintenant ! s'exclama Zoey, à son tour. J'en ai plus qu'assez de vous voir rigoler tous les deux comme des perdus et vous disputer comme des chiffonniers la minute d'après !

Elle se tourna vers son frère.

— Souviens-toi que c'est toi qui invites.

— Je n'ai aucune crainte là-dessus, grande sœur chérie. Au bout du troisième verre, en général, c'est toi qui perds la mémoire.

Avant que Zoey ait pu lui répondre – ou le frapper à nouveau –, il sauta du tabouret et ajouta :

— Ce soir au Raines Law Room. Vingt et une heures ?

— C'est à Chelsea, ça, non ? demanda Sally.

— Oui.

— Vingt heures trente, répondit-elle, d'un ton autoritaire.

Zoey haussa les épaules. Elle ne comprenait rien à ce qu'il se passait entre ces deux-là. À vrai dire, elle s'en fichait, à ce moment précis. Elle regrettait déjà d'avoir accepté, fatiguée et angoissée à l'idée de rater sa grande mise à l'épreuve du samedi. Comme Dalton avait passé le pas de la porte, Sally rangea le dossier avec les autres, sous le comptoir, et se passa machinalement la main dans les cheveux.

— Sympa, ce Josh ? questionna-t-elle.

— Plutôt mignon. Mais c'est un copain de Dalton…

Zoey se rendit compte qu'elle vendait bien mal celui qu'elle projetait de présenter à son amie. Pendant un instant, elle chercha comment elle pourrait bien transformer Josh, le meilleur ami et le compagnon de toutes les frasques de Dalton, en un homme envisageable pour Sally.

— Enfin, en mieux. Plus sérieux. Pas du tout le même modèle, en fait. Et brillant !

— Je vois… Intéressée ?

Zoey poussa un gémissement d'exaspération.

— Je ne choisis pas tous mes petits amis dans l'entourage de ma famille, d'accord ?

— Non, répondit Sally avec une moue bizarre, entre la malice et la désapprobation. Vraiment non.

— C'est le meilleur ami de mon petit frère. La première fois que Dalton l'a ramené de la fac, ils jouaient tous les deux à celui qui boirait le plus de bières sans respirer.

— Charmant… ça donne envie !

— Mais c'était il y a longtemps, se reprit Zoey. Josh a beaucoup changé.

— Oui, il prépare des cocktails, maintenant… Une sacrée évolution ! (Sally riait franchement.) On se retrouve là-bas ?

— Oui, j'aime autant. Je ne suis pas sûre d'être tout à fait à l'heure, répondit Zoey.

Elle n'était même pas sûre de réussir à s'extirper de son siège pour fermer la boutique et monter prendre une douche.

— Sans rire ? lança Sally, avant de s'éclipser prudemment.

Zoey descendit du tabouret, tout en se massant le cou, douloureux après la matinée passée à consulter ses notes et les différentes commandes en cours.

Sally ne se doutait pas des efforts qu'il lui faudrait fournir pour ressortir de chez elle, une fois qu'elle se serait enfoncée dans son canapé, selon son rituel, Sushi calé contre elle, ni pour se montrer drôle et souriante devant Josh et Dalton.

Elle ne se souvenait plus de la dernière fois où Sally, Dalton et elle étaient sortis tous les trois. Depuis deux ans, elle avait tendance à être plus casanière.

Solitaire même.

Sally sortait beaucoup de son côté. Pour une raison qu'elle n'avait jamais expliquée, l'enthousiaste rousse n'accordait pas le même intérêt à sa vie privée qu'à sa vie professionnelle. Elle rencontrait des hommes, que Zoey ne voyait jamais, mais affirmait vouloir rester célibataire. La façon dont elle menait ses relations amoureuses fascinait Zoey. Sally ne s'embarrassait ni de contraintes sociales ni d'états d'âme superflus, là où Zoey avait réussi à regretter les rares histoires – d'une nuit, souvent – qu'elle avait eues depuis Spencer.

Sally et Dalton se ressemblaient étonnamment sur ce point. La même distance, la même sauvagerie tranquille. Ils s'entendaient d'ailleurs très bien pour faire la fête, sans jamais avoir développé une relation amicale en dehors des moments, désormais rares, qu'ils partageaient avec Zoey.

Cette dernière trouvait cependant que Sally avait changé dernièrement. La façon dont elle regardait son frère tout comme ses silences sur sa vie amoureuse, qu'elle disait au point mort quand Zoey insistait pour le savoir, inquiétaient son amie.

Elle semblait plus désabusée, moins enthousiaste.

Plus secrète, se dit-elle en regardant la chevelure bouclée et rousse de la jeune femme tressauter sur ses épaules, alors qu'elle se dépêchait de partir pour se préparer.

L'idée de faire un retour d'ascenseur à son amie lui donna le courage de ranger un peu la boutique avant de grimper jusqu'à son appartement.

Après tout, Sally et Josh pourraient avoir un coup de foudre, ce qui arrangerait tout le monde, sauf peut-être l'ego de Dalton.

Ce qui ne lui ferait pas de mal, décida Zoey en poussant la porte de son appartement.

Elle manquait de toute façon de temps pour s'appesantir sur le sujet, cent fois ressassé, de l'ego conquérant de son adorable petit frère. Un autre problème l'accaparait déjà : elle n'avait rien à se mettre, bien sûr.

8

Les gentilles filles ne provoquent pas de disputes

Zoey arriva à l'entrée du bar avec vingt bonnes minutes de retard. Elle avait fait l'effort de mettre des ballerines, pour habiller un peu son jean brut, et un top noir décolleté qui mettait en valeur ses formes généreuses. Elle n'était pas sortie depuis si longtemps qu'elle se sentait infiniment décalée et ringarde, alors qu'elle croisait des jeunes femmes au fait des dernières tendances.

« Un vrai compte Instagram », aurait dit Sally.

Elle s'était coiffée rapidement, en épinglant deux tresses lâches sur sa nuque. Des mèches folles dépassaient déjà. Une besace en cuir contenait son carnet de notes, dont elle ne se séparait jamais, son téléphone et un reste de portefeuille qui avait rendu l'âme depuis longtemps.

Elle connaissait le Raines Law Room : elle y avait entendu plusieurs concerts de jazz à l'époque où elle était avec Spencer. Ce n'était cependant pas avec lui qu'elle y avait traîné le plus souvent, mais avec Adrian.

Elle écarta le rideau qui masquait la porte du bar. Elle adorait la décoration, les grands canapés, les fauteuils en cuir, la large bibliothèque mêlant livres et bouteilles… À cette heure-ci, en pleine semaine, il n'y avait pas grand monde : deux couples confortablement installés dans une alcôve, un homme seul au bar et un petit groupe de jeunes gens qui sortaient manifestement du bureau, tous en costume et chemise blanche.

Cherchant Dalton et Sally, elle tomba sur Josh qui émergeait de l'arrière-salle derrière le bar. Elle ne l'avait pas vu depuis un an et ne regretta absolument pas son intuition. Il avait mûri. L'étudiant fêtard, à la coupe improbable et aux t-shirts aussi idiots que ceux de son frère (l'un d'eux proclamait *Free hugs* sur le devant et *Thank me, babe* dans le dos), s'était transformé en un jeune homme rasé de frais, aux cheveux châtains courts, et vêtu d'une chemise d'un vert profond qui s'accordait parfaitement avec le décor en bois sombre du bar.

Il lui sourit. Son visage avait également pris en maturité. Ses yeux gris, profonds et réfléchis, derrière ses lunettes, lui donnaient un petit air sérieux et mélancolique. Son sourire était toujours aussi engageant, en revanche.

Elle se pencha au-dessus du comptoir pour l'embrasser sur la joue.

— Hé, Zoey ! dit-il joyeusement. On vient papoter avec les travailleurs nocturnes ?

— C'était le principal argument de Dalton pour me faire sortir de chez moi, répondit-elle. Comment vas-tu ?

— Très bien. J'expérimente la vraie vie avant de vendre mon âme, comme tu le vois.

— Je ne suis pas sûre que servir des cocktails outrageusement alcoolisés te garantisse le paradis, Josh.

— Non, mais ça en donne un avant-goût. Qu'est-ce que je peux t'offrir ?

— Que me proposes-tu ? C'est Dalton qui paie.

— Oh, oh, fit Josh, amusé. Il doit avoir quelque chose à se faire pardonner. Je peux te proposer les créations de la barmaid officielle ou une des miennes. Je te préviens, ce sont des expérimentations.

— Va pour l'expérimentation.

— Tu aimes le citron, je crois.

Elle esquissa un sourire. Josh était le genre d'homme particulièrement attentif aux autres, capable de retenir le moindre détail qui les concernait, pour peu qu'il les appréciât, ce qui n'était pas toujours le cas. Quand il n'aimait pas quelqu'un, il se fermait totalement.

Zoey comprenait maintenant pourquoi il avait tenu à essayer ce métier difficile, où les rapports humains étaient presque aussi importants que la rapidité et la créativité. Il devait avoir conscience qu'une telle attitude ne serait pas viable dans le monde âpre et compétitif des avocats.

En cela, il était l'exact opposé de Dalton pour qui tout était facile socialement. Leur mère les avait élevés dans ce sens, elle et lui, bien qu'elle se soit rebellée à un moment, refusant purement et simplement de se contraindre à être aimable avec des gens qu'elle ne supportait pas. En société, l'humour de son frère était irrésistible, à la portée de tous et subtil à la fois.

Il savait également se taire au bon moment, contrairement à elle.

Josh disparut dans l'arrière-salle. Quand il revint, il posa un élégant verre devant Zoey.

— Vieux rhum, citron, gingembre, zeste de confit de cerise, chartreuse.

— Zeste de confit de cerise ? s'étonna Zoey en portant le cocktail à sa bouche. Josh ! C'est délicieux !

— J'aurais bien ajouté un peu de paprika, comme je le fais d'habitude, mais je me suis rappelé que tu n'aimais pas trop ça. Il paraît même que tu as une préférence pour le curry, ces derniers temps.

— Les nouvelles vont vite, grinça Zoey.

— Dalton adore raconter ce qu'il se passe dans sa famille, tu sais bien. Ne change rien, j'adore ce que tu fais. J'aurais bien voulu couvrir de sauce barbecue le sale mec avec qui mon ex est partie.

— De sauce barbecue ?

— Industrielle. Je viens de la classe moyenne.

Un client fit un signe discret depuis le bout du bar. Josh s'excusa auprès de Zoey, l'air sincèrement désolé d'interrompre la conversation.

— Pas de souci, le rassura-t-elle. Je dois retrouver les autres.

— Ils sont là-bas, sur le côté.

Zoey prit son verre et partit en quête de Dalton et Sally. Elle traversa la salle principale et les trouva sur des canapés bleus, dans une alcôve délimitée par de lourds rideaux, assis côte à côte.

Quand elle s'approcha, Sally lui adressa un sourire crispé.

Adrian était assis en face d'eux, à quelques centimètres d'une jeune femme à la beauté éblouissante, dont les cheveux noirs tirés en arrière mettaient en valeur la peau mate et la finesse des traits.

Zoey posa son verre sur la table. Elle n'avait aucune envie de parler à Adrian et encore moins de le voir flirter sous ses yeux avec une fille approchant la perfection, ce qu'il était capable de faire par provocation. Elle remarqua, non sans une pointe de cynisme, qu'il avait posé son bras sur le dossier du canapé, derrière l'inconnue.

— Je vois que tu t'es déjà approvisionnée, dit Dalton.

Il glissa sur le canapé, jusqu'à Sally, pour lui faire une place. Zoey s'y encastra, rentrant au maximum les fesses, de peur de faire tomber les verres au passage.

Un silence gênant s'appesantit, alors qu'elle s'effondrait sur les coussins. Dalton était concentré sur la dégustation d'un cocktail compliqué, d'une jolie couleur ambrée, dans lequel flottaient de minuscules miettes noires. Sally, qui avait toujours eu des goûts très simples en matière d'alcool, plongeait le nez dans sa pinte de bière. Elle s'était mise sur son trente et un : minirobe ocre qui lui allait à merveille, assortie à des sandales à talons cuivrées. Il n'y avait qu'elle pour oser de telles couleurs avec cette masse de cheveux flamboyants, lâchés sur ses épaules nues.

— J'ai mis ça sur ta note, répondit Zoey à son frère.

Elle décocha un sourire à Adrian puis scruta sa compagne, qui la dévisageait elle aussi, impassible.

— Bonsoir. Je suis Zoey.

La statue se permit un petit sourire et lui tendit la main, en murmurant un bonsoir suave. Son léger accent allait parfaitement bien avec son apparence. Pire, il lui donnait encore plus de sex-appeal. Adrian enleva son bras du dossier du canapé pour attraper son verre, comme s'il était soudain pris de fourmillements.

— Je suis Marianita. J'ai beaucoup entendu parler de vous.

Marianita se tourna vers Adrian et lui adressa une œillade complice.

— Moi aussi, mentit Zoey, en accentuant son rictus le plus hypocrite.

— Alors, tu dois savoir que Marianita sera samedi au consulat du Brésil, intervint Dalton, toujours sournois dans ce genre de circonstances.

Zoey s'abstint de répondre.

— Vous êtes traiteur, n'est-ce pas ? s'enquit Marianita.

— Oui et vous êtes…

Elle s'empêcha de dire « le trophée qu'Adrian va apporter pour trôner sur son piano ».

— Je chanterai ce soir-là, répondit la jeune femme.

— Marianita et moi avons travaillé ensemble à Rio, expliqua Adrian, nerveusement.

Zoey se rendit soudain compte qu'il n'avait jamais mentionné le nom de la chanteuse qui l'accompagnait. Il s'était contenté de dire que c'était une Brésilienne vivant à New York et qu'elle avait « une voix qui s'accordait avec sa musique ». Zoey s'était bien gardée de lui poser plus de questions, pour la bonne raison que le sujet manquait cruellement d'intérêt et qu'Adrian restait toujours discret sur ses conquêtes éventuelles. De plus, il avait toujours affirmé qu'il évitait toute liaison avec quelqu'un de son milieu professionnel. Ce qui paraissait plus sage, vu la facilité avec laquelle il se détachait de toutes les femmes avec qui il avait un semblant de relation.

— Le hasard fait en tout cas bien les choses, lança Zoey.

— Ce n'est pas un hasard si nous sommes là, répliqua Adrian. Dalton nous a invités, il me semble. Ça sent l'annonce, non ?

— Toujours aussi clairvoyant ! sourit Dalton. En effet, en effet… j'ai signé ce matin mon contrat définitif chez Mansfield, Hanson & Wurd.

— Félicitations, petit frère ! s'exclama Zoey, en levant son verre et en se demandant en quoi Marianita était concernée par cet événement. Rien d'étonnant, mais ça vaut le coup d'être fêté !

— Merci, répondit sobrement Dalton.

— Félicitations, susurra à son tour Marianita.

Elle se pencha pour lui faire une bise, dévoilant au passage un décolleté à côté duquel celui de Zoey aurait pu passer pour celui d'une pensionnaire d'école catholique.

Le temps qu'elle se rassoie, Zoey et Sally avaient pu échanger un long regard éloquent.

— Je ne vous dérange pas longtemps, dit Marianita. Vous devez avoir envie de fêter ça en famille. Je ne faisais que passer.

— J'ai indiqué l'adresse du bar à Marianita car elle cherchait un endroit où les premiers invités pourraient boire un verre, précisa Adrian. C'était l'occasion de se revoir avant les répétitions et d'ajouter quelques détails à notre prestation.

L'image d'Adrian et de la beauté brésilienne lovés dans l'alcôve laissa entrevoir à Zoey ce que pouvait vouloir dire « quelques détails ».

D'autant que si la chanteuse avait dû apporter quoi que ce soit à ce rendez-vous professionnel, ç'aurait dû être un soutien-gorge.

— Je vois que quelques-uns de mes amis sont arrivés, roucoula Marianita en se levant. J'ai été enchantée de faire votre connaissance.

Elle lança des baisers à la ronde et, d'un pas aussi royal que lui permettait sa tenue, se dirigea vers le fond de la pièce. Adrian la regarda s'éloigner, un sourire appréciateur aux lèvres.

— Sympa, fit remarquer Zoey.

— Ce n'est pas le premier mot qui me vient à l'esprit, répondit Adrian. Elle est également très talentueuse.

Dalton sourit mais s'abstint de tout commentaire, ce qui étonna Zoey. Il dévisageait intensément Adrian, l'air sérieux, comme si lui aussi essayait de deviner ce que leur ami d'enfance ressentait à cet instant précis.

— Un autre verre ? proposa-t-il soudain.

Comme ils acquiesçaient, il se leva pour aller passer commande auprès de Josh.

— Tout va bien, Zoey ? demanda Adrian.

— Oui, pourquoi ?

Elle avait parlé d'un ton bien trop agressif. Après tout, si Adrian couchait avec une de ses chanteuses, ce n'était pas son problème. Elle n'en était absolument pas affectée, bien qu'elle aurait largement préféré qu'il lui annonce ce genre de choses avant et autrement.

— Tu as l'air nerveuse. Angoissée pour samedi ?

Sa voix était calme et douce. Elle le retrouvait tel qu'il était la plupart du temps à son égard, prévenant et soucieux.

— Un peu, admit Zoey, en baissant sa garde.

— Je suis certain que ça va très bien se passer. Après tout, s'ils supportent ma musique, ils accepteront bien ta cuisine.

Elle sourit.

— Au pire, Marianita pourra leur faire un tour de danse, rétorqua-t-elle.

Adrian fronça les sourcils, sans que Zoey comprenne pourquoi. Ils faisaient toujours ce genre de blagues idiotes.

— Marianita est chanteuse, précisa-t-il. Pas danseuse de cabaret.

— Je plaisantais.

— Je trouve ta blague sexiste et déplacée.

Zoey sentit ses joues s'empourprer.

— Toi, tu trouves une blague déplacée ?

— Et sexiste, insista Adrian.

— C'est bien la première fois que tu me reprends sur ce genre de blagues que tu adores d'habitude.

— Peut-être que les gens changent.

Zoey voulut prendre Sally à témoin, mais la jeune femme tournait ostensiblement la tête vers le mur, perdue dans ses pensées.

— Peut-être que j'ai réalisé il y a quelque temps que j'étais moi-même sexiste, continua Adrian.

— Et déplacé, ajouta Zoey, avec un sourire mordant.

— Peut-être même que le comportement de certaines personnes me l'a fait comprendre récemment.

Ils se dévisagèrent un instant en silence, jusqu'à ce que Dalton vienne les interrompre pour se rasseoir entre sa sœur et Sally.

— Peut-être que tu devrais prévenir ces personnes, alors, répondit Zoey.

— Peut-être que je n'ai pas envie de parler de ça à ces personnes, cracha Adrian. C'est quelque chose que tu peux comprendre, je pense… Toi, la reine du non-dit…

C'était parfaitement déloyal. Le surnom que lui avait donné son ex-petit ami de l'université n'avait pas sa place dans cette discussion. Adrian devait vraiment être acculé pour utiliser des méthodes aussi mesquines et injustes.

— Peut-être que certaines personnes préfèrent ne rien dire plutôt que d'exprimer en permanence le contraire de ce qu'elles pensent, grinça Zoey.

— Peut-être aussi que certaines personnes exprimeraient ce qu'elles ressentent si elles avaient un peu d'écoute. Par exemple, si elles n'étaient pas liées par un stupide contrat.

Zoey dévisagea son ami. De quoi parlait-il ? Adrian avait une perception toute personnelle des rapports amoureux, bien qu'en pratique, elle ressemblait fortement à celle de Dalton et Sally.

Il ne s'attardait jamais dans une relation. Il était également plus prudent que ses deux amis. Là où

Dalton et Sally refusaient la tiédeur d'un couple convenu, il ne prenait même pas la peine de théoriser.

Zoey ne l'avait jamais connu amoureux. Il se contentait de lancer parfois des piques savoureuses et drôles sur les filles qui lui plaisaient et avec qui il voulait coucher, sans s'embarrasser de détails.

Des quatre amis, il avait toujours été le plus à l'aise, le plus secret et le moins convaincu. L'entendre parler de contrat se révélait pour le moins étonnant. Cependant, le mot chatouillait la mémoire de Zoey. Ils avaient dû en parler à un moment ou à un autre.

Le contrat de non-relation !

Bien sûr !

Le souvenir resurgit, limpide.

Lorsque Adrian et elle étaient étudiants, les choses avaient failli déraper un soir où ils étaient rentrés un peu éméchés chez leurs parents, durant un week-end de retrouvailles particulièrement festives. Ils avaient donc décidé de passer un contrat : quoi qu'il arrive, ils n'auraient jamais de relation amoureuse ensemble, même s'ils se retrouvaient sur le carreau à l'approche de la trentaine.

« Tout ce qu'on y gagnerait, c'est de gâcher notre amitié », avait dit Adrian.

Zoey avait été on ne peut plus d'accord, à l'époque.

« Et puis, plus personne ne se retrouve sur le carreau à trente ans. La date limite a largement reculé ! »

À présent qu'elle allait sur ses trente et un ans, elle savait que ce n'était pas tout à fait vrai. La plupart de ses amies et connaissances étaient en couple. Sally et elle étaient souvent invitées dans des soirées où elles devaient déployer des tonnes de diplomatie pour ne pas se retrouver coincées dans de longues et ennuyeuses conversations sur l'organisation d'un buffet ou le choix de la robe idéale, quand elles ne se voyaient pas casées de force avec les deux seuls célibataires mâles de la fête.

— Un contrat ? reprit-elle.

Adrian l'agaçait. Cette discussion aurait dû avoir lieu dans un autre endroit et en privé.

Il était incapable de se comporter avec le minimum de pudeur qu'on attendait d'un ami, ou d'un amoureux. Ou d'un amant, peu importe quel nom il fallait donner à celui avec qui on avait passé un contrat, à peine sortie de l'adolescence, et probablement couché trois jours auparavant.

— Merveilleuse image de l'amour, Adrian, ajouta-t-elle, face à son silence. Quel genre de contrat passe-t-on dans une relation ?

Même au comble de l'exaspération, elle pressentait que sa mauvaise foi serait soulignée et aussitôt abattue.

— Techniquement, il y a plein de contrats, intervint Dalton. Toutes les relations reposent même sur des contrats.

Elle aurait pu parier que la contre-attaque viendrait de Dalton, qui adorait pérorer sur les erreurs de définition.

— C'est l'avocat qui parle ou le type qui n'a jamais réussi à prendre un petit-déjeuner deux fois de suite avec la même personne ? lança-t-elle à son frère.

Il s'enfonça dans le canapé, sans plus sourire, les sourcils froncés.

— Oh, doucement, murmura-t-il. Je ne faisais que rectifier une erreur.

— Cette conversation devient vraiment pénible, gémit Sally, sortie de sa rêverie par les intonations acerbes de ses amis. Est-ce qu'on ne pourrait pas juste passer une bonne soirée ?

— Si je dérange quelqu'un, je peux aller à la table des Brésiliens, fit remarquer Adrian.

— Mais non, tu ne déranges personne, soupira Zoey. Sally a raison. Nous sommes là pour fêter le début de la brillante carrière de mon petit frère. Dis, c'est ça, la table des Brésiliens ?

Sally avait dû avoir la même vision car un large sourire s'épanouit sur son visage. Quatre jeunes hommes entraient dans le bar. Zoey retint à peine un petit claquement de lèvres.

— Si j'avais fait ça, je me serais pris le speech de ma vie sur la façon dont on doit traiter les gens, ricana Dalton. Ce ne sont pas des morceaux de viande, les filles.

— Si tu avais fait ça, j'aurais été trop occupée à appeler Maman pour lui annoncer ton coming out, répondit Zoey, sans quitter des yeux le groupe qui marchait vers le fond de la salle.

— Oh, qui voilà… murmura Sally, en lui donnant un coup de coude dans les côtes.

Matthew Ziegler venait de passer la porte, à la suite du groupe. Il plissa les yeux, sortit un étui de la poche de son jean et mit d'élégantes lunettes en écaille pour regarder autour de lui.

— Il est tellement sexy, souffla Sally.

— Ou simplement myope, répondit Zoey.

Elle devait admettre qu'il y avait effectivement quelque chose de très attirant chez ce grand type à l'allure parfaite, alors qu'il chaussait ses lunettes avec un petit air hésitant.

— Je me demande ce qu'il fait là. Le hasard, sans doute, ironisa-t-elle.

Sally haussa les épaules.

— Je te jure que je n'y suis pour rien ! Il t'a dit qu'il connaissait pas mal de monde au consulat, non ?

— Ce qui n'implique pas toute la communauté brésilienne de New York.

Elles se turent subitement. Matthew Ziegler était arrivé au niveau de l'alcôve et venait de s'apercevoir de leur présence. Il s'approcha d'eux et tendit la main à Dalton.

— Salut, Dalton. Tout va bien ?

— Tout va bien, Matthew. Content de te revoir ! Que fais-tu ici ?

— Je viens boire un verre avec des amis musiciens. Le groupe de Cariocas dont je t'ai parlé.

Zoey dévisagea son frère, elle s'étonnait une fois de plus de la facilité avec laquelle Dalton liait connaissance avec tout le monde. Il avait dû discuter avec Matthew lors de l'anniversaire de mariage.

Puis Matthew lui dit bonjour, sans lui tendre la main. Elle voulut dire quelque chose mais resta assise devant lui, levant exagérément la tête pour le regarder, muette et stupide.

— Bonjour, Sally, continua-t-il, sans paraître s'offusquer de la grossièreté de Zoey.

Sally répondit par un petit rire cristallin et se passa la main dans les cheveux. Zoey éprouva un certain soulagement à la voir se comporter de façon aussi idiote qu'elle, le volume en plus.

— Bonjour, Matthew. J'ai beaucoup aimé votre dernière critique.

Zoey s'efforça de ne pas rire. Son amie devait tout de même avoir conscience du cliché qu'elle venait d'énoncer, béate et légèrement rougissante. Néanmoins, Matthew Ziegler parut apprécier sa remarque.

— Vraiment ? répondit-il.

— Je pense comme vous que la cuisine vietnamienne est la grande tendance du moment, mais qu'elle mériterait de revenir parfois à ses fondamentaux.

Zoey resta bouche bée. Matthew Ziegler écrivait-il de telles banalités ?

— Ce n'est pas exactement ce que j'ai dit, murmura-t-il, d'un ton un peu condescendant. Néanmoins, l'idée est là. C'est le souci avec les tendances gastronomiques. L'envie d'innover dépasse souvent celle de tendre vers une cuisine de saveurs harmonieuses. Ce qui n'empêche pas de dévier des fondamentaux.

Sally rit de nouveau. Un sourire sarcastique s'épanouit sur le visage d'Adrian.

— Vous l'avez évidemment mieux exprimé que moi, minauda la jeune femme.

Zoey lui jeta un regard réprobateur. Allait-elle aussi lui proposer de lui cirer ses chaussures et de lui porter son sac ?

— Chacun son métier, dit Matthew Ziegler d'un ton amusé. Vous créez, je critique.

— C'est une position plus confortable, en tout cas, intervint Zoey.

Avait-elle vraiment dit ça au type qui allait goûter sa cuisine trois jours plus tard et peut-être signer son arrêt de mort professionnel ?

— Si on estime que se faire haïr une fois sur deux a quelque chose de confortable, oui.

— Vous n'avez pas forcément besoin de vous faire haïr, fit-elle remarquer.

— C'est juste. Cela dit, je parle très peu des restaurants que je ne trouve pas à la hauteur. Je devrais peut-être. C'est parce que nous, les critiques, dénonçons les supercheries culinaires qui fleurissent dans une ville comme New York que les structures de petite taille peuvent se développer.

Il s'interrompit un court instant, dévoilant des dents blanches dans un sourire plein d'ironie.

— J'imagine que vous n'avez rien contre ce principe.

Zoey calma la vague de colère qui montait lentement depuis son ventre et lui rendit son expression ironique.

— Les structures de petite taille arrivaient très bien à se développer sans les critiques, jusqu'à présent. Mais j'applaudis votre sens de l'engagement.

— C'est effectivement un de mes points forts.

Sa voix avait été moins chaleureuse. Zoey y perçut une inflexion sèche, presque dure.

— On m'attend. J'ai été enchanté de vous revoir, dit-il pourtant sur un ton cérémonieux. Dalton, à bientôt. Sally, Zoey, à samedi.

Quand Matthew fut parti, Adrian émit un son guttural.

— Rigide comme une trique, ce type, et à la limite de l'impolitesse.

— Je ne sais pas si tu te souviens de la soirée de samedi, mais tu n'as pas été franchement aimable avec Tina… répondit Dalton.

— Et ? Quoi d'inhabituel ?

— C'est Tina qui l'avait amené.

— Merci, Tina, murmura Zoey, en levant les yeux au ciel.

Sally ne disait rien mais regardait son amie d'un air furieux.

— Quoi ? aboya Zoey. Je lui ai parlé !

— En effet, rétorqua Sally, en desserrant à peine les dents.

— Je n'ai pas été assez mielleuse, peut-être ?

Sally darda ses yeux verts sur son amie, le visage contracté par l'exaspération.

— Je te rappelle que je fais de vrais efforts pour qu'on communique plus autour de Zoey's Kitchen et tu viens de risquer de les ruiner en trois phrases… Vraiment, Zoey…

Le ton sermonneur de Sally acheva de l'agacer. Elle en avait assez des conseils et des reproches sur sa façon de gérer sa vie et son travail. Tout le monde lui parlait comme si elle devait s'améliorer en permanence. Sa mère, Dalton, Sally…

— Je te rappelle que c'est moi qui ai créé Zoey's Kitchen et qu'à ce titre, je n'ai pas de leçons à recevoir.

Le coup porta. La jeune femme écarquilla les yeux. Zoey regretta aussitôt. Elle n'avait jamais parlé ainsi à Sally. Elle ne lui avait jamais fait sentir qu'elle était son assistante. Elle ne savait même pas pourquoi elle était furieuse à ce point, ni si sa colère était dirigée contre Adrian ou Matthew Ziegler. Ou contre Sally. Ou simplement contre elle-même, de s'être montrée aussi grossière et bêtement vindicative.

— Je crois qu'il est temps pour moi de partir, dit Sally, froidement. Je commence tôt demain.

Avant que Zoey ait pu lui répondre, ou du moins écouter la voix intérieure qui la suppliait de retenir son amie et de s'excuser, Sally avait disparu.

Dalton siffla deux notes aiguës, de celles qui cxpriment une admiration forcée.

— C'était parfait, Zoey. Merveilleux.

— Ne t'y mets pas.

— Sinon quoi ? Tu vas m'humilier en public ?

Il prit une gorgée de cocktail, les sourcils froncés.

— Je ne sais pas ce que tu as en ce moment, Zoey, mais tu deviens franchement pénible.

— Laisse-la, Dalton, lança Adrian. Tout le monde est à cran.

— Le rôle du pacificateur te va mal, mon vieux, riposta Dalton.

Zoey nota qu'un tic nerveux lui agitait la paupière, signe qu'il était en colère, ce qui lui arrivait peu souvent.

— Ne tire pas sur les civils, mec, gronda Adrian. Je n'ai rien à voir dans cette histoire.

— Vraiment ? En même temps, c'est comme ça depuis toujours, non ? Tu n'as jamais rien à voir dans les histoires. Comme quand on était petits et que vous poussiez l'un l'autre à aller toujours plus loin ?

— Est-ce que tu vas me reprocher ce que j'ai fait quand j'avais douze ans, Dalton ? Veux-tu vraiment qu'on évoque qui fait quoi au détriment des autres ?

— Tu sais très bien de quoi je parle.

Ils se défièrent du regard, en silence.

— Et de quoi parles-tu ? demanda Zoey.

Elle regretta aussitôt d'avoir posé la question. Dalton serra un peu plus la mâchoire, sans quitter Adrian des yeux.

— Je dis juste qu'Adrian devrait choisir des aires de jeux… moins proches de lui, s'il n'est pas capable de les assumer.

Zoey n'en croyait pas ses oreilles. Son frère jouait les machos. Lui qui avait rigolé comme un perdu quand elle lui avait demandé de l'aide.

— A priori, je n'ai pas besoin de toi pour gérer ma vie, rétorqua Adrian, une lueur mauvaise dans les yeux.

— Oui, mêle-toi de tes affaires, Dalton, surenchérit Zoey.

— J'aimerais bien, répondit le jeune homme. Le problème, c'est que vous mêlez tout le monde à vos histoires. Il serait temps que vous sortiez de l'adolescence. Bien que ça me fasse mal de le reconnaître, Maman a parfois raison…

Zoey serra la mâchoire. C'était un coup bas, bien peu digne de son frère.

— Effectivement, susurra-t-elle, acide. Nous sommes des adolescents, Adrian et moi. Tu devrais réfléchir à ce que ça te donne comme place, à toi, qui nous colles au train depuis des années. Sur ce, je vous laisse aussi. Le couvre-feu est dépassé depuis longtemps.

Elle se leva et attrapa sa besace.

— Tu m'as habitué à plus de répartie, cracha Dalton.

— Sans doute, mais, comme tu le dis si bien, Maman a raison. Je suis décevante.

Elle traversa la salle, les poings serrés sur la lanière de son sac, et sortit.

Une fois dans la rue, le vent, tiède dans la chaleur étouffante de cette nuit d'été, la prit à la gorge. Elle dut s'arrêter sur le trottoir.

Comment avait-elle pu parler ainsi à son frère ? À ses meilleurs amis ?

Quelque chose ne tournait décidément pas rond. Son intuition la trompait rarement et, en général, la colère arrivait en même temps que les doutes. Elle leur en voulait, mais de quoi ?

Depuis deux ans, ils s'étaient tous éloignés. Elle avait tellement pris l'habitude de la solitude qu'elle se sentait parfois étrangère à leur groupe.

— Pauvre idiote, murmura-t-elle.

— Pauvre, je ne sais pas, lui répondit une voix amusée derrière elle.

Elle se retourna et se retrouva nez à nez avec Matthew Ziegler. Il enlevait ses lunettes pour les ranger minutieusement dans leur étui.

— Idiote, je n'en ai pas l'impression. Je vous raccompagne ?

— Je ne suis pas tellement d'humeur, souffla Zoey.

— Vous avez l'air bouleversée, pourtant.

— Vous avez le chic pour vous trouver sur mon chemin dans ces moments-là…

— J'espère que vous êtes moins ivre que l'autre jour ! De toute façon, même si vous insistez, je ne vais pas me faire offrir un dernier verre. J'ai retenu la leçon.

Zoey hésita. L'idée de rentrer seule en ressassant cette épouvantable soirée ne lui disait rien du tout.

— Je n'ai pas vraiment envie de parler, s'entendit-elle répondre d'une voix enrouée.

— C'est moi qui parlerai. Ça vous va ?

Lorsqu'il s'approcha d'elle et lui tendit le bras, galamment, elle se sentit étrangement mieux. Il émanait de cet homme une impression de sécurité et de maîtrise.

Plus précisément, il avait l'air d'être quelqu'un d'accompli, en dépit de son regard myope et de son sourire ironique. Pas un adolescent. Exactement ce qu'il lui fallait à cet instant même, alors que les paroles dures de son frère résonnaient encore et qu'elle maudissait sa sortie théâtrale.

— J'adore marcher dans New York la nuit.

— J'habite assez loin, précisa-t-elle.

— Je sais où vous habitez.

Il secoua la tête et se reprit :

— Pas parce que je suis un *serial killer* qui vous a observée pendant des mois depuis sa voiture.

— Je suis certaine que vous n'avez pas de voiture.

— Exactement. Comment avez-vous deviné ?

— Vous êtes un vrai New-Yorkais.

— Non. Je suis un New-Yorkais d'adoption, comme la plupart des gens. J'ai simplement horreur d'être coincé dans un endroit fermé.

— Claustrophobe ?

— Embouteillageophobe, surtout. Je n'aime pas non plus perdre mon temps.

— Donc, vous êtes un vrai New-Yorkais… Comment connaissez-vous mon adresse ?

— Vos adresses professionnelle et personnelle sont dans le même immeuble.

— Et pourquoi les avez-vous cherchées ? minauda-t-elle, tout en se détestant immédiatement.

Il la dévisagea, perplexe.

— Je m'intéresse à votre cuisine, répondit-il avec une expression étonnée. Je me suis renseigné. Enfin, j'ai Internet, comme tout le monde.

Elle fut presque déçue par sa réponse.

— Marchons, voulez-vous ? ajouta-t-il. Si le trajet est trop long, vous me permettrez de vous ramener en taxi. Je vous assure que ce n'est pas par peur que vous soyez agressée.

— Pourquoi alors ?

— Je ne voudrais pas que le trajet vous fatigue. Vu l'état dans lequel vous vous mettez lorsqu'on vous parle de vos pieds, c'est moi qui ai peur de vous.

Le sourire qu'il lui adressa était à la fois irrésistible et agaçant.

Elle lui emboîta néanmoins le pas.

9

Les gentilles filles ne prennent pas de taxi avec des inconnus

Ils marchèrent d'abord en silence. La lumière artificielle caressait l'asphalte sec sans l'animer pour autant. Le soir accueillait son lot de touristes errants ou de New-Yorkais rentrant chez eux. Ils croisèrent des gens seuls et affairés, des couples maussades, d'autres sereins, mains dans la main, des groupes joyeux.

— Vous n'êtes pas resté longtemps, dit-elle au bout de quelques minutes.

— Je ne sors jamais très tard.

— Je vois…

— Que voulez-vous dire par « je vois » ? s'inquiéta-t-il. « Je vois, vous êtes plutôt du matin » ou « je vois, vous êtes un abominable bonnet de nuit » ?

— Je ne sors jamais très tard non plus.

— Vous m'aviez plutôt l'air d'aimer faire la fête, objecta-t-il.

— Si faire la fête veut dire boire un litre de margarita et s'humilier devant toute sa famille, oui, vous avez sans doute raison.

— Vous aviez des circonstances atténuantes. Pour tout vous dire, je vous ai trouvée assez digne, même après l'épisode de la sauce au curry.

Zoey poussa un gémissement de honte malgré elle.

— Si j'ai bien compris, vous étiez fiancée à Spencer ? reprit Matthew.

— Pas fiancée, mais nous étions en couple, oui, pour peu que ça signifie quelque chose. Nous nous fréquentions, rectifia-t-elle.

— J'adore ce mot. Ça veut dire tout et rien à la fois. Puis Laurie est arrivée ?

— Laurie a toujours été là, je crois. J'ai très vite présenté Spencer à mes parents et il est venu à un de leurs barbecues. A posteriori, je crois que c'est à ce moment-là qu'il est tombé amoureux d'elle. Il a mis six mois à rompre avec moi.

Elle sentit son cœur se serrer à ce souvenir. Spencer était parti trois semaines en Europe. Il l'appelait tous les jours. Chez ses parents, Zoey avait croisé la mère de Laurie qui lui avait dit que sa fille était à Paris, en vacances avec une amie, et qu'elle l'y avait rencontré. Pas une fois Spencer n'avait évoqué le prénom de Laurie. Trois jours après, il lui avait envoyé un mail pour lui dire qu'il voulait « faire une pause ». Le lendemain, il lui annonçait, par ce même biais, qu'il rompait.

Jamais, durant leur relation, et bien que Spencer ait vu Laurie quelquefois avec elle, toujours chez ses parents, elle n'avait imaginé son ennemie d'enfance en rivale amoureuse. Sa fameuse intuition avait dû être faussée.

— J'étais totalement aveuglée, continua-t-elle, suivant le cheminement de sa pensée. Mais c'est vous qui deviez parler. J'ai cru comprendre que vous aviez débarqué dans ma charmante famille grâce à Tina.

— En effet.

— Et… vous vous fréquentez depuis longtemps ?

— Nous nous fréquentons, répondit-il sobrement, avant de se murer dans le silence.

Elle n'insista pas, même si elle mourait d'envie de savoir quelle était la vraie nature de leur relation. Elle se sentait troublée de marcher ainsi avec lui, accrochée à son bras, trouvant dans les couples qu'ils croisaient le reflet de ce qu'ils devaient paraître aux yeux des autres.

— Vous n'aimez pas tellement Tina, non ? dit-il soudain.

— Ce n'est pas ça, balbutia-t-elle. C'est compliqué.

— J'ai vu, à votre petit numéro de l'autre soir, qu'Adrian et vous aviez une longue habitude des joutes verbales avec elle.

— Je suis désolée. Les rapports entre cousines, parfois… Ma mère est en rivalité avec sa sœur depuis toujours. Elle est en rivalité avec la terre entière, à vrai dire. Tina et moi étions tout le temps comparées l'une à l'autre quand nous étions enfants.

— Vous n'avez pourtant rien à voir…

Elle se demanda comment elle devait prendre sa remarque. S'il fréquentait Tina, comme il le disait, il devait l'estimer sur bien des points. Ce qui lui renvoyait une image assez déplorable d'elle-même.

— Justement. Pour ma mère, je n'étais jamais à la hauteur de Tina et de Laurie. Elles avaient l'air de…

de… filles. Moi, j'étais tout le temps échevelée, avec les genoux écorchés, traînant avec Adrian et Dalton.

— Vous semblez très proches, Adrian et vous, en effet.

Le ton avait été léger, mais il sembla à Zoey que Matthew s'était subitement crispé, avant de redevenir l'homme rompu à la conversation et un peu conventionnel qu'il était sans aucun doute.

— Nous l'étions déjà enfants. Adrian ne parlait à personne, sauf à moi. On le croyait autiste jusqu'à ses dix ans. Ses parents lui ont fait passer des tests, d'ailleurs. C'est juste qu'Adrian a commencé à parler quand il a maîtrisé le sens de la répartie. Une sorte de défense, je pense. C'était un génie en musique.

— Comme vous en cuisine.

— Non, bien loin de là. On ne peut pas comparer le talent d'Adrian avec mes compétences… Il fait de l'art, moi, de l'artisanat.

— Je n'aurai pas la stupidité de vous faire le coup de la musique du palais, rit Matthew. J'ai horreur des définitions.

— Moi aussi. Pour en revenir à Tina, je pense qu'elle a autant souffert que moi des comparaisons incessantes de nos mères, d'autant que Nana ne lui a jamais accordé beaucoup d'attention.

— Votre grand-mère ?

— Oui. Nana est une femme exceptionnelle, mais on ne peut pas dire qu'elle soit juste. Elle peut être mordante, même avec ceux qu'elle aime. Je pense qu'elle a toujours trouvé Tina trop lisse.

Elle s'arrêta et le dévisagea soudain. Elle ne devait surtout pas s'appesantir sur le sujet. Ni celui de Tina ni celui de sa grand-mère. Matthew la contemplait, tête penchée sur le côté, avec un air particulièrement intéressé. La lumière se reflétait dans ses yeux noisette, dont elle n'avait pas remarqué jusque-là les éclats dorés.

— Vous me faites parler ! dit-elle.

Effectivement, il avait réussi à entrer dans l'intimité de sa famille, sans rien divulguer de lui. Elle connaissait ce vieux tour, pourtant. Il était dans tous les manuels de communication à l'usage des cadres américains... Sa mère lui avait seriné pendant des années : « Ne parle jamais trop. Pose des questions. »

Elle ne pouvait pas tout à fait en vouloir à Matthew, cependant. S'il s'intéressait à Tina, il devait être avide de détails la concernant. Elle lutta contre la méchante envie de raconter les épisodes les moins glorieux de leur enfance et de leur adolescence. Certes, Tina et elle n'avaient pas développé la relation idyllique qu'on attendait d'elles, mais la dernière chose qu'elle voulait, c'était de se montrer perfide à ce point. Elle ne connaissait pas Matthew, ni quelles étaient ses intentions à l'égard de sa cousine. Elle n'avait pas à l'influencer.

D'autant que personne n'aimait les persifleurs. Au pire, il la jugerait, elle, et en parlerait tôt ou tard à sa cousine, ce qui ferait un nouveau scandale.

« Zoey, la vieille fille aigrie qui crache sur celles qui ont la chance d'avoir trouvé quelqu'un à leur mesure. »

Elle sourit. À peine mieux que « Zoey, l'alcoolique qui couche avec son meilleur ami, se brouille avec lui et cause une dispute générale durant laquelle elle tape sur ses alliés les plus fidèles ».

— Que voulez-vous savoir ? questionna Matthew.

— Ça ne marche pas comme ça. Je ne vais pas vous faire subir un interrogatoire.

— Vous pouvez toujours attendre d'être chez vous et aller faire un tour sur Internet.

— Que dit votre biographie officielle ?

— Que je suis critique gastronomique depuis huit ans. Que je suis né à Chicago, d'une mère française et d'un père américain d'origine allemande. Que mon nom de baptême est Matthieu, mais que personne ne l'utilise depuis la mort de ma mère, mon père m'ayant toujours appelé Matthew.

— Votre biographie rentre à ce point-là dans les détails ?

— Non. De toute façon, ce qu'il y a en ligne ne sert jamais à rien. Ah si… pour reprendre notre discussion sur mon métier, vous risqueriez de tomber sur quelques injures fleuries me concernant, sur le site de certains restaurateurs.

— Plat préféré ?

— Je n'ai jamais cru aux portraits chinois.

— Accointances avec le Brésil ?

Il plissa la bouche, embarrassé.

— Ma biographie ne donne aucune information là-dessus. Trop personnel.

— Vraiment ? Un sombre secret ?

— Tellement secret que je ne suis pas sûr de le connaître.

Elle éclata de rire. C'était une réponse qu'elle aurait pu faire. Comme elle riait, il pencha la tête vers elle, soudain sérieux. La lueur qui brillait dans ses yeux la surprit.

— Il n'y a pas beaucoup de femmes qui rient à mes blagues, dit-il.

— Ce n'est pas très valorisant pour moi.

Elle avait pris son ton le plus enjoué, mais un signal d'alarme venait de retentir dans son esprit. Elle devait s'éloigner de lui, le plus vite possible. Ou se rapprocher. Ou s'éloigner.

— Si, plutôt, souffla-t-il.

— Là, c'est bien trop valorisant pour vous.

Il s'immobilisa, l'obligeant à s'arrêter également et à se tourner vers lui. Elle se retrouva face à lui, le visage à quelques centimètres du sien. Un couple d'étudiants les percuta en riant.

— Retenez-vous, cria joyeusement le jeune homme, en entraînant sa compagne hilare.

— On ne fait que ça, murmura Matthew.

Zoey le dévisagea, étonnée. Une envie de rire lui chatouillait les narines, mais Matthew ne riait pas, lui. Il la contemplait les sourcils froncés, l'air sérieux, puis se pencha lentement sur elle, jusqu'à ce qu'elle sente son souffle sur sa peau. Elle frémit.

— Vous avez bu un whisky, dit-elle.

Elle sentit son cœur battre, sans savoir si c'était l'émotion ou une consternation totale. Elle avait déjà été ridicule dans bon nombre de situations, mais c'était la première fois qu'elle parlait de son haleine à quelqu'un qui allait l'embrasser.

L'alarme se fit insistante. Il allait l'embrasser. Il sortait avec sa cousine Tina. Là, c'était absolument déloyal, en plus d'être indécent.

— Effectivement, répondit-il.

— J'ai horreur du whisky.

Elle jeta un coup d'œil sur la rue, songeant soudain à la possibilité de se jeter sous une voiture.

— Dommage pour vous, chuchota-t-il.

Ses bras l'encerclèrent et elle se retrouva contre lui, alors qu'il posait ses lèvres sur les siennes.

Contrairement à ce qu'elle s'attendait à trouver dans ce baiser – si elle s'attendait vraiment à quelque chose –, il était particulièrement fougueux et avait un arrière-goût de cannelle, plus que de whisky.

Elle reconnut aussitôt l'alchimie absolue, le rapport de peau qu'elle n'avait ressenti qu'une fois dans sa vie. Elle sut alors qu'il serait difficile de se détacher de lui, même si c'était un parfait étranger et qu'ils avaient déjà largement brûlé les étapes.

Alors que ses lèvres s'éloignaient, elle monta sur la pointe des pieds pour le retenir.

Elle ne calcula pas son élan, emportée par ce baiser qui l'électrisait de la tête aux pieds. Il recula d'un demi-pas, déstabilisé, et heurta le mur derrière lui. Retrouvant l'équilibre, il attrapa ses hanches avec douceur. Puis il fit glisser le tissu de son haut pour poser les mains sur sa peau, plus fermement.

Zoey le plaqua contre le mur. Leurs bouches étaient toujours collées l'une à l'autre et les mains de Matthew remontèrent le long de son dos, pour la ramener un peu plus vers lui. Une onde de chaleur traversa la poitrine de la jeune femme et descendit jusqu'à son ventre, qu'elle appuya contre celui de Matthew. Il semblait avoir toutes les peines du monde à se maîtriser ; elle sentait ses doigts frémissants sur sa peau, alors qu'il lui effleurait les reins. Soudain, il l'attira encore à lui, violemment.

Ils ne pouvaient être plus serrés. De nouveau, il fit glisser ses mains le long de sa colonne vertébrale, sous son top, de haut en bas puis de bas en haut, dans une caresse retenue, mais efficace.

— Vous êtes en train de me déshabiller dans la rue… lui murmura-t-elle à l'oreille.

— J'en ai eu envie dès que je vous ai vue, répondit-il, le souffle court. Pieds nus et échevelée dans ce jardin.

— Je n'étais pas échevelée.

— Si, vous l'étiez. Comme maintenant.

Il passa la main dans ses cheveux, ébouriffant les mèches folles qui sortaient de son simili-chignon. Elle ferma les yeux, comme il se penchait sur elle.

Elle sentit ses lèvres chaudes chatouiller doucement les siennes une seconde. Comme elle s'abandonnait contre lui, il la repoussa légèrement, pour faire passer ses mains autour de sa taille et sur son ventre. Elle frémit.

— Je pense qu'il faudrait nous arrêter là, dit-il sans conviction. Je risque vraiment de vous déshabiller et de vous faire l'amour contre ce mur.

— C'est vous qui êtes contre le mur, fit-elle remarquer.

Il ne répondit pas. Ses doigts avaient atteint la naissance de son sein et le soulignaient d'un mouvement léger, puis ils en dessinèrent le contour, passant sous son soutien-gorge. Il semblait maîtriser son geste, comme s'il la connaissait depuis des années, qu'il l'avait caressée mille fois et qu'il savait exactement ce qu'il fallait faire pour l'exciter. Pourtant, par moments, une hésitation suspendait ses doigts en l'air, arrêtés par un frisson irrépressible.

L'alternance de ces deux états et la bataille qui semblait se dérouler dans la tête et le corps de Matthew la rendirent folle.

Elle avait tellement envie de lui que c'en était presque douloureux.

— Il y a des hôtels pour ça ! cria une voix de l'autre côté du trottoir.

Des éclats de rire suivirent l'exclamation avinée. Matthew sembla reprendre ses esprits, ôta sa main, et rajusta le haut de Zoey. Elle fit un petit pas de côté pour se séparer de lui.

Rien ne lui avait jamais inspiré plus de regrets que ce moment. Là où il l'avait touchée, sa peau palpitait encore, diffusant des vagues de frissons jusqu'à son bas-ventre. Elle reprit son souffle difficilement puis osa le regarder.

Il haussa les sourcils. Sa bouche entrouverte n'esquissait pas un sourire.

— Je vous raccompagne ?

— Je vous préviens, grimaça Zoey. Je ne vous offrirai toujours pas de dernier verre.

— Je n'ai pas très soif, de toute façon.

Il lui prit la main et l'attira sur le bord du trottoir pour héler un taxi.

Galamment, il la laissa entrer en premier, puis fit le tour pour s'asseoir de l'autre côté.

Le plus loin possible, souligna Zoey.

Elle ne pouvait que l'en remercier. Elle n'était pas certaine de pouvoir résister au moindre contact ni que le chauffeur apprécierait de les voir s'embrasser à perdre haleine à l'arrière.

Il a dû en voir d'autres, pensa-t-elle.

Matthew tapota la vitre avec son index.

— Dans cette rue, il y a le meilleur restaurant indien de New York, dit-il.

Zoey eut un petit rire nerveux. Un gloussement, plus exactement.

Il se tourna vers elle.

— Vous vous en fichez complètement, n'est-ce pas ?

— Totalement, murmura-t-elle.

Il resta saisi un instant, absorbé par le mouvement de ses lèvres, alors qu'elle ajoutait :

— Mais je vous écoute.

Elle avança ses doigts sur la banquette, jusqu'à sa main. Elle vit les phalanges de Matthew se crisper puis se tendre.

— C'est un très bon restaurant, répéta-t-il.

Elle se mit à jouer avec ses doigts, les effleurant l'un après l'autre. À la façon dont les muscles de son avant-bras s'étaient bandés, elle vit qu'il faisait des efforts pour ne pas répondre à ses caresses.

— Vous voulez dire que tout y est bon ? sourit-elle.

— Au premier abord, non. Le cadre est agréable mais le personnel…

— Mal aimable, peut-être ?

— Presque sauvage… On ne peut cependant qu'être touchés par le… (il hésita) le décor.

Il eut de nouveau ce sourire mordant qui lui avait tant déplu. À présent, elle le trouvait follement sexy. Il lui donnait l'air d'avoir envie de la dévorer.

— C'est important, d'être touché, fit-elle remarquer, très sérieusement. Mais on ne peut juger sur une simple apparence.

Elle se sentait étrangement sûre d'elle. Sa main remonta jusqu'au poignet tendu de Matthew. Le contact de sa peau, plus douce à cet endroit, la fit trembler.

— Vous avez raison. Il faut se fier à ses autres sens pour pouvoir formuler une critique objective.

Il libéra sa main et lui frôla la joue.

— Le toucher.

Il plongea le nez dans son cou.

— L'odorat.

Sa bouche frémit derrière l'oreille de Zoey.

— Le goût.

Et, remontant doucement le visage, il ajouta :

— L'ouïe est finalement facultative.

— C'est donc le moment où vous devriez vous taire.

Il appuya sa bouche contre son front, la laissant s'aventurer à la lisière de ses cheveux puis redescendre jusqu'au petit espace frissonnant, situé entre le lobe de l'oreille et la naissance de la mâchoire.

— Ce serait dommage. Vous n'entendriez pas à quel point j'ai envie de vous.

Elle évita une répartie moqueuse. Elle n'avait pas besoin de l'entendre. Ni de le dire. Il lui fallait fournir des efforts surhumains pour éloigner les lèvres du jeune homme qui, à présent, se hasardaient dans son cou, pour ne pas empoigner d'une main ses cheveux épais qui lui chatouillaient le menton et l'embrasser à pleine bouche et, de l'autre, déboutonner son pantalon.

Un toussotement à l'avant lui fit reprendre ses esprits. Le taxi était arrêté devant son immeuble, sans doute depuis un petit moment. Le chauffeur jetait des regards appuyés dans le rétroviseur. Elle leva la tête en même temps que Matthew. Ils se trouvèrent face à face, leurs visages à un centimètre l'un de l'autre.

La bouche de Matthew trouva aussitôt la sienne. Tandis qu'il lui ouvrait les lèvres avec la langue, doucement, elle le vit sortir un billet de la poche arrière de son jean et le tendre au chauffeur, puis ouvrir la portière de son côté à elle. Il la retint alors qu'elle glissait vers l'arrière, toujours accrochée à sa bouche. Elle aimait particulièrement la pression de son bras qui l'empêchait de tomber, et le sourire qu'il eut, tout en continuant de l'embrasser, quand elle poussa un cri de surprise. Elle dégagea ses jambes, posa un pied après l'autre sur le trottoir et descendit du taxi le postérieur d'abord.

Si quelqu'un était passé à ce moment-là, il aurait été plutôt amusé par cette vision.

Elle se détacha de Matthew, à regret, pour qu'il puisse descendre à son tour.

Une fois hors de la voiture et après avoir lissé sa chemise d'un geste appliqué, il leva la tête vers elle.

Elle ne savait vraiment pas quoi faire. Éloignée de lui, elle trouvait les choses moins évidentes que dans le taxi où elle aurait assassiné quiconque se serait mis entre eux.

— Vous êtes à bon port, dit-il.

Son ventre se crispa. Elle ne s'attendait pas à ça. Devant elle, Matthew semblait avoir retrouvé toute sa maîtrise, tout son calme. Il se recoiffa rapidement, passant les doigts dans ses cheveux, exactement comme elle avait rêvé de le faire quelques minutes auparavant.

Il fallait qu'elle se sorte de cette situation, immédiatement, avant qu'il se mette à rire, à être gêné ou, pire, à la remercier. Elle devait absolument récupérer un peu d'ascendant, et de dignité, au passage.

— Merci de m'avoir raccompagnée, lança-t-elle, le plus poliment du monde. À bientôt.

Elle se retourna et se dirigea vers la porte de son immeuble, le cœur battant. Il l'avait plantée, là, devant chez elle.

Elle aurait dû se montrer ferme, royale, hautaine, et lui dire, la première, qu'ils n'iraient pas plus loin.

Maintenant, ils n'iraient jamais plus loin.

Elle tapa le digicode de l'entrée mais, avant qu'elle appuie sur le dernier chiffre, elle sentit des mains entourer sa taille. Elle fit volte-face. Matthew n'attendit pas qu'elle parle et se remit à l'embrasser, avec la fougue qu'elle avait elle-même du mal à contenir.

Elle dut le repousser pour reprendre son souffle.

Il s'écarta, poussa un profond soupir et prit une de ses mèches folles entre ses doigts.

— Je ne voudrais rien faire d'inconsidéré, murmura-t-il, comme s'il se parlait à lui-même.

Il recula d'un pas, la contempla, le visage figé sur un rictus plein de doute et de sérieux.

— À samedi, Zoey, dit-il soudain.

Avant qu'elle ait pu dire un mot, il s'éloigna.

À samedi, Zoey ?

La jeune femme le regarda partir, sans pouvoir s'empêcher de remarquer sa démarche élégante et détendue, mais sans la comprendre.

Est-ce qu'elle était le genre de filles qu'on embrassait dans un taxi parce qu'on ne pouvait pas y résister et qu'on plantait ensuite ?

Est-ce qu'elle lui avait envoyé des signaux, d'ailleurs ?

Certainement pas ! hurla une voix indignée dans son esprit.

Il avait insisté pour la raccompagner, il l'avait embrassée, elle lui avait dit bonne nuit, il l'avait rattrapée alors qu'elle rentrait chez elle. Tout ce qu'elle avait fait, quant à elle, c'était répondre à ses baisers, parce que…

Mais quelle idiote !

Elle avait eu tort de se laisser aller. Ça avait été trop loin. Elle n'avait rien maîtrisé. Elle aurait dû le renvoyer gentiment chez lui, avant qu'il l'embrasse dans la rue. Après, c'était déjà trop tard.

Pourquoi est-ce que je suis toujours attirée par des mecs comme ça ? se demanda-t-elle.

Un psy aurait pu lui fournir une explication complexe et détaillée, mais elle savait ce que Sally en dirait, elle !

« Tu te compliques trop la vie, Zoey. Amuse-toi. Vis pleinement. »

Sally ne se serait cependant pas laissé jeter comme ça, pour la bonne raison qu'elle ne serait pas allée jusqu'au bout de cette affaire. Elle l'aurait embrassé aussi, certes, mais, une fois en bas de chez elle, elle lui aurait dit : « Merci beaucoup, mais je crois que nous n'irons pas plus loin ce soir. »

Sally aurait senti quel type elle avait en face d'elle.

Un type capable de tromper la femme avec qui il sortait – qu'il fréquentait – avec la cousine de celle-ci.

Cousine complètement crétine…

Elle entendait déjà les commentaires de Tina, quand elle serait mise au courant : « Cette idiote de Zoey… Elle s'est pendue au cou de Matthew… Évidemment, pour me nuire ! Il a dû lui faire comprendre très clairement qu'il n'était pas intéressé ! »

Non pas qu'elle se soucie beaucoup de l'avis de Tina, mais il y avait de quoi achever sa réputation dans la famille, si tant était qu'elle en avait encore une correcte… Sa mère ne lui pardonnerait pas et Nana, encore moins.

« Du panache, Zoey ! lui avait souvent répété la vieille dame lorsqu'elle était punie – souvent suite à une de leurs légitimes, mais parfois cruelles, vengeances sur Tina et Laurie, à Adrian et à elle. Rends coup pour coup mais ne sois jamais déloyale. Jamais. Ce sont les lâches qui ont besoin d'avoir recours à ce genre de méthodes. Les lâches et les gens sans intelligence. »

Elle retapa son code, jusqu'au bout, cette fois-ci, et monta l'escalier, sans cesser de se traiter d'imbécile et de se repasser la scène du taxi alternativement.

C'était, sans conteste, la pire soirée de sa vie.

Et pourtant, il y en avait quelques-unes en compétition !

Comme celle, l'année précédente, durant laquelle elle avait passé deux heures à consoler son *date*, qui sortait d'une rupture difficile, et à qui leur premier dîner rappelait celui qu'il avait eu avec son ex.

Ou comme la fois où elle s'était aperçue que le type – Andrew, blond, charmant – qui l'amenait boire un verre avait menti sur son âge et était encore à l'université.

Elle se déshabilla rapidement, sentant encore l'odeur de Matthew, qui la rendait folle et furieuse à la fois, et se jeta sous la douche.

Alors que l'eau coulait et qu'elle tentait de se persuader qu'elle n'avait pas vraiment envie de lui, elle se promit de faire ce qu'elle avait toujours fait dans ces cas-là : se plonger dans le travail et oublier.

Du moins jusqu'au samedi suivant.

10

Les gentilles filles gardent toujours leur calme

Zoey traversa la salle jusqu'à l'imposant piano, sur lequel le fleuriste finissait de disposer un bouquet de roses. Mia, l'assistante du consul, supervisait les derniers préparatifs les sourcils froncés, un dossier ouvert à la main.

— Je vous cherchais, dit Zoey.

Le corps de Mia se crispa brusquement dans son impeccable tailleur haute couture. Elle dévisagea Zoey comme si elle était la cause de tous ses problèmes ou, du moins, une insupportable importune.

— Que puis-je faire pour vous ? articula-t-elle, au prix d'un effort visible.

— J'aurais besoin qu'on pousse la table qui est juste devant la fenêtre principale, répondit Zoey, sans quitter le fleuriste des yeux, alors qu'il arrangeait les fleurs sur le piano. Si je peux me permettre une suggestion, vous ne devriez pas mettre de vase là.

— Pour quelle raison ?

— Adrian Peters va le faire enlever.

— Vraiment ?

Son ton défiait quiconque de s'approcher de ces roses.

— Il va même vous dire que votre bouquet de roses entrave le son de son piano. Croyez-moi.

Mia haussa les épaules. L'expression de son visage offrit brièvement à Zoey son avis sur les artistes, à cet instant précis.

— Nous mettrons les roses sur le guéridon à côté du fauteuil bleu, là-bas, dit-elle au fleuriste. Est-ce vrai ?

— Quoi donc ? demanda Zoey.

— Qu'un bouquet peut entraver le son d'un piano.

— Aucune idée.

Elle soupçonnait son ami d'avoir trouvé ce prétexte parce qu'il n'aimait pas les détails superflus, tout simplement.

— Avez-vous besoin d'autre chose ? demanda Mia, dont les escarpins patinaient déjà l'épais tapis de la salle de réception.

— Non, tout va bien.

— Parfait. Je vous laisse aller voir Jorge pour le protocole.

— Le protocole ?

— M. Delacruz tient à ce que vous présentiez vous-même le dessert. Je vous en ai parlé.

Le ton ne laissait aucune place au doute.

— Oui, bien sûr. Mais mon temps va être compté d'ici peu. J'ai quelques minutes à peine avant le coup d'envoi.

— Vous aurez seulement à retenir la prononciation de certains noms. Jorge va vous aider.

Zoey se dirigea vers le jeune homme, cheveux bruns courts, plaqués en arrière, chemise blanche, pantalon gris, qui consultait des papiers, devant un luthier en bois sombre. Il lui adressa un sourire aimable et lui tendit la main.

— Vous devez être Zoey, notre chef pour ce soir.

— Bon sens de l'observation.

— Vous portez une blouse, fit remarquer Jorge, sans un soupçon d'humour. Je dois vous présenter les trois personnes avec qui vous inaugurerez le dessert.

Inaugurer le dessert.

Zoey sourit, malgré elle.

— Gilberto Da Costa est l'entraîneur de l'équipe de football. Rafael Branco est le représentant du ministère de la Culture et Sofia Alves, que vous devez connaître, vous sera également présentée. Vous vous en sortirez ?

Zoey répéta les noms, presque sans faire d'erreur de prononciation.

Jorge ne l'écoutait pas. Il écarquillait les yeux vers la salle et serra soudain les poings. Il semblait prêt à fondre sur une proie, juste derrière Zoey.

— Attendez deux secondes ! s'exclama-t-il.

Il lui fourra la liste des invités dans les mains, et se mit à courir en criant :

— Que faites-vous avec cette bannière ? Ce n'est pas une fête d'étudiants !

Elle éclata de rire. C'était exactement le genre de réflexion qu'elle aurait pu faire en pareille situation. Puis elle baissa les yeux sur la liste, afin de bien mémoriser les noms.

Elle ne put s'empêcher de chercher celui de Matthew, pas plus qu'elle n'avait pu s'empêcher de faire une recherche sur Internet et de s'attarder sur ses photos et les articles qui le concernaient – pour la plupart élogieux.

Elle trouva son nom « Matthew Ziegler + 1 ».

Plus un ? Il venait donc accompagné ? Allait-il réellement venir avec une autre femme pour la voir ? Avec Tina ?

L'image mentale qu'elle se fit de Tina entrant au bras de Matthew Ziegler aurait pu être un tableau intitulé *Le Triomphe*.

— Zoey ? fit la voix de Sally derrière elle.

Le bond qu'elle exécuta l'aurait qualifiée aussitôt pour les Jeux olympiques. Son amie la dévisageait d'un air impassible.

Elle aurait voulu lui montrer la liste pour s'indigner auprès d'elle. Sally aurait trouvé les bons mots pour la faire rire et lui permettre de dédramatiser. Depuis la soirée au Rains Law Room, elles n'avaient échangé que des informations liées au travail. À plusieurs reprises, Zoey avait eu envie d'aller vers son amie et de lui demander pardon. Son visage fermé l'en avait dissuadée.

— Nous avons un souci. Hakeem a eu un accident de voiture.

— Il va bien ?

— Oui, mais il a une côte fêlée. Il ne pourra pas assurer le travail ce soir.

Zoey gémit. Hakeem était son aide-cuisinier le plus efficace parmi les étudiants de l'école hôtelière qu'elle embauchait pour les réceptions. Une fois passé la peur qu'il lui soit arrivé quelque chose de grave, elle comprit l'urgence de la situation. Elle prit son téléphone dans la poche de son pantalon. Le regard de Sally lui laissa peu d'espoir.

— J'ai appelé tous les étudiants avec qui nous avons l'habitude de travailler et aucun n'est disponible.

— Nous ferons sans.

Elle avait parlé de sa voix la plus professionnelle mais elle n'en menait pas large. Chaque rouage était important pour assurer une soirée comme celle-là. Sans la rapidité et la maîtrise d'Hakeem, habitué aux ordres lancés à toute vitesse – qui se résumaient parfois à un seul mot –, le déroulement du cocktail serait semé d'embûches. Pire, de retards.

Elle respira lentement, pour retrouver son sang-froid, et commença à dresser la liste des priorités.

— Nous envoyons tout ce qui n'a pas besoin d'être monté en premier. Tu mets Phil et Becca sur la préparation du chaud, tu remplis les verrines et je m'occupe des soufflés glacés.

Sally hocha la tête, telle un militaire prêt à l'action, et disparut vers les cuisines. Zoey allait lui emboîter le pas lorsqu'elle aperçut Adrian qui entrait.

Il était superbe dans son pantalon de costume gris, sans cravate sur sa chemise blanche, les cheveux toujours un peu fous, sa veste sur le bras. Derrière lui, Marianita passa la porte à son tour, moulée dans une petite robe noire toute simple et perchée sur des hauts talons. Elle déposa un sac week-end en cuir et le rejoignit.

Zoey fondit sur Adrian.

— Adrian ! Il faut que tu me sauves la vie.

— Quel accueil ! Mais je crains fort de ne pas avoir le temps pour ça maintenant.

Elle lui attrapa le bras, ignorant le regard de stupeur de Marianita, et l'entraîna vers la salle.

— Je te jure que si je survis à ce week-end, nous aurons cette conversation. Mais en attendant, et au nom de vingt-cinq ans d'amitié, il faut absolument que tu me fasses gagner du temps.

— Gagner du temps ? Quelque chose cloche ?

— Manque du personnel. Tu te débrouilles comme tu veux, mais il faut que tu sois ahurissant au début de la soirée. Que tu les scotches tellement qu'ils ne pensent pas à manger, tu vois ?

— Je suis toujours ahurissant.

— Arrête de rigoler. Je sais très bien comment se déroule ce genre de soirées. Tu comptais commencer doucement pour ne pas déranger les conversations.

Elle se fit suppliante.

— S'il te plaît, Adrian, je ne te demande jamais rien !

— Tu me demandes tout le temps des trucs. Je ne peux pas changer le programme au dernier moment, Zoey.

— Adrian, il en va de ma vie !

— N'exagère pas.

— Je n'exagère pas.

— Il suffirait d'inverser les deux premières parties, intervint Marianita.

Zoey ne l'avait pas vue s'approcher. La jeune femme souriait. Elle prit le bras libre d'Adrian.

— Allez, Adrian, on ne refuse rien à une femme en détresse… ajouta-t-elle, cajoleuse.

Elle posa sa tête sur l'épaule du jeune homme, suppliante à son tour.

— Il n'y a même pas à changer l'ordre des chansons dans chacune des parties. On commencera une demi-heure plus tôt, c'est tout, continua-t-elle.

— Puisque vous vous y mettez à deux, ronchonna Adrian. Bien, Zoey. Mais tu m'en devras une belle. Tu sais que je déteste les changements de dernière minute.

— Merci, merci, merci !

Elle lui aurait sauté au cou, si elle n'avait pas risqué, par la même occasion, de se retrouver nez à nez avec Marianita. La splendide Brésilienne détacha son bras de celui d'Adrian et lui déposa un baiser sur la joue. Adrian sourit, gêné.

— Je dois y aller, marmonna Zoey.

Décidément, elle détestait cette intimité entre eux qui lui rappelait la leur. Marianita se conduisait exactement comme si elle le connaissait depuis des années.

Irritée, elle les laissa là, marchant d'un pas décidé, mais mesuré, pour traverser la salle. Quand elle se fut assurée qu'elle n'était plus en vue de personne, elle piqua un sprint vers les cuisines.

Becca et Phil étaient déjà aux fourneaux, tandis que Sally alignait des verrines sur un plateau. Elle contempla le décor, évaluant d'un regard rapide tout ce qu'il restait à faire. Sally avait installé son matériel sur le plan de travail à l'opposé du sien, près des fours. Elle sentit une boule de panique se former dans son ventre. Les soufflés chaud-froid exigeaient un timing particulièrement serré, à la seconde près. Sans Hakeem pour la seconder, elle n'était pas certaine d'y arriver. Sally ou Becca aurait pu l'aider, mais il faudrait leur expliquer chaque geste et elle n'avait plus le temps de former qui que ce soit. Elle irait plus vite seule, même si elle savait que ses chances de réussite étaient bien maigres. Si l'ensemble ratait, elle ne pourrait s'en prendre qu'à elle-même. Même si elle n'était pour rien dans la mésaventure qui était arrivée à Hakeem, un chef d'équipe devait assumer ses responsabilités.

Un rire absurde lui chatouilla le nez. Ce n'étaient que des soufflés.

Non.

Ce n'étaient pas que des soufflés. C'était son souci de toujours bien faire, sa réputation et la confiance qu'Adrian avait mise en elle en la faisant embaucher qui étaient en jeu. Assez important pour qu'elle ne flanche pas si près du but.

Les visages de ses assistants s'étaient tournés vers elle. Ils semblaient attendre un ordre, un mot, comme à l'accoutumée. Chacun avait conscience de la précarité de la situation.

Elle se sentit soudain reconnaissante. Ils avaient confiance en elle, quoi qu'il arrive.

— Bien ! Je compte sur chacun de vous pour assurer sa partie. Nous ferons sans Hakeem pour cette fois. Et nous y arriverons parfaitement.

Le regard maussade de Phil et celui, inquiet, de Becca laissaient entrevoir que son speech n'était pas des plus convaincants.

— Ou du moins de notre mieux, continua-t-elle, dans un soupir. J'ai vraiment besoin que chacun de vous donne le meilleur de lui-même. Becca, fais attention à la cuisson de tes miniburgers. Phil, la feijoada au poisson doit mijoter vingt-cinq minutes, pas une de plus. Pendant ce temps, tu peux lancer les légumes à l'huile de sésame. Sally ?

Son assistante cligna des yeux.

— N'oublie pas de remplir les verrines jusqu'aux deux tiers seulement.

— Pas de souci.

Sans plus attendre, elle s'attela à sa tâche.

Elle avait déjà rempli les trois quarts des moules à soufflés lorsque les serveurs arrivèrent pour emporter les premiers plateaux. Elle en arrêta un alors qu'il allait partir vers la salle.

— Est-ce que tout se passe bien là-bas ?

— Les invités sont arrivés. Mais je crois qu'il y a un contretemps dans le déroulement de la soirée.

— Comment ça ? répondit Zoey, en essayant de calmer les accents aigus de sa voix.

— C'est la première fois que je vois une soirée comme celle-ci commencer par un vrai concert. Du coup, personne ne s'intéresse trop à la nourriture.

Zoey soupira de soulagement.

— Merci.

— Ceux qui mangent ont l'air d'apprécier, la rassura le serveur qui avait dû percevoir son anxiété.

Puis il disparut avec son plateau.

Zoey reprit son travail, concentrée. Lorsqu'elle mit les soufflés au four, il était vingt heures trente. Les invités étaient là depuis une heure au moins.

Elle remarqua alors que la valse des serveurs se faisait plus serrée et qu'ils revenaient plus rapidement. Adrian avait tenu sa parole.

La tête de Jorge passa par la porte à double battant.

— Mademoiselle Westwood ? M. Delacruz vous demande.

Oh mon Dieu, non, pensa Zoey, affolée.

Dans son esprit se disputèrent aussitôt la peur d'être congédiée sur-le-champ et celle de ne pas pouvoir terminer les soufflés qui lui avaient pris tant de temps et d'énergie.

— Phil, tu sors les soufflés dans une minute. Tu m'écoutes bien. Tu mets une pression de glaçage sur les bords, surtout pas au-dessus, et tu les envoies directement. Vous, là (le serveur qu'elle héla s'arrêta, sans paraître surpris), vous attendez, vous attrapez un de vos collègues quand il s'en présentera un et vous les apporterez directement en salle.

Elle enleva sa blouse, se recoiffa machinalement et se hâta derrière Jorge qui lui faisait des gestes pressants.

— Pourquoi veut-il me voir ? demanda-t-elle, alors qu'ils entraient dans la salle.

— Il tient à vous féliciter personnellement.

— C'est un peu tôt, grogna Zoey. J'ai encore du travail.

— Vous voulez que je lui explique ? Devant ses invités ?

Le sourire aimable de Jorge s'était soudain chargé d'une tension inquiétante.

— Non, pas la peine, balbutia Zoey, tout en se disant qu'elle n'aurait jamais pu faire ce genre de métier.

Elle aurait sans doute envoyé paître le premier diplomate qui se serait permis de lui donner des ordres et, de toute façon, elle aurait fait un nombre de gaffes incalculable. Ou, plus vraisemblablement, aurait été renvoyée à la première.

La salle emplie d'invités exprimait tout son potentiel. Les lumières avaient été baissées, donnant à la pièce une impression de convivialité chaleureuse. Sur son estrade, Adrian jouait un air de jazz assez lent, seul à son piano. Elle l'avait vu des centaines de fois et, pourtant, elle le trouvait toujours aussi beau et hors du temps lorsqu'il jouait, à la fois éloigné de ce qu'elle connaissait de lui au quotidien et à l'exacte place où il devait être. Elle lui adressa un sourire, émergeant droit de leur passé, qu'elle n'adressait jamais qu'à lui depuis l'enfance, et qu'il ne vit pas, puis continua à progresser vers le fond de la salle.

Un groupe d'hommes habillés sobrement et regroupés sur les canapés semblaient faire partie d'une des équipes qui venaient participer à la compétition amicale de football du surlendemain. Elle reconnut, dans un coin, les musiciens qu'elle avait entraperçus au Raines Law Room quelques jours auparavant. Ils riaient avec entrain, entourant Marianita visiblement aux anges, minaudant plus que jamais.

Jorge la guida jusqu'au buffet, où Luis Delacruz, un verre à la main, discutait d'un air engageant avec un homme imposant, aux cheveux gris, et un autre, plus sec, à la coupe presque militaire, qui devait être l'entraîneur de l'équipe, Gilberto Da Costa. Le premier était certainement l'attaché du ministère de la Culture. À leurs côtés, Matthew Ziegler les écoutait avec intérêt, une expression sérieuse plaquée sur le visage.

En le voyant ainsi, adossé à un fauteuil, dans une pose nonchalante, Zoey crut que son cœur allait s'emballer. Elle pria le ciel de ne pas rougir, de ne pas bégayer et d'éviter de lui jeter des regards appuyés, ce dont elle se sentait incapable, tant il lui semblait attirant. Elle devait se retenir ! Elle se sentait encore largement humiliée de la manière dont il l'avait plantée en bas de chez elle, comme un vieux yucca dans une arrière-cour de salle des fêtes.

Lorsqu'elle parvint jusqu'à eux, le consul lui sourit puis, d'un geste élégant, la fit entrer dans le cercle.

— Mademoiselle Westwood, M. Branco a voulu vous rencontrer avec un empressement tout à votre honneur.

— J'espère que je ne vous interromps pas, dit l'homme aux cheveux gris, dans un anglais presque dénué d'accent.

— Pas du tout, sourit Zoey, nerveusement. Je suis enchantée de faire votre connaissance.

— Moi aussi. J'ai été étonné par votre feijoada.

— Ah ?

Elle détestait cette expression souvent teintée d'un certain sarcasme. Étonné… C'était comme dire à une mère que son enfant était plein d'énergie, ce qu'on avait beaucoup dit à la sienne, avant qu'elle comprenne que cela signifiait qu'elle était pénible et incontrôlable. En cuisine, être « étonné » par quelque chose revenait à exprimer qu'on avait failli vomir et qu'il avait fallu toute sa bonne éducation pour ne pas le faire.

Elle croisa le regard de Matthew, qui la dévisageait à présent.

— Vraiment ravi, ajouta Rafael Branco qui, malgré son excellent niveau d'anglais, ne maniait pas l'ironie avec autant de facilité qu'elle le pensait. C'est le plat préféré de ma mère. Vous l'avez revisité comme personne.

— J'y ai ajouté des épices à gombo, répondit Zoey. C'était aussi un plat d'esclaves.

Elle se maudit presque aussitôt, se souvenant que certains Brésiliens n'aimaient pas qu'on leur rappelle le passé esclavagiste de leur pays.

Matthew leva un sourcil, au même moment.

— Des plats qui ont l'air simples mais qui ne le sont pas, renchérit Rafael Branco, sans paraître relever sa maladresse. Les épices ne font pas tout, cependant. Encore bravo.

— Je vous remercie.

— M. Delacruz m'avait prévenu de la particularité de ce menu qui est censé représenter nos deux pays. Je ne m'attendais pas à ça en revanche. Quelle est la suite ?

Son expression gourmande laissait entrevoir à quel point il aimait la bonne chère.

— Rafael est un fin gastronome, précisa Luis Delacruz. M. Ziegler mentionnait justement son dernier voyage au Brésil et la finesse de sa propre cuisine.

— Je ne suis qu'un amateur, rétorqua Rafael Branco avec modestie. Et cette suite ?

— Des soufflés, répondit Zoey. Chaud-froid. Rio en été, New York en hiver.

Maintenant qu'elle l'énonçait, son idée lui semblait stupide et simpliste.

— Merveilleux ! s'exclama Luis Delacruz, encourageant.

Elle avait envie de mourir. Voilà qu'il la félicitait comme une gamine qui aurait exhibé un pot en pâte à sel…

— Intéressant en effet, ajouta Matthew.

Sa sobriété agaça Zoey.

— Matthew, mon verre est vide, l'interrompit une voix féminine aux accents chaleureux.

Une main, sur laquelle glissa un jonc en or et diamant, tendit une coupe par-dessus le dossier du critique. Puis la femme qui était restée dissimulée jusqu'à présent se leva de son fauteuil. Elle devait à peine avoir dépassé la cinquantaine et, hormis les petites rides qui avaient creusé le coin de ses yeux, elle ressemblait trait pour trait à la jeune femme que Zoey entrevoyait de l'autre côté de la pièce, au milieu des musiciens.

— Je m'en occupe dans une seconde, Sofia, répondit Matthew.

Il sembla à Zoey que son ton était devenu plus doux. Il prit la coupe vide d'une main et le bras de la femme de l'autre pour l'aider à les rejoindre. Elle portait une robe longue, blanche, qui soulignait sa silhouette parfaite. Ses cheveux noirs avaient été serrés en chignon. Un simple collier plat, en or, accentuait la finesse de son cou. De bien des façons, elle était encore plus belle que Marianita.

— J'ai apprécié votre cuisine, jusque-là, dit-elle, sans un sourire. Mais les soufflés… (Elle agita le doigt, comme un chef d'orchestre sa baguette.) Ils demandent une maîtrise particulière. Mon chef à São Paulo a l'habitude de dire qu'on ne peut pas se targuer d'en être un tant qu'on n'a pas réussi un soufflé et qu'on doit oublier aussitôt la recette. C'est très… comment dis-tu, Matthew ?

— Vintage, précisa Matthew en évitant le regard de Zoey.

Quand il l'affronta enfin, il grimaça une espèce de sourire désolé.

— Vous devez connaître Sofia Alves, qui n'est plus à présenter dans le petit monde de la gastronomie. Sofia, je te présente Zoey Westwood, une jeune chef prometteuse.

Zoey nota la différence notable qu'il faisait entre celle qui n'était plus à présenter et elle, dont la fonction devait être reprécisée. Néanmoins, elle essaya d'avoir l'air le plus convaincu possible. Effectivement, ce nom lui disait quelque chose. Elle devrait demander à Sally, dont elle entendait déjà la voix exaspérée quand elle lui répondrait : « Sofia Alves ?! Zoey, j'espère que tu n'as rien dit de… »

— Je suis désolée d'être aussi franche, dit Sofia. J'ai l'habitude des chefs. Je sais comment ils aiment qu'on leur parle.

— Alors, vous devez aussi savoir qu'il vaut mieux goûter la cuisine d'un chef avant d'émettre un avis sur ses choix.

Matthew avait l'air de vouloir rentrer sous terre. Zoey vit sa main, qui n'avait pas quitté le bras de la femme, le presser légèrement, comme s'il l'enjoignait au calme. Ce geste d'intimité la mit définitivement hors d'elle. Ce n'était pas une simple répartie. C'était la déclaration de guerre d'une rivale.

— Matthew m'avait dit que vous aviez le caractère d'un vrai chef, ajouta Sofia.

— Je vous remercie de l'avoir testé, riposta Zoey. À défaut de l'avoir fait pour mes soufflés.

Le nez de Sofia frémit et ses yeux noirs dardèrent des éclairs sur elle. Pourtant, contre toute attente, elle pencha la tête et répondit, en riant :

— Vous avez raison. Matthew me dit souvent que je manque de mesure.

— Qualité qu'il possède jusqu'à la contrition, lança Zoey.

— Je n'ai pas le même avis, rit soudain Rafael Branco. Je me souviens de cette soirée à Rio où…

— Je vous en prie, cher Rafael, l'interrompit Matthew. Vous n'allez pas dévoiler ce souvenir gênant.

— J'en ai de bien pires, intervint Sofia.

Elle passa sa main dans les cheveux de Matthew avec un geste tendre qui les laissa ébouriffés.

Mais qu'est-ce que c'est, cette habitude de se toucher en public ? grinça Zoey intérieurement, en refoulant aussitôt les images de Matthew et elle s'embrassant en pleine rue.

— Tu te souviens de cette escapade à Bahia ? continua-t-elle.

Rafael Branco émit un petit rire, les yeux brillants de complicité. Matthew esquissa un sourire.

Zoey hocha la tête aussi poliment qu'elle put, pour donner l'impression qu'elle s'intéressait à la conversation. Intérieurement, elle avait envie de hurler d'exaspération. Non seulement, il avait eu le mauvais goût de venir accompagné de sa maîtresse, qui était visiblement son exacte opposée, mais celle-ci entreprenait de rappeler à quel point ils étaient intimes.

Très vite, elle n'écouta plus. Du coin de l'œil, elle voyait passer les serveurs portant les soufflés sur leurs coupelles et compta mentalement le temps qu'il lui faudrait pour monter ses choux et les présenter pour le dessert. Elle avait perdu le fil de la conversation lorsque la voix de Matthew s'éleva au-dessus des autres.

— Nous ne voudrions pas garder Mlle Westwood plus longtemps, dit-il. Elle a sans doute encore beaucoup à faire. Vous savez ce que c'est la cuisine.

— Je vous ai retenue, s'excusa Rafael Branco. Je me suis laissé emporter par mon enthousiasme. Je vous remercie de votre temps, mademoiselle, et j'attends la suite avec une grande impatience.

Sofia Alves se contenta d'acquiescer, bonne perdante. Zoey balbutia un merci et s'esquiva le plus rapidement possible.

Alors qu'elle allait atteindre le couloir des cuisines, une main l'arrêta. Marianita se planta devant elle.

— J'ai vu que vous avez parlé à ma mère.

— C'était votre mère ? répondit Zoey, sans conviction, l'esprit déjà occupé par la suite des opérations.

— Oui. Je ne suis pas ravie qu'elle soit venue. Elle ne voulait pas à l'origine. Ce Matthew Ziegler l'a convaincue.

La façon dont elle avait prononcé son nom en disait long sur son avis. Zoey nota avec intérêt que la jolie Brésilienne s'était exprimée avec moins de jovialité que les fois précédentes.

— Je ne sais pas ce qu'elle vous a dit mais je m'en excuse par avance. J'ai vu votre tête. Ma mère peut être d'une grossièreté épouvantable et d'une faiblesse absolue. Je n'arrive pas à croire qu'elle entretienne encore une relation avec lui.

Elle avait craché le dernier mot, ne laissant aucune place au doute sur la « relation » que sa mère et Matthew entretenaient.

Elle doit être assez perturbée par le fait que sa mère sorte avec quelqu'un qui est à peine plus âgé qu'elle, songea Zoey, oubliant un instant qu'elle parlait de l'homme auquel elle avait songé pendant trois jours, avec un mélange de colère et d'attirance, aussi irrépressibles l'une que l'autre.

Puis elle se rendit compte de l'absurdité de la situation. Elle discutait de Matthew avec Marianita, qui semblait elle-même être la maîtresse d'Adrian avec qui…

J'ai vraiment autre chose à penser là, maintenant ! hurla-t-elle mentalement.

— Quand je pense au mal que… qu'il… continua Marianita. Bref, je suis navrée.

— Il n'y a vraiment aucun souci, rétorqua Zoey, au comble de l'agacement. Je ne suis pas vexée et je dois retourner en cuisine. Nous aurons l'occasion de reparler bientôt.

— J'espère, oui, répondit la jeune femme avec un sourire charmant. Il y a un autre sujet quc je voulais aborder avec vous.

— Une autre fois, d'accord ?

Elle se sentait proche de l'explosion. Sans prendre congé, elle la planta là et courut vers les cuisines.

Sally semblait elle aussi au bord du désespoir. Becca et Phil s'activaient en se hurlant des ordres, exactement comme Zoey l'aurait fait, si elle avait été là.

— C'est la cata, murmura Sally. Où étais-tu ?

Zoey se retint de lui aboyer au visage. Au moins, elle avait quitté son air d'employée blessée pour redevenir Sally, telle qu'elle la connaissait.

— Je résistais à un assaut du Brésil, répondit-elle. Je m'y remets.

— On aurait dû préparer plus de choses à l'avance. On aurait dû prévoir, gémit Sally.

— Prévoir un accident de voiture ? Ce n'est plus de la prévoyance, c'est de la divination ! Allez, on s'y met ? Le reste des desserts est prêt ?

— Si j'aide Becca et Phil, ça devrait aller. Tu peux faire les choux seule ?

— Évidemment !

Elle présumait sans doute de sa capacité à rattraper tout le temps qu'elle avait perdu mais elle était certaine que personne ne pourrait lui reprocher un peu d'enthousiasme forcé.

11

Les gentilles filles énoncent clairement et calmement leur pensée

Une demi-heure plus tard, elle eut la confirmation qu'elle avait été trop optimiste. L'appareil qu'elle avait testé en début de semaine n'avait pas été transporté auparavant. Les différences de température l'avaient éprouvé, malgré toutes ses précautions. La texture de la crème, trop lisse, l'empêchait d'être aussi rapide qu'elle le voulait. À ce rythme-là, elle n'aurait jamais le temps d'assembler la pièce montée et de la fixer. Elle aurait dû la commencer une heure auparavant.

Les serveurs se succédèrent pour emporter les derniers plateaux de petits-fours salés. À leurs regards insistants, elle mesura l'étendue des dégâts. Certains semblaient paniquer, d'autres exprimer une désapprobation moqueuse.

Au centième chou, elle s'appuya sur le plan de travail. Rien ne se déroulait comme prévu. Elle s'attendait à de petits accrocs – il y en avait toujours – mais pas à ce désastre, tant dans sa cuisine que dans la salle où elle avait été doublement humiliée.

Sentant une présence à ses côtés, elle tourna la tête, et vit Matthew qui retroussait les manches de sa chemise d'un geste parfaitement naturel, comme s'il avait toujours fait partie de l'équipe. Sally lui jeta un regard interrogateur de l'arrière de la cuisine, auquel elle répondit par un haussement d'épaules circonspect.

— Je peux savoir ce que vous faites ? demanda-t-elle.

— Manifestement, je vais fourrer des choux, répondit-il, avec une intonation amusée. Nous vous avons retardée.

— Vous êtes donc venu me donner un coup de main en compensation ?

Il prit une douille et se mit au travail, l'air concentré.

— Non, j'étais venu m'excuser pour l'attitude de Sofia.

— Écoutez, c'est très gentil, mais je n'accepte pas les amateurs dans ma cuisine, rétorqua Zoey, de son ton le plus méprisant.

Il laissa un début de rire s'échapper.

— Si vous aviez su qui était Sofia Alves, ce qui n'était pas le cas, mais ce que nous avons tous fait semblant de croire, vous sauriez qu'elle est la propriétaire de quatre des meilleurs restaurants du Brésil. J'ai fait mon apprentissage chez elle.

— Vous avez appris à cuisiner ? s'étonna Zoey.

— Oui, mais je n'ai jamais réussi un soufflé. J'ai appris à cuisiner parce qu'un bon critique doit savoir de quoi il parle de façon très concrète, n'est-ce pas ? Regardez, je ne m'en tire pas trop mal. Maintenant, taisez-vous et mettez-vous au travail. Nous perdons un temps précieux.

Zoey ouvrit la bouche pour répondre mais constata en effet qu'il s'en sortait plus qu'honorablement.

Presque aussi bien que Hakeem, dut-elle admettre.

Durant la demi-heure qui suivit, ils n'échangèrent que quelques mots. Zoey donnait des ordres, oubliant à qui elle s'adressait. Matthew les suivait et parfois même les devançait.

Zoey regarda la pièce montée de choux « caïpirinha » partir, transportée par trois serveurs. Elle ne s'était jamais sentie aussi fatiguée et énervée à la fois. Elle ne parvint pas à éprouver le moindre soulagement, même quand Becca, Phil et Sally exprimèrent bruyamment leur enthousiasme d'avoir terminé, alors qu'ils apportaient les plateaux de petits-fours sucrés sur la desserte pour que les serveurs s'en emparent.

Près d'elle, Matthew s'appuya sur le plan de travail, bras croisés.

— Je dois aller présenter le dessert, murmura-t-elle d'une voix exténuée.

— Je vous en ai dispensée. Ils voulaient vous voir, ils vous ont vue. Je crois que vous avez besoin d'une petite pause, d'un peu d'air frais et d'une coupe de champagne. Vous permettez ?

Sans attendre de réponse, il se dirigea vers l'un des frigos, en sortit une bouteille et prit deux coupes dans une caisse au passage.

— Allez, dit-il en la poussant doucement vers la porte. Vous le méritez.

— Oui, vas-y, lança joyeusement Sally, avec un clin d'œil. Nous nous débrouillons du reste.

Zoey lâcha prise. Elle avait besoin de boire quelque chose et de sortir de cette cuisine surchauffée. Elle sentait la sueur lui coller les cheveux, à la lisière des tempes.

L'air frais lui fit du bien. Elle s'adossa au mur de l'arrière-cour. Du moins, elle le voulut mais s'y affala, complètement épuisée.

— Enlevez cette blouse, vous devez mourir de chaud, dit Matthew, en versant du champagne dans les coupes.

Il lui en tendit une, alors qu'elle laissait tomber sa blouse le long de ses hanches.

— Bravo. Vous les avez conquis. Pourtant, Rafael Branco est un homme difficile en matière de gastronomie.

— Ce n'était pas le principal intérêt de la soirée, commenta Zoey.

— Non, mais ça y a participé. Pour les autres, je ne sais pas, mais c'était important pour les gens à qui vous avez été présentée. Ça, et le concert de votre ami.

Il avait appuyé le mot « ami ».

— C'était excellent, ajouta-t-il.

Zoey vida sa coupe comme s'il s'agissait d'un verre d'eau et la tendit à Matthew. Il sourit, avant de la resservir.

— Moi qui pensais avoir une chance de vous voir sobre…

— Moi qui pensais avoir une chance de vous voir honnête, répondit-elle du tac au tac.

Il la dévisagea, surpris.

— Sincère, tout au plus, rétorqua-t-il, avec une moue soudain désabusée. J'ai vraiment apprécié sa musique. Presque autant que votre sens de la répartie.

Elle se mordit la lèvre pour ne pas répondre. Si près de lui, elle avait envie de le gifler, de lui sauter dessus et de lui lancer sa coupe au visage, en même temps que le prénom de Sofia.

Mais ça aurait été lui montrer tout l'intérêt qu'elle lui avait accordé ces derniers jours. Il était assez suffisant comme ça.

— J'ai apprécié cette soirée, répéta-t-il.

À le voir la contempler comme il le faisait, de façon si intense qu'elle crut que l'air s'était épaissi entre eux, elle douta de sa propre assurance.

— Surtout le moment où vous avez failli jeter votre gant à la tête de Sofia Alves, insista-t-il.

— Je n'ai jeté mon gant à la tête de personne, répondit-elle, incapable de détacher les yeux du mouvement de ses lèvres.

— À votre place, je l'aurais fait. Vous êtes au fond la plus mesurée de nous tous. L'enjeu était dérisoire.

Elle soupira et lui fit face.

— Est-ce que pour une fois, vous pourriez être clair ? Je ne comprends rien à ce que vous me dites. Écoutez, je vous remercie vraiment pour votre aide et pour vos encouragements sur mes capacités sociales mais j'aimerais que…

Elle n'eut pas le temps de finir sa phrase. Il l'avait prise par les bras et attirée vers lui. La seconde d'après, il l'embrassait. Elle se laissa aller à son baiser. Il la fit pivoter doucement et la plaqua contre le mur. Le contact de la pierre lui rendit un peu de raison et un sursaut de fierté. Elle le repoussa des deux mains.

— C'est hors de question ! s'exclama-t-elle. Vous m'avez déjà fait le coup.

Il eut une expression désemparée.

— Quel coup ?

— Vous m'embrassez sans me demander la permission et vous me collez contre un mur.

— C'était moi qui étais collé au mur la dernière fois. Quant aux permissions d'embrasser… Voulez-vous signer une décharge ? Ça peut s'arranger, conclut-il.

Il avait l'air franchement amusé par cette perspective.

— Je ne vous trouve pas drôle ! tonna-t-elle. Ça fait une semaine que je vis des situations complètement idiotes et vous y avez grandement participé. Je ne sais pas si ça vous excite d'embrasser des filles que vous connaissez à peine et de vous tirer après sans même une explication, mais ça ne se passera pas comme ça cette fois-ci.

— Ce n'est pas vraiment ce qui m'excite, gronda Matthew à son tour. Je n'embrasse pas des filles que je connais à peine, habituellement.

— Non, effectivement. Les autres, vous les fréquentez. C'est le bon terme, n'est-ce pas ?

— Si vous parlez de votre cousine…

— Ne parlez pas de ma cousine ! Surtout pas d'elle !

— Je ne la fréquente plus.

Zoey eut un moment de stupeur, suivi d'une sourde satisfaction puis d'une franche colère. Elle dut avoir l'air totalement ridicule et comique, car Matthew sembla retenir un rictus.

— Qu'est-ce que vous entendez par « je ne la fréquente plus » ?

— Elle m'a été présentée par des connaissances communes, mais j'ai vite compris que je n'irais pas plus loin. Votre cousine est charmante, très jolie et parfaitement bien élevée, mais ce n'est pas le genre de femmes avec qui je me vois avoir une relation.

— Vous avez été présenté à sa famille !

— En tant que simple cavalier, ce que j'étais. Elle m'a demandé de l'accompagner, j'ai accepté.

— Vous allez souvent à des fêtes de famille en tant que simple cavalier ?

Il baissa la tête, visiblement embarrassé.

— J'avais d'autres raisons de venir. Des raisons dont je ne peux pas vous parler, là.

— Vous êtes décidément plein de mystère… Et Sofia Alves ?

— Quoi, Sofia Alves ?

— Vous la fréquentez ?

La colère lui crispa soudain le visage.

— Est-ce que vous allez me demander des comptes ? La relation que j'ai avec Sofia est personnelle ! conclut-il d'un ton offusqué.

Elle se força à rire.

— Il y a une minute, vous aviez votre langue dans ma bouche, mais ça, ce n'est pas du tout personnel.

— Pour commencer, je n'avais pas ma langue dans votre bouche, et quitte à continuer dans cette voie pleine de délicatesse, croyez bien que je le regrette. Ensuite, c'est la première fois qu'une femme avec qui je n'ai jamais couché me fait une scène.

— Ça n'a rien d'étonnant, il ne doit pourtant pas y en avoir beaucoup à New York. Je comprends pourquoi vous voyagez autant.

— Vous devenez vraiment injurieuse, répondit-il, la mâchoire serrée.

— Vous avez fini de l'être.

Elle s'élança vers la porte.

— Je vous remercie de m'avoir montré l'étendue de vos talents, lâcha-t-elle. Pour ce soir, je vais me contenter de ceux que vous développez dans une cuisine.

De son pas le plus royal, elle le laissa là, blême de rage et muet.

Elle était à peine rentrée que Sally s'avançait vers elle, joyeuse.

— Je suis venue te chercher, on te demandait dans la salle. C'est un succès. Du début jusqu'à la fin. Nous pouvons tous nous féliciter.

Sally eut un rictus malicieux.

— Quand je suis sortie, tu étais introuvable, continua-t-elle, une lueur railleuse dans le regard. Tout ce que j'ai vu, c'est le dos de Matthew Ziegler. Je n'avais jamais remarqué qu'il avait quatre bras.

Derrière elle, les deux commis étouffèrent un rire dans leurs casseroles.

12

Les gentilles filles disent merci

— « Une cuisine inventive qui n'hésite pas à se détacher des classiques pour mieux y revenir, un parfait mélange de sensualité brésilienne et de franchise américaine… »

La voix de Sally explosa en sonorités ravies.

— Est-ce qu'il parle de ta cuisine, Zoey ?

Zoey leva les yeux au ciel.

— Laisse-moi tranquille avec le stupide article de Matthew Ziegler, tu veux ?

— Un début prometteur, bien que Zoey Westwood eût beaucoup à apprendre sur la subtilité des plaisirs de la bouche.

— Il a écrit ça ? hurla Zoey, en arrachant le journal des mains de son amie.

— Bien sûr que non, répondit Sally en riant. Tu deviens complètement débile dès qu'on aborde le sujet Matthew Ziegler, tu sais ?

— Ça fait plus d'une semaine que tu me tortures avec ça, maugréa Zoey. Est-ce qu'on peut dire qu'on est quittes ?

— Non. On sera quittes quand je le déciderai.

Sally reprit le journal et se tourna vers son amie.

— Tu aurais préféré celui qu'il a écrit sur le Stan ? « La présence d'un chef en salle est souvent appréciée, sauf quand celui-ci passe plus de temps à faire des effets de cheveux qu'à s'inquiéter de ses clients qui attendent depuis une demi-heure un ceviche de gambas au gingembre et cranberries. La téléréalité aura décidément fait beaucoup de mal à la cuisine – et vice versa – mais, contrairement à mon repas, c'est elle qui a commencé. » Tu vas devoir lui écrire un mot pour le remercier.

Zoey laissa tomber son front sur le comptoir.

— Plutôt mourir, grogna-t-elle.

— Rapports professionnels obligent. C'est très susceptible, un critique.

— Sally, je lui ai dit d'aller se faire voir. Nous sommes au-delà de la susceptibilité.

L'assistante se leva pour se diriger vers la machine à espresso et remplit le réservoir d'eau.

— Pas à moi, Zoey… J'ai vu les regards que vous vous lanciez quand il est venu dans la cuisine. C'était… brûlant.

— J'ai failli le gifler. Je ne plaisante pas, Sally. Ce type est un séducteur absolument infect. Il a planté Tina.

— Ce qui prouve juste qu'il a du goût. Tu es bien plus sexy que Tina.

Cette idée plongeait Zoey dans une étrange satisfaction, cependant.

— Il a une liaison avec une femme qui a presque l'âge de sa mère, ajouta-t-elle.

— Et après ? Personne ne te demande de l'épouser ! Ça fait combien de temps que tu n'as pas couché avec un homme, exactement ?

Zoey releva la tête. Exactement un an et deux mois. Et coucher était un bien grand mot.

— Est-ce que tu me demandes de coucher avec quelqu'un de notre milieu professionnel ?

— Je te demande de dépasser ça pour coucher avec quelqu'un qui te plaît.

— Toi, tu me demandes de dépasser le fait qu'il est, je te cite, « l'homme qui peut faire et défaire ma carrière » ? Depuis quand te drogues-tu, exactement ?

Sally éclata de rire, avant de déposer une tasse de café devant son amie.

— C'est ma seule drogue connue. Avoue que tu as envie de coucher avec lui et je te lâcherai avec ça.

— Non, je n'ai pas envie de coucher avec lui, mentit Zoey.

L'idée lui évoquait des images insoutenables. Elle revoyait la bouche de Matthew, les mains de Matthew, et le moment où il avait soulevé son top pour la caresser, en pleine rue. Elle se trémoussa sur sa chaise en espérant que Sally ne remarque rien.

— Dans ce cas, je n'ai plus d'arguments, reprit son amie. On sort ce soir et on te fait rencontrer un homme honnête. Enfin, juste ce qu'il faut. Ou alors on va retrouver Josh au Raines Law Room. Entre cœurs brisés, vous devriez trouver un arrangement…

— Très sexy, comme formule, merci. Outre le fait que je ne coucherai pas avec le meilleur ami de mon frère, j'ai l'anniversaire de Nana, ce soir.

— Oh, désolée, j'avais totalement oublié. Tout le monde sera là, je suppose. Adrian aussi ?

— Non, c'est strictement familial.

L'anniversaire de Nana avait toujours lieu au restaurant et, immanquablement, il sonnait le début des vacances pour les Westwood. Fran Westwood considérait cet événement comme une dernière obligation, après les valises et le grand nettoyage de la maison. Le lendemain, les Westwood prenaient l'avion pour la Floride où Joe retrouvait sa famille. Autrefois, Dalton et elle les accompagnaient, mais, à présent, ils invoquaient sans cesse des prétextes professionnels pour éviter cette corvée. Non pas qu'ils n'aimaient pas leur oncle et leur tante Westwood, mais la perspective de passer trois semaines de vacances avec leur mère en pleine représentation dans une belle-famille qu'elle n'avait jamais tout à fait appréciée était au-dessus de leurs forces à tous les deux.

— Cela dit, Zoey, dit Sally, en faisant tourner sa tasse entre ses mains. Même si c'est difficile, tu dois remercier Matthew Ziegler. C'est un article vraiment élogieux et d'autant plus appréciable si ça a mal tourné entre vous. Il s'est montré très professionnel. Fais de même. Sans vouloir te faire la morale, évidemment.

— Si tu ne me faisais pas la morale, je demanderais qu'on te programme un scanner.

— Je t'assure que c'est important. Ça s'appelle communiquer et je crois qu'il n'y a que toi au monde qui ne sache pas le faire correctement, sauf quand il s'agit d'engueuler les gens. S'il te plaît, Zoey, ne ruine pas tous nos efforts.

Elle soupira.

Elle avait cessé de compter le nombre de fois où elle finissait par répondre « je vais le faire » de cette même voix mi-excédée, mi-lassée.

— Tu vas le faire ? demanda Sally, en fouillant derrière le comptoir pour y retrouver les cartes prévues à cet effet.

— Je ne sais pas, répondit Zoey, narquoise.

Sally posa une carte et un stylo devant elle, d'un geste autoritaire.

— Zoey, tu ne me fais pas rire.

— J'ai de vrais problèmes de conscience, tu sais ? On détruit les forêts pour produire du papier. Je ne voudrais pas participer à ce massacre, juste pour satisfaire l'ego de Matthew Ziegler. (Elle porta la tasse à sa bouche.) Je lui enverrai un e-mail.

Elle évita le stylo que son amie venait de lui jeter au visage et savoura son café.

— Tu sais, je suis contente qu'on soit réconciliées, murmura-t-elle au bout d'un moment.

Sally lâcha un soupir exagéré.

— Moi aussi ! Te faire la tête a été la chose la plus éprouvante que j'aie vécue ces derniers temps… enfin si on excepte la…

Elle s'arrêta soudain et rougit.

— La ?

— La soirée du consul.

Zoey fronça les sourcils. Elle savait quand Sally ne lui disait pas la vérité. Ce n'était pas bien difficile, d'ailleurs, quand on avait une amie avec une peau de rousse, encline à rougir à la moindre émotion.

— Il y a quelque chose que tu ne m'as pas dit ? demanda-t-elle, suspicieuse.

— Rien qui vaille vraiment la peine, répondit Sally.

Puis elle partit, avec une certaine précipitation.

Zoey alluma son ordinateur. Par principe et surtout parce qu'elle ne pouvait pas s'en empêcher, elle tapa le nom de Matthew dans le moteur de recherche. Quand son visage apparut, elle eut un petit pincement au cœur, ainsi qu'une vague de chaleur, particulièrement gênante, dans le bas-ventre. Sur toutes les photos, il avait le même sourire professionnel et charmant. Elle nota, non sans une certaine satisfaction, qu'un de ses homonymes était un quinquagénaire chauve et ahuri qui avait l'air d'avoir fait de la prison, puis cliqua sur une des critiques postées en ligne.

« Le No Limit pourrait évoquer un food-concept futuriste à la Blade Runner*, si le propriétaire des lieux n'avait pas décidé de suivre cette mode détestable du lieu-concept où tout est mélangé – et je dis bien mélangé, pas fusionné. Canapés baroques et étagères industrielles, faux lampadaires* XIXe*, rien ne nous aura été épargné dans cet ancien garage aux volumes bien trop réduits pour ne pas rappeler sans cesse les limites du décorateur. La cuisine elle-même, loin de repousser les frontières, vous ramène assez benoîtement aux bases mêmes du restaurant de famille, sans la chaleur ni l'authenticité – à peine la convivialité. De la même façon, on fera un tour du côté des cocktails proposés par Steve Serder, sans aller jusqu'à l'ivresse. La morosité de la carte, alliée à la boursouflure presque*

fongique du lieu lui-même, vous conduira maussade et un peu lourd jusqu'au rectangle bien délimité de votre lit car, au No Limit, on passe à table tard. Sans doute à cause de l'attente interminable durant laquelle le seul endroit où vous pourrez poser vos yeux sans pousser un cri d'horreur est un mur blanc sur lequel Beyoncé aurait posé les mains, sans doute terrassée par l'inanition et le vertige provoqué par la décoration. »

Elle ne put s'empêcher de rire. Il était acerbe, drôle et snob jusque dans le bon sens, exactement ce qu'elle imaginait de lui. Ses critiques lui ressemblaient. C'en était même agaçant. Il avait été acerbe et snob avec elle, sans avoir fait preuve d'autant de bon sens que ça, et plein de cette assurance insupportable des hommes dont le jugement est le métier.

D'un clic rageur, elle ouvrit sa boîte mail.

Cher Matthew ? Trop familier. Cher Monsieur Ziegler… Stupide quand on considère que…

La scène du taxi lui revint en mémoire. La façon dont il l'avait collée contre le siège, tout en cherchant un billet dans sa poche d'une main et en faisant plier ses reins de l'autre…

Elle secoua la tête.

Bonjour. Voilà, bien.

Elle s'interrompit pour réfléchir. Le message devait être bref, poli et distant. Avec des remerciements à l'intérieur.

Je vous remercie de votre article. Trop sec. C'est avec un certain plaisir… oh non, pas avec un certain plaisir…

Elle poussa un grognement exaspéré puis, prise d'une pulsion de rage, tapa furieusement sur le clavier.

« Bonjour. Je vous remercie de votre article élogieux. Je l'aurais d'autant plus apprécié si vous ne vous étiez pas conduit comme un parfait salaud les deux dernières fois où nous nous sommes vus. Vous êtes peut-être un expert en cuisine, mais permettez-moi de vous dire que vous avez encore beaucoup de choses à apprendre en matière de relations humaines. Vous vous servez comme vous l'entendez, sans vous préoccuper de savoir si, moi, j'ai des sentiments à votre égard. Je ne vais pas nier que j'ai envie de vous, même si, à l'heure actuelle, j'aurais plutôt envie de vous mettre mon poing dans la gueule pour m'avoir humiliée, en public et en privé, et m'avoir laissée en plan, dans un tel état que j'ai dû prendre une douche froide en arrivant et que j'ai passé ma semaine à googliser votre nom en vous insultant. Dommage, Internet ne livre pas les menteurs en pâture. »

Elle s'arrêta et gloussa. Évidemment, elle n'enverrait jamais ce mail, mais l'écrire lui faisait énormément de bien. Elle regrettait que Sally ne soit plus là pour rigoler et s'offusquer à la fois, avant de lui suggérer d'autres formules bien senties.

« Sachez que je n'ai pas trouvé votre façon de faire inventive ni novatrice et que vos baisers ne se détachent certainement pas des classiques pour mieux y revenir. Zoey. »

Elle relut l'ensemble, soulagée. Puis elle sélectionna le texte pour l'effacer. La porte de la boutique s'ouvrit à ce moment-là. Elle referma précipitamment l'ordinateur.

Ce n'était pas Sally mais Gabriella. La jeune femme poussait son énorme ventre en avant, sous un plat non moins énorme, qu'elle portait à bout de bras.

Zoey se précipita pour l'en délester.

— Ce sont des *agnolotti* pour ta grand-mère, précisa Gabriella.

— Gabriella, c'est adorable ! s'exclama Zoey, en posant le plat sur le comptoir. Tu n'oublies jamais l'anniversaire de Nana !

— Je n'oublie pas que c'est grâce à ta grand-mère que notre restaurant a commencé à marcher.

— Tu exagères ! Nana n'a fait que diffuser tes recettes.

— Laisse-moi payer mes dettes, répondit la jeune femme en riant. Quand je le peux encore. Une fois ce bébé mis au monde, j'aurai moins le temps.

Zoey jeta un coup d'œil sur le ventre de sa voisine. Elle semblait prête à accoucher, alors qu'elle n'était enceinte que de six mois.

— Tu es sûre que ce ne sont pas des jumeaux ? Assieds-toi une minute.

Gabriella regarda le tabouret d'un air désolé, puis choisit un des sièges qui servaient aux clients, plus accessible.

— Crois-moi, si je n'avais pas vu ce bébé à l'échographie, je penserais que ce sont des triplés.

Avant de porter l'héritier, Gabriella avait été une jeune femme gracile et vive, aux gestes rapides et au babillage gai et volubile. À présent, elle avait un visage épuisé, aux traits marqués, et la chaleur autant que la grossesse l'alourdissaient de façon significative. Même ses cheveux, quelques mois auparavant d'un brun auburn brillant et profond, semblaient désormais ternes et tristes.

— Ne tombe jamais enceinte, recommanda-t-elle. Je suis laide à pleurer. Qu'on ne me dise plus jamais que c'est une bénédiction. Je déteste tout le monde et particulièrement les femmes enceintes que je croise et qui resplendissent. C'est la dernière fois que je fais ça !

Zoey lui servit un verre d'eau.

— Je ne me reconnais plus. Je dispute sans cesse Orlando qui passe son temps à me dire que je suis magnifique et à s'extasier sur tout. C'est horrible, j'en viens à me demander si je ne vais pas détester ce bébé, à force.

— Bien sûr que non ! Je suis certaine que tu oublieras tout ça une fois qu'il sera là.

Gabriella esquissa un faible sourire.

— C'est ce que ma mère me dit aussi. Elle m'avait aussi dit qu'aller chez le dentiste ne faisait pas mal. Et toi, comment vas-tu ?

— Plutôt bien. Beaucoup de travail.

Gabriella soupira.

— Mon Dieu, raconte-moi quelque chose de plus attrayant ! Je suis enceinte, pas morte ! Laisse-moi imaginer que ta vie de célibataire est plus excitante que la mienne.

— J'ai bien peur que non, désolée.

Gabriella fit une moue dubitative puis se leva en s'appuyant sur le dossier de la chaise.

— Eh bien, je pars, puisque tu n'as rien d'intéressant à me dire. Oh, je suis désolée pour mon humeur… je suis totalement odieuse ! Embrasse Nana pour moi.

— Avec plaisir, sourit Zoey. Fais attention en rentrant.

Gabriella leva un sourcil.

— Je vais jusqu'à la porte d'à côté, fit-elle remarquer. Mais tu as raison, il ne faudrait pas qu'un employé de la voirie m'attrape. Il risquerait de me confondre avec les encombrants.

Elle lui fit un signe de la main et sortit, la laissant seule.

Zoey s'étira. Il lui restait une heure pour prendre sa douche, s'habiller et se rendre dans le restaurant où la famille devait se retrouver pour l'anniversaire de sa grand-mère. Elle était plutôt contente de ces retrouvailles, ne serait-ce que parce qu'elles étaient associées à des souvenirs agréables. Le repas se déroulait toujours dans une certaine gaieté, Nana entendant être fêtée à sa mesure. Ces soirs-là, même Tina et Fran se tenaient à carreau, pour jouer à la perfection le rôle de la famille idéale.

Elle aussi avait besoin d'une vraie soirée de relâche.

Elle laissa là son ordinateur et les dossiers en cours puis ferma la boutique, après avoir vérifié que toutes les lumières étaient éteintes.

13

Les gentilles filles font honneur à leur famille

Le restaurant choisi par Nana cette année répondait aux mêmes critères que ceux des années précédentes : joli décor, excellente carte, non moins excellente carte des vins.

Zoey s'arrêta à l'entrée pour savourer la vue qu'elle avait sur la salle, aux proportions raisonnables, ni trop grande ni trop petite. Les tables rondes et ovales, recouvertes de nappes blanches, étaient disposées autour d'une autre, rectangulaire, sur laquelle trônaient cinq énormes vases, garnis de fleurs blanches également.

Sobre et chic.

Un maître d'hôtel l'accueillit et, sans ciller, lui prit l'étole rouge qu'elle avait apportée plus pour le style que pour se réchauffer, la soirée étant presque caniculaire. Pour faire honneur à Nana qui aimait l'élégance par principe personnel plus que par convention sociale, elle s'était acheté pour l'occasion une combinaison gris clair, sur laquelle s'entrelaçaient des fleurs de cerisier en fil de soie ton sur ton, qu'elle avait assortie à des sandales très simples, dont les lanières lui encerclaient délicatement la cheville. Elle avait laissé ses cheveux lâches, retenus çà et là par un fin bandeau de soie grise. À son cou, un collier en argent, orné de deux plumes bleues, apportait une petite touche joyeuse à l'ensemble.

Le maître d'hôtel l'accompagna à la table que Fran et Joe avaient réservée. Comme d'habitude, Nana était entourée de ses deux filles, elles-mêmes à côté de leurs maris. À la gauche de Joe, Dalton, superbe dans son costume gris et sa chemise bleue – sans doute une « suggestion » musclée de Fran –, fit un geste à sa sœur pour lui indiquer la place vide à côté de lui.

Zoey se plaça à côté de Tina, qui avait troqué son tailleur quotidien et sa queue-de-cheval pour une petite robe blanc et vert et une tresse sur le côté qui faisait ressortir la fragilité de sa nuque.

« Votre cousine est charmante et très jolie », répéta la voix de Matthew Ziegler dans son esprit.

Le sourire hypocrite avec lequel elle la regardait s'asseoir l'était bien moins. Une autre place vide attendait la grand-tante Vic.

— Voilà enfin mon héritière ! lança Nana, une lueur vive dans le regard.

— Si les dés sont déjà jetés, je ne vois pas l'intérêt de devoir subir un autre dîner en ta compagnie, répondit Dalton, hilare.

— Dalton ! s'exclama Fran qui prenait tout au pied de la lettre, tandis que Joe souriait.

— Tu es particulièrement désagréable, depuis que tu es avocat, Dalton, répondit Nana, pince-sans-rire. Ne t'inquiète pas, à ma mort, tu ne seras pas lésé.

Il te restera le souvenir de tout cet amour que je t'ai donné.

— Est-ce qu'on peut s'acheter une Porsche avec de l'amour ? demanda Dalton, sur le même ton.

— Oui, mais tu as choisi une autre carrière, il me semble, rétorqua sa grand-mère, avant d'éclater franchement de rire.

— Maman ! s'écrièrent en même temps Fran et sa sœur Babeth.

— Ne faites pas comme si vous ne connaissiez pas mon humour.

— Nous ne le connaissons que trop bien, figure-toi, grinça Fran. Tu l'as transmis à tes petits-enfants. Pourrions-nous éviter de nous faire remarquer ?

— Où serait le plaisir de dépenser autant d'argent, si ce n'était pas pour nous faire remarquer ? souffla Zoey.

Elle croisa le regard de sa grand-mère et y lut une approbation amusée. Tante Vic apparut à cet instant, dans une robe chic, mais d'un autre temps, brodée de sequins étincelants. Elle embrassa chaleureusement Zoey.

— J'étais aux toilettes, précisa-t-elle.

Fran Westwood leva les yeux au ciel. Elle semblait au supplice.

— Tu ne perds jamais les bonnes habitudes.

— On juge un restaurant à ses toilettes, voilà ce que ton arrière-grand-père nous a appris.

— Et ton verdict ?

— Acceptable, rit la vieille dame avant de s'adresser à Zoey. Comment vas-tu ? Es-tu venue seule ?

— Avec qui voudrais-tu que je vienne, Tante Vic ?

— Assieds-toi, Victoria, gronda Nana, autoritaire.

La vieille dame obéit, comme elle le faisait depuis soixante-quinze ans, lorsque sa sœur lui donnait un ordre. Elle prit place entre Tina et Malcolm et entreprit de faire la conversation à son neveu par alliance.

Zoey concentra son attention sur la carte, qu'un serveur venait d'apporter.

Dalton ne lui avait pas adressé la parole et se gardait bien de le faire, tourné vers leur père et occupé dans un entretien à voix basse que recouvrait la discussion, plus animée, de Fran et de sa sœur avec leur mère. L'oncle Malcolm avait déjà l'air de s'ennuyer à mourir. Tout était normal.

— Alors, cette soirée au consulat ? demanda soudain Tina, que Zoey s'était contentée de saluer rapidement.

Zoey connaissait les rouages de la conversation de Tina durant les anniversaires de Nana. Ne pouvant ouvertement provoquer un nouveau conflit dans la guerre froide qu'elles se livraient depuis trente ans, elle commençait toujours par s'enquérir de ses nouvelles, avant de trouver une occasion de lui balancer une vacherie de demi-mot, en général sur sa carrière.

Elle pouvait se permettre de la snober sur ce terrain. Tina travaillait dans l'immense entreprise de son père dont la principale activité était de racheter des sociétés pour les remettre sur pied puis les revendre ou les liquider, selon leur état. Elle avait un poste de directrice des achats dans l'une des filiales.

Un métier pour le moins rébarbatif et que Zoey se targuait de trouver moralement douteux.

La vie amoureuse était un terrain plus glissant pour Tina, en revanche. Zoey était persuadée qu'elle cherchait tellement le mari idéal qu'elle repoussait ses prétendants sur des détails ridicules, comme leur prénom ou la couleur de leurs chaussettes. Elle se souvenait d'un de ses petits amis à la fac, que sa cousine avait quitté parce qu'il aimait le rugby et qu'elle trouvait que c'était un sport sans noblesse.

— Impeccable, répondit Zoey. Et toi, tout roule ?

Elle s'amusait beaucoup à employer les expressions les plus populaires autorisées en pareille circonstance pour agacer Tina.

— Tout va bien, dit sa cousine. Beaucoup de travail. Je sors beaucoup aussi. L'été sert à ça. Je prendrai mes vacances en septembre, cette année. J'ai envie de profiter de l'été indien. Et toi ?

— Je n'ai jamais de vacances en été, c'est la période des mariages.

— Oh, c'est vrai. Ce n'est pas trop déprimant ?

— Non, j'adore New York l'été.

— Non, je veux dire, d'organiser tous ces mariages, alors que tu n'es même pas fiancée.

Première salve. L'attaque manquait de finesse et pouvait s'avérer dangereuse pour l'attaquante elle-même. Tina devait être à cran.

— Ce n'est pas plus déprimant que d'être systématiquement le témoin de ses amies, répondit-elle avec un sourire sans équivoque.

— C'est amusant que tu dises ça ! Laurie m'a demandé d'être son témoin pas plus tard qu'hier !

Deuxième salve. Voilà où elle voulait en venir. Elle s'impatientait. D'habitude, elle attendait le plat de résistance pour passer aux choses sérieuses. Zoey garda son sourire, mais ses mains se crispèrent légèrement sur le menu.

— C'est merveilleux ! répondit-elle, doucereuse. Une nouvelle robe de demoiselle d'honneur. As-tu une idée de la couleur, cette fois-ci ? Rose ? Vert amande ?

— Bleue. Nous irons faire les essayages chez Dior. Ce sera un grand mariage. Je suppose que même toi, tu seras invitée.

Zoey retint une insulte particulièrement imagée.

— Je ne sais pas pourquoi ils nous ont apporté des cartes ! s'écria soudain Nana.

Sa grand-mère la regardait, à présent. Elle avait dû suivre l'échange de loin. Fran et Babeth discutaient entre elles. À leur expression, Zoey savait qu'elles critiquaient quelque chose dans leur coin, probablement le choix de Nana.

— J'ai demandé le même menu pour tout le monde. Vous vous fierez donc à mon jugement. Je n'avais pas envie que l'on passe des heures à choisir. Vous savez que je ne suis guère patiente.

— Vous savez ce que vous voulez, c'est tout, intervint l'oncle Malcolm. Voilà un point commun avec Tina. Elle a également vos yeux. C'est d'ailleurs celle qui vous ressemble le plus, Angelina.

Troisième salve. Immanquablement, l'oncle Malcolm essayait de donner une place plus importante à Tina, qu'il estimait lésée par sa grand-mère, à tous points de vue. Il n'avait pas dû apprécier que Zoey soit appelée « l'héritière » devant eux.

— Tina me ressemble assez, dit Nana, d'une voix douce. Zoey a hérité de mon amour pour la cuisine. Mais celui de mes petits-enfants qui me ressemble le plus, c'est ce petit crétin qui se trémousse sur sa chaise parce qu'il n'a rien à boire.

Dalton releva la tête et rendit son sourire à la vieille dame.

— Tout ça me rappelle les anniversaires à Naples, intervint Tante Vic, sans que, cette fois-ci, personne eût envie de l'arrêter. C'était merveilleux, n'est-ce pas ?

— Oui, murmura Nana, les yeux brillants. Mes parents nous fêtaient toujours comme si nous étions la Vierge Marie en personne… Le restaurant était entièrement décoré de guirlandes de fleurs. Notre tante Tilla préparait son gâteau à la fleur d'oranger, dont je n'ai jamais retrouvé la recette.

— Et la fêtée du jour pouvait siéger en bout de table, ajouta Tante Vic. Papa laissait le restaurant ouvert aux habitués, tout le monde buvait à notre santé. Une fois, j'ai même goûté à du vin blanc !

Elle eut un rire espiègle à ce souvenir. Le regard de Nana s'embua, alors qu'elle regardait sa sœur.

— Même un puceron comme toi avait le droit, dit Nana, avec une pointe de tendresse. Je donnerais n'importe quoi pour revivre une seule de ces minutes… Les parents dansaient… très mal d'ailleurs et nous nous endormions sur des chaises, écœurées d'avoir trop mangé et dansé… Et Papa…

Elle s'arrêta soudain.

— Commandez donc le vin, Malcolm, reprit-elle d'une voix légèrement tremblante. Je sais que vous aimez cela.

— Ton mari a perpétué cette tradition, continua Tante Vic. Les anniversaires que tu as eus ! Quelles fêtes ! Uniques !

— Il était unique, lui aussi, répondit Nana.

Zoey avait toujours regretté de ne pas avoir connu son grand-père, mort d'une crise cardiaque juste avant sa naissance.

— Zoey ressemble tellement à Papa, l'interrompit Fran. Aucune notion de l'argent et une incapacité totale à s'habiller correctement.

— Et le même sens de l'humour, riposta Nana, d'un ton bien moins aimable soudain. Son front également, et cette façon singulière de se prendre les pieds dans le tapis même quand il n'y en a pas.

Zoey rit. Les remarques de Nana à son égard étaient toujours enrobées de tendresse.

— Je n'aime pas tellement que tu brosses un portrait aussi négatif de ton père, Francesca, ajouta Nana à l'adresse de sa fille. Il t'adorait. Je me demande encore pourquoi, quand je t'entends parler de lui en ces termes.

Fran serra les dents.

— Bien, murmura Babeth, en coulant un regard gêné vers le serveur qui s'était approché. Je crois que nous pouvons au moins commander le vin.

Malcolm parcourut la carte en égrenant ses choix de commentaires étudiés, comme à l'accoutumée.

Les conversations allaient à présent bon train. Zoey répondit aux questions de son père sur la soirée du consulat, puis écouta Tante Vic qui régalait Tina du récit d'une journée de bénévolat qu'elle avait faite dans un foyer pour jeunes.

Alors qu'on venait de déposer devant Zoey une cassolette de langoustines dans leur jus de sherry, dont elle savourait déjà le parfum, Dalton lui donna un coup de coude, qui faillit lui faire lâcher sa fourchette.

— Tu es dingue ou quoi ? lança-t-elle, furieuse.

Dans le sillage du maître d'hôtel, Adrian et Marianita se frayaient un chemin jusqu'au fond de la salle.

Nana leur fit un signe de la main.

— Oh, vous ici ? dit Adrian d'un ton mondain.

— New York est décidément un village, siffla Zoey.

Il devait très bien savoir où avait lieu l'anniversaire de Nana. Fran racontait tout à sa mère, surtout quand elle pouvait se faire mousser au passage.

— Asseyez-vous avec nous, les invita Nana.

— Vous avez déjà commencé. Et vous êtes en famille.

— Voyons, gloussa Tante Vic. Tu es pratiquement de la famille !

Adrian baissa modestement les yeux et son sourire donna des envies de meurtre à Zoey. Elle entrevoyait quel genre de message il voulait lui faire passer. Cette idée la rendait à la fois furieuse et triste. Il n'avait pas besoin de se conduire comme un amant qui voulait mettre les points sur les *i*.

Nana adressa un geste au serveur qui apporta deux chaises et les plaça là où elle le lui indiquait, entre Dalton et Zoey. Durant une minute, chacun déplaça son assiette, dans un bazar de raclement de chaises sur le sol et de couverts cliquetants. Le maître d'hôtel arriva précipitamment.

— Ça ne dérangera pas Frédéric, j'en suis certaine, l'informa calmement Nana.

À l'évocation du prestigieux chef français qui tenait le restaurant, le maître d'hôtel se détendit aussitôt et pressa le serveur, sans aucune raison.

— Marianita, asseyez-vous à côté de moi, s'exclama Zoey, avec un sourire engageant.

Elle ne voulait pas être à côté d'Adrian, sans quoi elle serait tentée de lui enfoncer sa fourchette dans la main, comme à l'anniversaire de ses onze ans – pour une sombre histoire de part de gâteau à l'époque. Adrian se dépêcha de s'asseoir sur la chaise qu'elle montrait à la jeune femme, avant d'annoncer, autoritaire :

— Et me priver de ta présence ? Plutôt mourir !

— Ça pourrait bien arriver, murmura-t-elle en inclinant la tête vers lui.

— Ne sois pas méchante, Zoey.

Il lui adressa un regard narquois.

— Qu'est-ce que vous fichez là ? demanda-t-elle, toujours à voix basse.

— Simple coïncidence…

— Je ne te crois pas. Tu as horreur de ce genre de restaurants.

Il haussa les épaules. Près de Zoey, Tina dardait des yeux à la fois admiratifs et envieux sur Marianita. La jeune femme avait mis le paquet. Elle portait une robe d'été à la coupe années cinquante, serrée à la taille et descendant jusqu'au genou, d'un vert qui mettait en valeur son teint doré et ses cheveux noirs. Dalton lui faisait la conversation, de son air le plus courtois, son sourire à la diable dégainé pour l'occasion. De l'autre côté de la table, Fran la regardait du coin de l'œil, le visage impassible.

Comme elle se rappela soudain où elle était et que les oreilles de Tina traînaient à proximité, Zoey décida de taire la remarque offensive qu'elle ruminait à l'égard d'Adrian.

— Nous réglerons ça en temps et en heure, grinça-t-elle.

— Je n'en doute pas une seconde.

Zoey soupira. Elle le connaissait trop bien. Se connaissait également. Aucun des deux ne baisserait la garde.

Et ses langoustines étaient froides désormais.

Elle passa le reste de l'entrée à écouter les convives, maussade. Seules les questions de Tante Vic à Tina lui redonnèrent un peu de baume au cœur. Sa cousine se défendait de la curiosité de la vieille dame comme elle le pouvait, du moins aussi poliment qu'elle le pouvait, sans avoir conscience que Zoey entendait la conversation.

— Et ce jeune homme que tu as amené chez ton oncle et ta tante ? demanda Tante Vic. Il n'est pas là ?

— C'est un dîner intime, fit remarquer Tina, en baissant le ton, probablement dans l'espoir que sa grand-tante fasse de même.

— Tu le vois depuis longtemps ?

— Depuis quelques semaines.

— Il s'appelle Matthew, c'est ça ?

Zoey tressaillit. Tant que son prénom n'avait pas été prononcé, la réalité de la relation qu'il y avait entre Matthew et Tina ne paraissait pas vraiment palpable, même si, selon les dires du critique, rien n'était allé plus loin que quelques rendez-vous.

— Tu vas donc le revoir ? renchérit Tante Vic.

Tina eut une moue songeuse, pour montrer qu'elle n'accordait pas tant d'importance à Matthew Ziegler.

— Oui, sans doute. Nous devons dîner ensemble la semaine prochaine.

— Tante Vic ! s'exclama soudain l'oncle Malcolm. Vous ne m'avez pas raconté votre soirée au Country Club !

Alors que la tante Vic se tournait vers lui, ravie et volubile, l'oncle Malcolm lança un long regard à Zoey. La jeune femme n'aima pas ce qu'elle y lut. Il avait vu qu'elle écoutait la discussion. Pour une raison ou une autre, il en était fâché.

À moins que ce ne soit parce qu'il ne veut pas que ma chère cousine dévoile qu'elle a amené quelqu'un qui ne s'intéresse pas vraiment à elle à une fête de famille, et qu'elle l'a présenté comme s'ils étaient un couple, l'air de rien.

Peu lui importait. Matthew et Tina devaient se voir la semaine d'après. Pour quelle raison ? Rompre, peut-être, comme il le lui avait affirmé.

« Je ne la fréquente plus. »

Qui prenait le temps de rompre une relation de quelques dîners en tête à tête ?

Peut-être que tout le monde ne fait pas comme Spencer… pensa-t-elle amèrement. *Ou peut-être qu'on ne rompt pas par mail avec une fille comme Tina. Alors qu'avec moi, si.*

Le plat de résistance arriva. Lorsque le serveur déposa devant elle une sole aux pistaches et aux amandes, Zoey réfléchissait encore. Adrian se pencha vers elle. Son visage était particulièrement engageant.

— Tu es bien calme, fit-il remarquer.

— Je suis très souvent calme.

Il leva les yeux au ciel.

— Quand tu dors. Et encore !

— Je savoure mon dîner. Délicieux, n'est-ce pas ? Tu étais déjà venu ici avec Marianita ?

— Je ne sors pas beaucoup avec Marianita.

— Oh, je vois.

Ils devaient préférer rester enfermés dans une chambre.

— Ce n'est pas exactement ce que je dirais, pour vous avoir beaucoup vus cette semaine, insista Zoey.

— Nous travaillons ensemble. Marianita traverse une période difficile. Je ne comprends pas. Depuis quand es-tu tellement... inquisitrice ? On dirait ta grand-tante Vic, ajouta-t-il en baissant la voix.

— Je m'inquiète de savoir comment tu vas.

— Je vais parfaitement bien.

— Non, parce que toi aussi, tu sembles nerveux, dit-elle en prenant son verre de chardonnay d'un geste détaché.

— Je vais bien, Zoey. Disons simplement que je suis à un moment de ma vie où j'ai besoin de comprendre certains de mes fonctionnements.

Zoey sentit fondre une partie de ses résistances. Elle venait de retrouver Adrian tel qu'il était parfois, dans l'intimité, soucieux et presque bavard. Ce rappel de leur longue amitié, qui jusque-là n'avait eu à souffrir que de broutilles, lui fit autant de bien qu'il l'inquiéta. Si Adrian avait besoin de se confier, la situation devait être grave. Pourtant, elle lui en voulait encore un peu. Surtout, elle ne savait pas quoi penser.

— Je vois ce que tu veux dire, murmura-t-elle avant de boire une autre gorgée de vin.

Il était délicieux et lui redonna le sourire brièvement.

— Vraiment ? reprit Adrian.

— Vraiment. J'ai moi-même du mal à suivre mes envies… Je me pensais très libérée et je m'aperçois que j'ai tellement de verrous. Peut-être qu'il fallait attendre d'être dans cette situation pour m'en rendre compte.

— C'est exactement ça. Suivre ses envies.

Il eut un de ses sourires rêveurs, le vrai sourire d'Adrian, celui qu'il n'avait plus beaucoup depuis leur enfance, et avança sa main sur son avant-bras. Ses doigts glissèrent sur sa peau, lui procurant un frisson.

— Si je suis mes envies, j'ai peur de perdre quelque chose de précieux…

Zoey sentit son visage s'empourprer doucement. Que faisait-il exactement ? Elle posa son verre, gênée, et profita du mouvement pour dégager son bras. Lorsqu'elle leva les yeux, ils rencontrèrent ceux de Nana, scrutateurs.

Son cœur battit plus vite. Est-ce qu'elle comprenait bien ce qu'il tentait de lui dire ? Et si la présence de Marianita n'était finalement qu'une façon de… la rendre jalouse ?

Elle n'était pas prête à avoir cette discussion avec Adrian. Elle aurait peut-être dû se sentir embarrassée ou émue, dans le bon sens du terme, ou encore flattée, mais elle ne savait pas comment démêler les pensées et les sentiments qui se mélangeaient dans son esprit et lui serraient le ventre.

Entre le plat principal et le dessert, les conversations portèrent essentiellement sur des travaux que Nana devait entreprendre dans sa maison. Fran essayait de lui faire accepter l'idée qu'il faudrait installer un ascenseur pour accéder à l'étage, en prévision de sa grande vieillesse.

— Et faire un trou dans le plancher de ma chambre ? s'indigna la vieille dame.

— Puisque tu refuses d'envisager une maison de retraite… Il faudra bien que tu ailles te coucher.

— Nous mettrons mon lit dans le salon. J'y passe le plus clair de mon temps, de toute façon. Personne ne touchera à ma maison ! Si ça ne te convient pas, Fran, tu n'as qu'à me prendre chez toi.

Fran ne perçut pas la pointe d'ironie dans la voix de sa mère.

— En attendant, avec tes idées, Babeth et moi devrons faire des allers-retours pour nous occuper de toi.

Les yeux de Nana rétrécirent.

— Je suis vraiment navrée que ma grande vieillesse, qui n'est pas encore là, soit dit en passant, vienne perturber les nombreux loisirs que vous avez, ta sœur et toi. J'aurais dû y penser quand vous étiez enfants et que je passais ma vie à vous amener à vos leçons de musique, de danse et de cheval. Je trouve ce sujet de conversation inapproprié pour le jour de mon anniversaire. Zoey, m'accompagnerais-tu aux toilettes ?

Zoey se leva, grandement soulagée de quitter la proximité d'Adrian et, par la même occasion, cette table qu'elle commençait à trouver étouffante.

Elle prit le bras de sa grand-mère.

— Ne deviens pas dingue à cause de Maman, lui souffla-t-elle à l'oreille, en s'éloignant avec elle. Elle s'inquiète vraiment de ton avenir.

— Mon avenir ? Comme tu es mignonne… Je le sais, ma chérie. Seulement, si je vais dans le sens de ta mère maintenant, ma « sénilité », comme elle dit, sera un véritable cauchemar. J'aime mes filles, Zoey, et tant que tu n'auras pas des enfants toi-même, tu ne sauras pas ce que l'on est capable de faire pour eux. Cela dit, la dernière chose que je souhaite au monde, c'est de les avoir autour de moi pour les dernières années de ma vie… Je prendrai une aide et je menacerai ta mère de tout lui léguer.

Elle sourit, manifestement ravie à cette perspective.

Elles pénétrèrent dans les toilettes. Nana s'approcha du miroir où elle rectifia sa coiffure d'un geste élégant.

Zoey admira la finesse de ses poignets et de ses doigts. Nana avait toujours eu des mains superbes. Puis elle contempla son visage dans le reflet, alors que sa grand-mère se dévisageait d'un air peu aimable, comme si elle se demandait qui était cette femme âgée, surgie d'on ne savait où.

Zoey eut une bouffée de tendresse pour elle. Elle l'avait souvent entendue dire que vieillir ne la dérangeait pas. L'intimité du miroir soulignait ce mensonge, au fond coquet.

— Je n'ai pas besoin d'aller aux toilettes, dit Nana.

— Je m'en doutais, répondit Zoey.

— J'ai besoin de me recomposer un visage… Mon Dieu, à ce stade, il faudrait me fixer un sourire avec du collagène, comme pour les cadavres ! Mais c'est essentiel. Je ne peux pas toujours me montrer désagréable. Ils font tous de vrais efforts, même ton père qui déteste le poisson et fait semblant de l'aimer à chacun de mes anniversaires. Ils vont m'offrir mes cadeaux. Combien paries-tu qu'il y aura un châle ? Tout ça parce qu'une année, j'ai dit que je trouvais ça charmant et pratique…

Elle marqua une pause, pour épingler une mèche dans son chignon.

— Ta mère a abordé le sujet de ma vieillesse avant le dessert. Ton oncle Malcolm attendra le café pour attaquer, comme tous les hommes d'affaires.

— Attaquer ? Sur quel sujet ? demanda Zoey, en se penchant elle-même sur le miroir pour vérifier son maquillage.

— Il veut que j'écrive un nouveau livre de recettes. Je ne sais ce que c'est que cette lubie ! Mais il insiste, pas très subtilement, d'ailleurs.

— Peut-être qu'il pense que tu t'ennuies.

— Je crois plutôt qu'il ne conçoit pas qu'on arrête de faire de l'argent. Zoey ?

L'œil vert de Nana la fixa.

— Oui, Nana ?

— Que penses-tu réellement de Tina ?

— Tu sais très bien ce que j'en pense.

— Je te parle sérieusement. Je ne te demande pas ce que la Zoey de douze ans pense d'elle… Toi, adulte, aujourd'hui, qu'en penses-tu ? Connais-tu sa vie ? ses amis ?

— Pas spécialement, bredouilla Zoey.

Elle se retint de dire qu'elle ne connaissait que Matthew Ziegler et qu'elle pensait sincèrement qu'il était bien trop sexy et intelligent pour sa cousine.

— Je pense qu'elle se prend la tête, continua-t-elle. Elle est brillante et jolie. Elle veut trop plaire à ses parents.

— C'est le propre des enfants. Regarde ta mère et ta tante. Elles ont beau me trouver insupportable, elles font tout pour me satisfaire.

Nana accrocha une dernière mèche, reprit sa pochette et se tourna vers sa petite-fille.

— C'est étonnant qu'Adrian soit là, n'est-ce pas ? lança-t-elle d'un ton neutre, sans quitter Zoey du regard dans le miroir devant elle. J'aime beaucoup ce garçon.

Zoey s'appuya contre le mur.

— Il t'aime beaucoup aussi. Il est très attaché à la famille.

Nana ne la lâchait pas des yeux, son sourire le plus réjoui étirant ses lèvres sans rouge à lèvres.

— Comment s'appelle le jeune homme des *Quatre Filles du docteur March*, déjà ?

— Nana… je t'assure qu'Adrian n'est pas mon Teddy…

— Crois-tu vraiment ? Je vous ai observés, à table.

— Bien évidemment, tu nous as observés ! Tu n'as que ça à faire, le soir de ton anniversaire ? siffla

Zoey, renfrognée. Adrian est un ami. Tu ne vas pas t'y mettre, après Tante Vic !

— Je ne me mets à rien, répondit sèchement Nana, sans doute vexée par la comparaison avec sa sœur. Je dis simplement que tu devrais faire attention à ne pas lui donner de faux espoirs.

— Je n'ai jamais donné de faux espoirs à Adrian, qui n'a pas d'espoirs de toute façon. L'amitié homme-femme est parfois compliquée, c'est tout.

— Je ne crois pas à l'amitié homme-femme.

— Sans doute parce que ça n'existait pas à ton époque.

— Le crois-tu vraiment ? rétorqua Nana, narquoise.

— Que ça existe ou non, tu n'y crois pas, un point c'est tout, continua Zoey, qui n'était pas prête à perdre cette bataille. Adrian et moi avons toujours été amis. Il en sera ainsi pour toujours.

— D'accord, Zoey. Sache cependant que ce garçon est très influencé par ce que tu penses. Depuis que vous êtes enfants, il te suit dans tout ce que tu fais. Ne t'en sers pas comme…

Nana hésita.

— Comme ? s'enquit Zoey.

— Comme d'un ersatz. Je ne crois pas à l'amitié homme-femme et tu as probablement raison sur le fait que c'était moins courant à mon époque. Cependant, je sais une chose : on ne peut simplement pas utiliser les gens pour combler le vide de nos vies. Conduis-toi correctement, tu veux bien ?

— Je ne sais pas pourquoi je me prends ce procès, tout à coup, grommela Zoey en relevant la tête.

Elle croisa le regard de sa grand-mère, qui n'avait rien de grondeur ni d'autoritaire.

— Je me conduirai comme une gentille fille, d'accord ? murmura-t-elle.

— Parce que tu es une gentille fille ! lança joyeusement Nana. C'est ce qui compte, nous conduire correctement, en accord avec notre conscience et les autres. Voilà un principe que j'ai toujours essayé de suivre.

Sa bouche s'étira d'un air malicieux.

— Mais pas ce soir. Ce soir, c'est mon anniversaire et l'âge donne certaines privautés. Comme de torturer les siens.

Elle passa son bras sous celui de Zoey et l'entraîna vers la sortie.

Le dessert avait déjà été servi. Nana détestait les gâteaux d'anniversaire. Zoey put donc savourer une bombe au litchi, notant du même coup les saveurs subtiles, du basilic jusqu'à la pointe aigre de vinaigre balsamique, que le chef avait glissées sous le croquant de la plaque de chocolat noir.

Adrian était tourné vers Marianita et écoutait la conversation joyeuse qu'elle avait avec Joe et Dalton. Joe, en amateur de musique, lui parlait des musiciens brésiliens qu'il aimait particulièrement. Marianita en citait de plus récents, que le père de Zoey notait sur son smartphone au fur et à mesure. Dalton les interrompait parfois pour faire une remarque. Marianita se taisait alors, se contentant de hocher la tête, comme s'il était un grand spécialiste.

Zoey remarqua que son frère avait l'air d'un petit coq quand la jolie Brésilienne penchait la tête sur le côté (pour mieux l'écouter, sans doute) ; toute personne un peu objective aurait trouvé son attitude ridicule. Elle nota mentalement ce moment, qu'elle plaça dans le dossier personnel de Dalton, inutilisable ce soir pour cause d'anniversaire et de brouille passagère.

Quand chacun sortit son cadeau, Nana prit une expression ravie et ouvrit le premier paquet qui contenait un châle. Elle échangea un rire silencieux avec Zoey.

— De la soie, ma chérie ! s'exclama-t-elle en embrassant Fran. Tu me gâtes.

Fran Westwood parut satisfaite, commentant la texture du tissu et le motif particulièrement délicat. Puis Nana ouvrit les autres : une nouvelle pochette de la part de Babeth, une broche vintage de celle de Tina (que Zoey contempla, envieuse et se sentant particulièrement généreuse d'accorder un goût sûr à sa cousine) et une liseuse de la part de Dalton qui lui en expliqua le fonctionnement avant de promettre de venir chez elle pour lui montrer comment s'en servir, sans grande conviction cependant.

Enfin, l'oncle Malcolm lui tendit un petit paquet enveloppé de papier blanc et d'un ruban jaune pâle.

— Eh bien, qu'est-ce que c'est ? murmura Nana, espiègle. Un rocking-chair, peut-être ?

Le contenu de la boîte dévoila un superbe stylo, à la pointe en or qui glissa sur le papier cadeau lorsque Nana le testa.

— Je vous remercie, Malcolm, dit-elle aimablement.

Zoey remarqua son expression brièvement glaciale, qu'elle réussit à cacher sous son masque de circonstance.

— Je m'en servirai sans doute. J'ai compris votre allusion, ajouta-t-elle en agitant l'index dans sa direction.

— Il n'attend plus que vous ! lança son gendre d'un air satisfait.

Zoey se leva pour apporter son cadeau. Elle le déposa devant sa grand-mère et, lorsqu'elle voulut aller se rasseoir, cette dernière la retint par le poignet.

— Reste, veux-tu ? Voyons ce que tu m'as offert.

Elle détacha la cordelette qui maintenait le papier japonais et fit rouler le cadeau sur la table.

Nana releva la tête vers Zoey, tenant à la main la cuillère en argent usée par le temps, au manche nacré, que sa petite-fille venait de lui offrir.

— Tu l'as retrouvée ?

— C'est presque la même…

— Ma Zoey…

Des larmes commençaient à poindre au coin des yeux de Nana. Il y eut un silence. La vieille dame n'était pas connue pour sa propension à pleurer.

— Une cuillère ? s'exclama Fran en riant. Il va falloir nous expliquer. C'est un cadeau pour le moins original !

Nana tourna la cuillère entre ses doigts, sans cesser de sourire, attendrie.

— Quand Zoey était toute petite et qu'elle restait avec moi à la cuisine, elle ne voulait jamais utiliser une cuillère en bois, expliqua Nana. J'avais beau lui dire et lui redire qu'on ne cuisinait pas avec une cuillère en argent, elle voulait la réplique de celle-ci, que je refusais bien évidemment de lui donner, parce que c'était la dernière pièce du service du restaurant de mon père, à Naples. Tout le reste avait été vendu pour payer son voyage… ou ses dettes, allez savoir. En tout cas, un jour, cette jeune demoiselle ici présente a décidé qu'elle aurait cette cuillère, coûte que coûte. Elle devait avoir quoi ? Trois ans ? Elle est entrée dans ma cuisine, a pris la cuillère et est allée jouer dans le terrain, derrière ma maison, qui est aujourd'hui celui des Glouster, mais qui était en construction à cette époque. Lorsqu'elle est revenue, elle était couverte de terre. Je lui ai demandé où était ma cuillère. Elle a répondu qu'elle l'avait enterrée, pour que personne ne l'ait, puisqu'elle ne pouvait pas l'avoir. Nous ne l'avons jamais retrouvée.

Zoey grimaça, gênée d'être sous les feux des projecteurs. Toute sa famille la dévisageait, à part Fran qui regardait la cuillère en fronçant les sourcils, et Dalton qui murmurait quelque chose à l'oreille de Marianita.

— L'histoire ne s'arrête pas là, continua Nana, particulièrement émue. Chaque fois que Zoey me demandait quelque chose que je ne voulais pas ou ne pouvais pas lui donner, je lui répondais : « Quand j'aurai retrouvé ma cuillère en argent. »

— Comme j'ai pu culpabiliser, à cause de cette cuillère ! s'exclama Zoey. Je revoyais ta tête, quand tu en parlais… « la cuillère de mon père »… J'étais vraiment désolée, Nana. Et tu en as profité.

— Je n'avais jamais entendu cette anecdote, grinça Fran, manifestement agacée. Mais c'est du Zoey tout craché.

Zoey serra la mâchoire. Fran avait le don de gâcher les moments d'émotion, surtout lorsqu'ils ne la concernaient pas directement.

— Peut-être parce qu'à l'époque, je passais plus de temps chez Nana que dans ma propre maison et que tu ne t'intéressais pas vraiment à ce que j'y faisais.

Elle avait parlé trop vite et trop haut. La bouche de Fran se contracta. Joe fronça les sourcils en direction de sa fille. En homme qui parlait peu, il détestait les grandes révélations publiques. Les yeux de Zoey s'emplirent aussitôt de larmes. Son père ne l'avait jamais regardée avec cet air réprobateur.

— Ce n'est pas le moment, souffla Nana, en l'attirant vers elle pour lui parler à l'oreille.

Elle lui serra discrètement la main.

— Et ne sois pas furieuse contre elle, Fran, continua-t-elle, sans se soucier de l'expression de plus en plus crispée de sa fille. Tu n'as pas de reproches à te faire, puisque nous sommes tous d'accord pour dire que c'est moi qui ai très mal élevé cette enfant… C'est ce que j'ai fait avec cette histoire de cuillère. Il fallait bien lui apprendre quelques principes… Du moins les plus faciles à suivre. Tu as payé ta dette, Zoey ! Tu peux donc me demander ce que tu veux. Ce que tu veux !

Zoey contempla sa grand-mère, son visage ridé, ses cheveux blancs, ce regard d'une extrême acuité et de la même jeunesse qu'autrefois. Elle remarqua la finesse de ses épaules et le léger tremblement de ses si belles mains. Ellc la vit fragile, pour la première fois. Une petite voix en elle, sans doute celle qu'elle devait avoir enfant, murmura : *Je voudrais que tu ne meures pas…*

La table entière attendait.

Zoey sourit à Nana et répondit :

— Je voudrais ta cuillère en argent !

Tout le monde éclata de rire et Nana, riant plus fort que les autres, lui ouvrit les bras.

— Moi, je t'ai offert des pâtes de fruits, dit Tante Vic en tendant une énorme boîte enrubannée à sa sœur. Je trouve ça ridicule de faire des cadeaux aux personnes âgées. Comme si nous allions en profiter longtemps !

— Je profiterai moins longtemps de mes dents avec tes pâtes de fruits, Victoria, répondit joyeusement Nana. Tu n'as jamais aimé les cadeaux, de toute façon. Moi, je les adore.

Elle s'enroula dans le châle que sa fille lui avait offert. Elle paraissait encore plus minuscule, drapée dans toute cette soie.

Puis elle leva la tête, royale, et annonça :

— Je me ferai enterrer avec tous, comme Pharaon !

Zoey rit, bien malgré elle. Elle gardait le cœur serré après la vision qu'elle avait eue, cette toute petite femme qui avait porté sa famille à bout de bras, élevant ses filles, puis ses petits-enfants, régalant son entourage de ses plats, presque le monde entier de ses recettes, et sa vie, à elle, de tout ce dont elle était faite désormais.

14

Les gentilles filles écoutent poliment leurs interlocuteurs

La journée du lendemain passa lentement. La veille, après le dîner, Zoey avait décliné l'invitation d'Adrian et de Marianita à aller boire un dernier verre avec Dalton qu'ils avaient réussi à entraîner. Son père l'avait convaincue de la raccompagner. Fran n'avait pas desserré les dents du trajet. Pour la première fois, Zoey s'était sentie honteuse de ce qu'elle avait dit à sa mère, même si elle le pensait et que c'était, d'une certaine façon, tout à fait justifié. Elle leur avait fait un simple signe d'adieu, devant sa porte, auquel Fran n'avait pas répondu.

Morose, Zoey avait brièvement raconté la soirée à Sally, sans mentionner l'arrivée d'Adrian. Elle ne tenait pas spécialement à décortiquer ce qu'elle pensait être un incident, pas plus qu'elle n'avait envie de lui expliquer pourquoi elle ne voulait pas en parler.

Sally avait dû partir plus tôt que d'habitude pour voir un fournisseur. Zoey ferma donc la boutique seule, après avoir exagérément traîné sur un devis qu'elle s'était mis un point d'honneur à faire pour soulager un peu son amie. À vrai dire, elle chouchoutait Sally depuis qu'elles s'étaient réconciliées et, ce faisant, elle s'était aperçue de la charge monstrueuse que la jeune femme abattait.

Tout le travail qu'elle lui avait abandonné petit à petit avec un grand plaisir et sans même se rendre compte de son étendue, toutes les tâches administratives mises bout à bout.

Vers vingt et une heures, elle éteignit enfin son ordinateur, s'étira, les omoplates au supplice d'avoir passé tant de temps sur le clavier, puis décida de rentrer chez elle, de se faire une salade et de regarder n'importe quelle série à la télé. Elle abaissa le rideau de fer puis se dirigea vers la porte de son immeuble. Elle regrettait presque d'habiter si près. Elle aurait aimé marcher un peu, ce soir-là, profiter de la tiédeur après quatre jours de canicule. Elle n'avait cependant pas le courage d'entreprendre une promenade solitaire à cette heure-là.

Elle l'avait souvent fait, lorsqu'elle avait le cœur lourd, juste après sa rupture avec Spencer. Elle gardait de cette période des souvenirs d'une tristesse effroyable, mêlés à d'autres plus doux, car elle voyait et entendait mieux New York lorsqu'elle s'y promenait à la nuit tombée.

Parfois, au retour, elle s'arrêtait prendre un verre de chianti chez Orlando et Gabriella. Elle s'était liée d'amitié avec la jeune femme de cette façon. Jusque-là, ils n'avaient échangé que des banalités entre voisins et des compliments sur leurs cuisines respectives.

Gabriella avait vite perçu la tristesse de Zoey et, sans jamais la souligner, s'était efforcée de lui rendre la vie plus facile. Elle envoyait Orlando l'aider quand elle en avait besoin et la régalait d'anecdotes sur ses clients.

Ce soir-là, Zoey aurait bien eu besoin de se faire remonter le moral. Il était trop tôt. Elle les dérangerait pendant leur service, sauf si les clients ne se pressaient pas.

Elle jeta un coup d'œil vers le restaurant. Orlando avait sorti deux tables dehors, comme il le faisait l'été. L'une d'elles accueillait un couple. L'autre, Matthew Ziegler.

Quand il la vit, il lui fit un signe de la tête, puis un de la main.

La colère la bouscula un peu après cette journée molle à s'abrutir de travail.

Elle se dirigea vers lui d'un pas décidé.

— Ça devient du harcèlement, j'imagine que vous en avez conscience ! gronda-t-elle, debout devant lui.

Il se leva et l'invita à s'asseoir, ce qu'elle feignit d'ignorer.

— Du harcèlement ? Je vous attends depuis deux heures.

Sur la nappe à pois, une bouteille de vin à moitié vide confirmait cette information.

— Avions-nous rendez-vous ?

— Non, effectivement, admit Matthew. Cependant, j'estime que vous me devez des explications.

— Vous estimez ?

— Asseyez-vous.

— Ne me donnez pas d'ordre !

Gabriella sortit du restaurant, une assiette dans chaque main. Son ventre la déséquilibrait légèrement et elle grimaçait. En voyant Zoey, sa bouche s'élargit d'un sourire ravi.

— Je vous avais bien dit qu'elle finirait par sortir de son antre ! dit-elle à Matthew. J'apporte un deuxième verre.

— Pas la peine, répondit Zoey. Monsieur ne reste pas.

— Vraiment ?

Gabriella avait l'air de trouver ça particulièrement dommage.

— Un homme qui a attendu deux heures mérite bien d'être écouté quelques minutes, affirma-t-elle. Assieds-toi, je t'apporte un verre, d'accord ?

— Gabriella, je t'assure…

— Tu ne vas pas expulser un de mes clients de chez moi, quand même ?

Son intonation paraissait douce, mais Zoey y reconnut les accents d'autorité que Gabriella employait parfois avec Orlando. Sa seule solution aurait été de partir, mais elle n'avait pas envie de provoquer un esclandre, surtout désormais que les dîneurs de la table d'à côté avaient tourné la tête pour suivre l'échange. Gabriella ne méritait pas qu'elle fasse des histoires dans son restaurant. Elle ne le tolérerait de toute façon pas, comme elle l'avait clairement exprimé.

— Vous avez cinq minutes, dit Zoey en s'asseyant face à Matthew. Pas une de plus.

— Je vous écoute donc.

— Vous m'écoutez ?

— Oui, j'attends des explications, je vous le rappelle.

Était-il en train de lui faire le coup du « nous devons avoir cette conversation » ? De quoi parlait-il ? C'était lui qui lui avait sauté dessus et qui lui avait menti à deux reprises.

Matthew posa sa main sur la table, calmement, avec l'attitude d'un chef d'équipe qui a convoqué une employée un peu trop vindicative.

— Qu'entendiez-vous exactement par « Dommage, Internet ne livre pas les menteurs en pâture » ?

Zoey réprima un hoquet.

— Je ne sais pas de quoi vous parlez. Je n'ai jamais dit ça !

— Non. Vous l'avez écrit.

Il chaussa ses lunettes, sortit son smartphone de la poche de sa veste et appuya sur l'écran.

— Je vous cite ? demanda-t-il en levant un sourcil. « Je ne vais pas nier que j'ai envie de vous, même si, à l'heure actuelle, j'aurais plutôt envie de vous mettre mon poing dans la gueule pour m'avoir humiliée, en public et en privé, et m'avoir laissée en plan, dans un tel état que j'ai dû prendre une douche froide en arrivant et que j'ai passé ma semaine à googliser votre nom en vous insultant. Dommage, Internet ne livre pas les menteurs en pâture. »

— Comment avez-vous eu ce mail ?

Elle n'était plus furieuse. Elle était au-delà de la fureur.

— Vous me l'avez envoyé.

— Je n'ai jamais envoyé ce mail !

— Je l'ai pourtant reçu.

— Je l'avais effacé !

— Vous admettez donc l'avoir écrit ? J'ai particulièrement aimé la conclusion : « Sachez que je n'ai pas trouvé votre façon de faire inventive ni novatrice et que vos baisers ne se détachent certainement pas des classiques pour mieux y revenir. » Si on passe sur la formulation un peu douteuse, ce n'est pas exactement ce que vous aviez l'air de ressentir.

— Donnez-moi ça !

Elle lui arracha son téléphone des mains. Sans y croire, elle vit défiler ses mots, tels qu'elle les avait écrits la veille, avant d'aller à l'anniversaire de Nana.

— Je crois que vous me devez plus de cinq minutes, précisa Matthew.

Il but une gorgée de vin, tout à fait à l'aise. Zoey le dévisagea, muette.

— Je n'aime pas tellement me faire traiter de menteur. Si je vous avais séduite, si je vous avais promis des choses, soit… Il me semble pourtant que nous n'avons pas pris le temps de réellement discuter de ce que nous pourrions attendre l'un de l'autre.

Zoey avait les yeux de nouveau rivés sur l'écran. Elle n'arrivait pas à croire qu'elle avait transmis ce mail. Elle se revoyait sélectionner le texte pour l'effacer et… fermer son ordinateur portable. Elle avait dû appuyer sur « envoyer » sans le faire exprès, l'autre explication étant que son ordinateur était doué d'une intelligence propre et avait décidé de ruiner sa vie.

— Vous pouvez le relire, continua Matthew. Il ne vous apprendra pas grand-chose que nous ne sachions déjà.

— Vous êtes d'une suffisance insupportable, répliqua Zoey, avant de jeter le smartphone sur la table.

Gabriella reparut pour déposer un verre devant elle et repartit aussi vite, sans un mot.

Légèrement calmée par l'interruption, Zoey regarda Matthew lui servir du vin.

Bien. Nous allons avoir cette conversation.

Elle respira un grand coup.

— Vous m'avez menti au sujet de Tina.

— Non.

La fermeté de sa voix la surprit.

— Vous niez donc la voir la semaine prochaine ?

— Non plus.

— Arrêtez de jouer ! tonna-t-elle. Vous m'avez donc menti !

— Absolument pas, je vous ai dit que je ne la fréquentais plus. Je n'ai pas dit que je ne la voyais plus.

— Vous jouez sur les mots.

— Ça m'arrive. C'est même mon métier. Mais pas là. J'ai clairement fait comprendre à Tina que nous ne nous reverrons plus à titre privé.

— À quel titre vous verrez-vous, dans ce cas ?

Il eut quelques secondes de stupeur, à son tour, qui permirent à Zoey de se rendre compte de la stupidité de sa question.

— À titre professionnel, répondit Matthew.

— J'avais compris, merci, lâcha Zoey avant de prendre son verre pour se donner une contenance.

Elle savait désormais pourquoi elle arrivait à se saouler si rapidement, étant donné le nombre de verres qu'elle gardait à la main pour avoir l'air détachée. À ce rythme-là, elle risquait bel et bien de finir alcoolique.

— Et vous comprendrez que je ne vous en dise pas plus. Ce n'est pas un mensonge, ça.

Elle aurait pourtant voulu savoir. Elle se demandait bien ce que la société de l'oncle Malcolm pouvait rechercher chez un critique gastronomique. Et vice versa.

— Et Sofia ? Vous êtes bien venu avec elle à la soirée du consulat ?

— En effet, dit-il, d'une voix mi-hésitante, mi-amusée.

— Et donc ?

— Donc, vous évoquez encore un sujet dont je ne veux pas parler.

— Ah ! triompha Zoey.

— Par ailleurs, je ne vous ai pas menti sur Sofia, étant donné que je ne vous en ai jamais parlé. Nous sommes donc d'accord que votre accusation était sans fondement ?

— Peut-être.

Il lui jeta un regard éloquent, qui détendit son visage d'un seul coup.

— Je suis tout de même étonné par votre faculté à vous chercher des excuses.

— Me chercher des excuses ?

— Oui. Venons-en à l'autre partie de votre mail.

Zoey but une nouvelle gorgée de vin, plus précipitamment qu'elle ne l'aurait voulu.

— Nous pouvons tout aussi bien en rester là.

— Et m'ôter le plaisir de vous rappeler vos propres termes, une nouvelle fois ? « Je ne vais pas nier que j'ai envie de vous… » Cette phrase sonne terriblement doux à mon oreille.

— Attendez une seconde… Votre mauvaise foi défie la décence ! Vous m'avez clairement fait savoir que vous aviez envie de moi.

— Je ne le nie pas.

— Trop aimable ! Et vous m'avez jetée.

— Je ne vous ai jamais jetée, comme vous le dites.

— Vous êtes parti en disant, je vous cite à mon tour, qu'il ne fallait « rien faire d'inconsidéré ».

— C'était maladroit, d'accord. J'exprime parfois trop mes pensées à voix haute. Bien. Je vais vous expliquer. À ce moment-là, je « fréquentais » encore votre cousine Tina, puisque je ne lui avais pas encore dit que je ne souhaitais pas continuer à la voir dans un contexte privé. Contrairement à ce que vous croyez, je suis quelqu'un de profondément honnête. J'ai pensé que ça ne l'était pas et que ça risquait en outre de vous mettre dans une position difficile.

Il sourit.

— Puisque nous en sommes à avoir ce genre de conversation, sachez que j'ai très envie de vous. Là, en ce moment même, alors que vous me regardez avec cet air furieux et que vous avez renversé du chianti sur votre t-shirt, je n'ai qu'une envie : vous entraîner jusque chez vous et vous l'enlever sur-le-champ. Maintenant, je n'arrive pas à croire que vous êtes le genre de femmes qui demandent des garanties pour ce genre de choses. Je ne peux de toute façon pas vous assurer que nous aurons une relation.

— Je ne vous ai rien demandé.

Zoey dut s'avouer qu'il marquait un point. Elle était toujours étonnée par ces femmes qui, à l'instar de Tina, voulaient être sûres des sentiments de leur partenaire avant de se laisser aller à une réelle séduction. Elle avait toujours aimé la pulsion du moment, ces instants où elle lâchait prise, même si elle le regrettait quelquefois après. À vrai dire, elle avait toujours eu affaire à des hommes plutôt respectueux de cette sorte de contrat et, même si elle détestait les contrats, elle devait admettre que toute relation en impliquait.

Contrat de respect ou de franchise, contrat de liberté mutuelle, souvent.

Finalement, la seule fois où elle avait elle-même respecté les étapes – cette séduction de convenance –, elle était tombée amoureuse de Spencer et avait souffert.

— Vous reconnaîtrez que nos débuts ont été particuliers, reprit-elle.

Matthew se pencha vers elle. Ses mains touchaient presque les siennes. Il posa ses coudes sur la table, mettant tout son pouvoir de conviction dans ce geste.

— Nos débuts ont été physiques. J'ai envie de vous, je l'ai déjà dit ?

À chaque fois qu'il disait « j'ai envie de vous », une partie d'elle s'estimait assez souple pour sauter par-dessus la table et l'embrasser à pleine bouche, tandis que l'autre partie, plus réaliste, se contentait de ricaner nerveusement.

— Moi-même je ne sais pas pourquoi, ajouta Matthew.

— Charmant…

— Arrêtez ça. Vous savez très bien ce que je veux dire.

Elle le savait, en effet. Même s'il l'agaçait avec son assurance de fils de bonne famille, et qu'elle avait réussi à résister au moins une fois à ses assauts, elle savait, à cette minute précise, qu'elle n'aurait jamais la volonté – et certainement plus la fierté – de repousser cette sensation exquise. Matthew continuait à parler, pendant qu'elle l'imaginait se lever, la prendre par la main et lui faire l'amour sous le premier porche qu'ils trouveraient – probablement le sien.

— Combien de fois est-ce que ça arrive ? Ce rapport-là ? Je suis quelqu'un de plutôt mesuré, quand il s'agit de ma vie amoureuse. Le type qu'on envoie en *blind date*, depuis son adolescence. Je n'ai pas l'habitude de sauter sur « des filles que je connais à peine », comme vous le dites. Ni de traverser New York pour qu'on me fasse une explication de texte sur un mail. Mais je ne vais pas dire que ça me coûte énormément.

Il la contempla un instant.

— Bien que vous me donniez le sentiment de passer un entretien d'embauche, ce que je déteste, notez-le.

Zoey ne savait quoi répondre.

— Avez-vous quelque chose de prévu ce soir ? renchérit-il.

— Pas spécialement, murmura-t-elle. Comme vous le voyez.

Depuis un an, elle s'était résignée à ne plus approcher d'homme et encore moins à accepter des rendez-vous. Elle fut prise d'un élan de timidité qui ne lui ressemblait pas, mais le paradoxe entre la maîtrise qu'il affichait et la douceur de son regard la poussait à ne pas refuser l'invitation.

— Voyez-vous un inconvénient à passer la soirée avec moi ?

« Voyez-vous un inconvénient à passer la soirée avec moi ? » *Qui parlait ainsi ? À part lui ?*

— Peut-être pas, dit-elle enfin. Si vous me promettez de ne plus évoquer ce mail. J'ai tellement honte… Je vous jure que je ne voulais pas vraiment vous dire tout ça. C'était juste une façon de… de…

— Vous défouler ? Je connais. Si vous saviez le nombre de mails que j'ai écrits puis effacés ! Dieu merci, je n'ai jamais fait de fausse manipulation.

— Je vous remercie… marmonna Zoey, un sourire aux lèvres. Insultante et maladroite… C'est un bon résumé de ce que je suis en ce moment.

— Et drôle. Et visiblement assez intelligente pour transformer vos erreurs en autodérision. C'est une vraie forme de délicatesse, le saviez-vous ?

— C'est la première fois qu'on me dit que je peux être délicate…

Son ton avait été léger, mais elle énonçait une vérité qui l'avait bien souvent fait souffrir.

Matthew fit glisser ses doigts sur la table, jusqu'aux siens.

— C'est la première fois qu'on me dit que je suis injurieux…

— J'ai un vrai don pour révéler ce qu'il y a de meilleur chez les gens…

Les doigts de Matthew caressèrent le bout de ses phalanges. Le contact lui procura un délicieux frisson, très doux, bien loin de ce qu'elle avait éprouvé jusque-là quand il la touchait. Limpide et réconfortant.

— Vous aviez promis de laisser vos mains loin de moi, souffla-t-elle.

— Mes mains. Pas mes doigts.

Elle rit. Et se demanda si Gabriella serait fâchée, au cas où la table volerait sur le trottoir.

— Ceux de ma main gauche uniquement, continua Matthew. Vous ai-je déjà dit que mon expression préférée est « Ta main gauche ignore ce que fait ta droite » ? Je vous assure que ma main droite serait outrée de savoir que la gauche ne tient pas ses serments. Ou jalouse.

— Je me demande où vous trouvez toute cette assurance…

— On m'a nourri avec, dès ma naissance.

— Je suis étonnée que vous soyez toujours célibataire dans ce cas. Vous devez être particulièrement difficile.

— Pensez-vous vraiment que l'assurance est la seule qualité qu'il faut avoir pour réussir sa vie amoureuse ? Effectivement, on a pour habitude de séparer les hommes qui osent de ceux qui n'osent pas. Je n'ai pas toujours été comme ça. Avoir de l'assurance ne veut pas dire prendre des risques. Surtout quand cette assurance a souvent été plus sociale que personnelle. Disons que j'ai appris, il y a quelques années, que la vie était bien trop courte pour que je me permette de laisser passer l'occasion de vivre une histoire intéressante.

Il s'arrêta, perdu quelques secondes dans ses pensées. Ses doigts continuaient à jouer avec ceux de Zoey.

— Je refuse absolument de vivre des histoires en demi-teintes, ajouta-t-il.

— Comment en êtes-vous venu à cette conclusion ? Sur vos relations, je veux dire.

— Ah, très bien… Nous en arrivons au moment où nous devons parler de notre passé. Bien. Sortons les vieux dossiers. Je vous préviens, ça risque d'être fort ennuyeux.

Il lâcha ses doigts, à son grand regret. Elle suivit la progression de sa main, redevenue sage et terriblement distante, jusqu'au bord de la table. Elle aurait donné n'importe quoi pour qu'il la repose sur la sienne.

— Je tente le coup, répondit Zoey très sérieusement. J'aurais pris au moins un risque dans ma triste vie.

— Elle vous paraîtra bien plus attrayante après mon monologue, je pense. Je n'ai eu qu'une relation longue, si tant est que l'on juge de la valeur de quelqu'un au nombre d'années où il a supporté un autre être humain. Nous avons rompu il y a cinq ans. Plus exactement, Kat a rompu. Elle a fini par trouver que toutes les qualités qui l'avaient fait tomber amoureuse de moi étaient des défauts. Classique, n'est-ce pas ? Elle est partie un jour, en laissant tout derrière elle. Je lui ai fait envoyer ses affaires à sa nouvelle adresse. Elle ne m'a jamais remercié. Vous savez comment se terminent la plupart des histoires d'amour ? Dans des cartons. J'ai moi-même mis toutes les affaires qui me rappelaient cette période dans des cartons, que j'ai fichus à la benne, avec le sentiment à la fois insupportable et jouissif que ce que nous avions été méritait juste de finir à la poubelle.

— C'est ce sentiment qui vous a poussé à ne plus vivre en demi-teintes ?

— Pas du tout. C'est ce sentiment qui m'a fait me conduire comme un parfait abruti l'année qui a suivi. Quand on en arrive à considérer la femme qu'on a aimée comme un déchet à éliminer, on ne se révèle pas très glorieux. Et comme l'être humain est orgueilleux par principe, il continue dans cette voie, pour se donner raison. L'histoire qui m'a obligé à ouvrir les yeux ne me concerne pas directement et je ne peux pas me permettre de dévoiler des secrets qui impliquent d'autres personnes. Vous le comprenez ?

— Tout à fait, mentit Zoey.

Elle brûlait évidemment d'en savoir plus.

— J'ai eu quelques brèves relations, souvent parce que je me suis trompé ou que l'autre s'était trompée sur moi, ainsi que quatre ou cinq nuits sans lendemain, mais toujours sobre.

— Dommage, l'alcool procure un excellent prétexte pour vivre dans le déni.

— Je ne nie jamais rien. Par ailleurs, c'est un peu inutile quand on part avant le café.

— Vous êtes donc de ce genre-là…

— Parce que les femmes ne font jamais ça ?

— Peut-être moins, affirma Zoey, sans grande conviction néanmoins.

— Seulement parce que la plupart du temps, nous venons chez vous, et non l'inverse, par sécurité. Je vous rassure, trois fois sur cinq, on m'avait fait sentir qu'il était temps que je m'en aille.

— Admettons. Ça m'est arrivé.

Seulement deux fois.

— Mon CV est-il acceptable ? demanda Matthew.

— Pas du tout. Vous avez raté la seule vraie relation que vous avez eue et trois femmes sur cinq vous ont fait sentir que vous n'aviez pas été à la hauteur après avoir passé la nuit avec vous.

— Si vous connaissez quelqu'un qui est universellement bon au lit, partagez l'information, je vous prie.

Elle éclata de rire. Lorsqu'elle s'arrêta, elle s'aperçut qu'il la dévisageait, gravement. Dans ses yeux, elle lut une avidité qu'elle y avait déjà vue, lorsqu'il l'avait collée contre le mur et embrassée. Ses mains s'étaient légèrement crispées sur le bord de la table. Elle ne douta pas un instant qu'il n'avait qu'une envie, lui aussi : l'envoyer valser et se jeter sur elle.

— Vous vous sentez bien ? demanda-t-elle, consciente d'être parfaitement sournoise.

— Où avez-vous appris à rire comme ça ? murmura-t-il.

— Vous avez quelque chose contre mon rire ?

— C'est une véritable torture.

— Fort aimable, merci.

Elle ne pouvait pas s'empêcher de sourire.

— Je vous assure que si vous ne me proposez pas immédiatement de monter chez vous, il y aura un attentat à la pudeur et nous finirons tous les deux au poste.

Elle se passa la langue sur les lèvres.

— Je suis tentée par la perspective de vous voir avec des menottes.

Le regard qu'il lui lança était indéchiffrable, du moins dans une dimension où il aurait émis le souhait de communiquer quelque chose de vaguement civilisé. Il brillait d'une lueur pour le moins bestiale.

— J'allais justement vous proposer de monter chez moi, ajouta-t-elle en se forçant à conserver une voix calme.

Il eut un instant de stupeur.

— Je dois aller nourrir Sushi, mon chat. Ne dites rien sur mon déplorable sens de l'humour.

— Je n'allais rien dire, à part que c'est le pire prétexte que j'aie entendu.

— Je vous promets que ce n'est pas un prétexte. Je pourrais vous quitter là mais j'ai peur de vous retrouver en état d'autocombustion si je vous plante.

Il rit.

— Vous êtes une femme cruelle. Vous ne laissez aucune chance à votre adversaire, même pas celle de garder un peu de dignité.

— Il me semblait que cette question-là était réglée.

Matthew pencha légèrement la tête sur le côté.

— M'invitez-vous vraiment à monter chez vous ?

— Pour nourrir le chat, et éventuellement me débarrasser de ce t-shirt imbibé de vin.

Elle eut un sourire malicieux.

— Et j'y arriverai bien toute seule.

— C'est définitivement le pire prétexte que vous pouviez trouver pour me faire monter.

— J'en trouverai un autre pour vous éviter de redescendre.

Les phalanges de Matthew avaient blanchi à force d'agripper la table. Son assurance semblait avoir fondu sous la chaleur diffuse des bougies, tout comme la dignité qu'il avait évoquée, pendant que Zoey se faisait la réflexion que la sienne avait pris un aller simple pour le Paraguay depuis la minute où il avait posé les yeux sur elle.

Elle se leva, aussitôt suivie par Matthew. Après avoir fait un signe, de loin, à Gabriella, elle se dirigea vers sa porte puis se retourna.

— Ne vous inquiétez pas ! Je suis à bonne distance ! dit Matthew, en surjouant la prudence.

— Je vérifiais juste que vous étiez toujours là.

— Vous ne pardonnez rien, n'est-ce pas ? murmura-t-il.

Elle ouvrit la porte.

— Jamais, répliqua-t-elle, alors qu'il pénétrait dans le hall. Vous voyez, ce n'était pas si terrible.

— Vous ne pouvez pas m'en vouloir d'hésiter à suivre une parfaite inconnue jusque chez elle. Surtout sous prétexte de « nourrir son chat ».

— Je n'ai pas un tel sens de la métaphore, rit-elle. C'est plutôt le style d'Adrian quand il est en verve.

Elle repoussa fermement, et une fois de plus, l'image qui venait de resurgir dans son esprit. Adrian se penchant vers elle…

Puis elle gravit les marches, sans un mot. Matthew resta également silencieux. Seul le grincement des marches les accompagna jusqu'au troisième étage.

Lorsque Zoey ouvrit la porte, Sushi bondit dans ses jambes, en poussant un feulement furieux.

— C'était donc vrai. Je suis presque déçu, dit Matthew en se baissant pour caresser le chat.

Lequel accueillit son bonjour par un coup vif de la patte, toutes griffes dehors.

— Et en plus, il vous ressemble… sourit Matthew, avant de porter la main à sa bouche.

15

Les gentilles filles boivent un litre et demi d'eau par jour

— C'est exactement l'appartement que j'attendais de vous, lança Matthew.

Elle ne savait pas ce qu'il voulait dire ou, du moins, s'il s'agissait d'un compliment. Son minuscule salon était envahi par un désordre épouvantable. Un monceau de vêtements, propres heureusement, traînaient dans un panier derrière la porte. Des journaux et des livres jonchaient la table basse. Elle avait laissé une basket au milieu de la pièce, tandis que l'autre sortait sous le rideau. Le chat avait grandement participé à cet état. Sans doute de rage, il avait fait tomber un tas de papiers et le pot à crayons de Zoey qui s'étaient éparpillés sur le sol depuis le bureau.

Seule la cuisine, d'où elle sortit après avoir été agressée par Sushi qui ne comptait pas attendre qu'elle mette sa pâtée dans le bol, était rangée.

Elle tendit un verre d'eau à Matthew et s'assit près de lui sur le canapé. Elle n'avait pas de fauteuil et ne comptait pas s'asseoir sur une chaise, loin de lui, de toute façon. Au milieu du bazar, un bras sur l'accoudoir, il suscitait en elle des pulsions qu'elle n'avait pas envie de refouler.

— C'est vous, là, je suppose ?

Il montra une photo sur le mur. Dalton et elle posaient devant leur cabane. Dalton avait déjà l'air avenant de l'homme qu'il était devenu. À côté de lui, Zoey, qui devait avoir huit ou neuf ans, s'accrochait à l'arbre d'une main et levait l'autre vers le ciel. Elle portait un bermuda avec une ceinture ornée d'étoiles bleues et ses genoux étaient écorchés. Déjà, ses cheveux partaient dans tous les sens, défiant la loi de la gravité et la déontologie de la plupart des fabricants de barrettes.

— Vous êtes un fin observateur, répondit-elle.

Coincée dans un cadre, une coupure de presse la montrait avec Sally, attablées au comptoir de la boutique, trois ans auparavant. Au-dessous, un autre cadre la présentait avec Adrian adolescents, sagement appuyés contre la rambarde d'un ponton. Adrian avait cet air sombre qui avait fait place, en grandissant, à une dérision tranquille.

— Ce sont les seules personnes qui comptent à vos yeux ? demanda Matthew.

— À peu près, oui.

— Vous semblez malgré tout attachée à votre famille.

— Attachée, c'est le mot. Si vous voulez dire que je les aime, effectivement. Seulement, mes amis me sont précieux.

Elle soupira.

— J'aimerais beaucoup dramatiser la situation. Je suis certaine que je gagnerais en valeur à vos yeux, mais j'ai eu une enfance plutôt privilégiée.

— Pourquoi voudriez-vous qu'un passé douloureux vous aide à gagner en valeur à mes yeux ?

Le ton de sa voix était moqueur.

— Ce n'est pas ce qu'on fait habituellement ? Se donner de la profondeur avec un terrible secret ? questionna-t-elle.

Il grimaça.

— Les véritables secrets ne se dévoilent pas comme ça, sur un canapé, après avoir détaillé son CV amoureux, surtout quand ils sont terribles.

— Et pourtant… sourit Zoey. Sachez que ma mère m'a giflée une fois.

— Vraiment ?

— Je l'avais mérité. J'avais caramélisé son meilleur service à thé. Un service qu'elle avait chiné et qui datait du XVIIIe siècle.

— Les tasses ont explosé, c'est ça ?

— Seulement quand j'ai versé de l'eau froide dessus en pensant que ça aiderait le caramel à se décoller. J'ai appris ce jour-là qu'il ne fallait pas jouer avec le chaud et le froid.

— Vous n'avez rien appris du tout, fit remarquer Matthew. Vous continuez à en jouer avec beaucoup de talent.

Elle se rapprocha de lui.

— C'est vous qui dites ça… Comment va votre main ?

Il fit bouger ses doigts, plusieurs fois, et lui montra sa phalange griffée.

— Votre chat vise juste. Heureusement, c'est la droite.

— Vous aviez promis de la laisser à sa place.

— Mais vous, non, n'est-ce pas ?

— Mes mains peuvent également avoir une vie propre mais, pour le moment, elles font encore ce que je leur ordonne de faire.

Elle prit son verre sur la table pour souligner sa répartie ironique. Il plissa les yeux, alors que Sushi sautait entre eux deux, hautain.

— Ça me va parfaitement, murmura Matthew, en étendant ses jambes sur la table basse et en croisant les bras derrière la tête, tout à fait à l'aise. Logiquement, si vous buvez, vous allez devenir intenable.

— C'est de l'eau, fit-elle remarquer.

La façon dont il avait posé ses pieds sur la table, le corps détendu, comme s'il s'offrait à elle, réveilla un picotement délicieux dans son ventre.

— Justement, répondit-il. Allez savoir ce que ça peut vous faire… le manque d'habitude… Vous aviez prévu un programme particulier ?

— Regarder une série, sur mon canapé, entièrement nue, répondit-elle d'un ton neutre.

Il eut une sorte de hoquet étranglé mais sourit. Ce sourire-là, carnassier, dévoilait ses dents.

— Puis-je vous y aider ? demanda-t-il sur un ton aussi détaché.

Elle crut qu'elle allait le clouer sur le dossier du canapé. Elle se vit lui attraper les poignets, lui écarter les bras puis glisser sur ses genoux.

Littéralement.

La seconde d'après, elle pivotait vers lui.

Il poussa un gémissement étouffé, l'air un peu surpris, mais replia une jambe sur le canapé, pour lui permettre de passer les siennes de chaque côté de ses cuisses.

Le haut de Zoey glissa contre la chemise de Matthew, dans un frou-frou délicieux, qu'elle perçut au-delà de sa respiration devenue plus rapide. La peau de leur ventre se touchait. Ce contact la rendit folle, du moins encore plus folle que ce qu'elle était à cet instant, installée sur lui, le renflement de son jean contre son propre sexe.

Elle fit danser ses doigts sur l'avant-bras de Matthew, jusqu'à son coude, qu'elle contourna pour caresser l'endroit où sa peau était plus douce. Avec son autre main, elle s'appuya sur le canapé, près de sa hanche. Son visage était si proche de celui de Matthew qu'elle sentait son souffle sur son menton. Matthew ouvrit la bouche, mais visiblement pour parler.

Hélas.

— Je sais très bien ce que vous allez dire, dit Zoey.

— Je vous assure que non.

Il se tortilla sous elle, avec un rictus embarrassé.

— Votre chat m'enfonce ses griffes dans les côtes.

Zoey extirpa Sushi du coussin d'où il s'était endormi et avait été réveillé en sursaut. Il émit un feulement d'agacement puis sauta du canapé.

Elle posa les mains sur les épaules de Matthew et les fit remonter jusqu'à sa nuque, doigts croisés. Prenant son temps, les yeux fixés sur son visage – il souriait, sans doute le soulagement d'avoir décroché l'animal de son côté –, elle s'approcha jusqu'à ce que ses lèvres touchent les siennes. Il entrouvrit la bouche. Elle la caressa doucement, tout en appuyant son bas-ventre contre le sien.

Ses mains descendirent vers le col de sa chemise, dont elle défit un bouton.

Elle sentait son parfum et l'odeur de sa peau, chaude, qui exhalait des vagues de musc salé. La chaleur et leur proximité avaient imprimé un léger film de sueur sur son torse, ce qu'elle découvrit en faisant sauter deux boutons de plus.

Ses doigts le frôlèrent, juste au-dessus de la ceinture. Elle passa l'index sous le haut dc son jean. De l'autre main, reculant un peu, elle fit glisser sa ceinture entre les passants. Elle sentit le corps de Matthew se rétracter et son ventre s'avancer, pour l'aider. Il paraissait combattre l'envie de repousser ses bras, mais elle se doutait qu'il luttait plus par plaisir que pour respecter une promesse à présent dérisoire.

Elle prit tout son temps à déboutonner son jean. Sur le visage de Matthew, qui avait fermé les yeux, elle se délecta de voir passer plusieurs émotions, depuis le désir le plus fulgurant, bouche entrouverte et cou tendu vers elle, jusqu'à un agacement fébrile, sourcils froncés et narines frémissantes.

Une pulsion délicieuse, faite d'un rien de rancune et d'un certain goût pour ce jeu qu'il semblait apprécier, la poussa à ralentir encore plus son geste.

Sa main quitta le dernier bouton et resta suspendue un moment. Matthew rouvrit les yeux. La voracité qu'elle y lut l'effraya autant qu'elle l'excita. Sa bouche se referma sur la sienne et les mains de Matthew encerclèrent sa taille pour l'attirer vers lui. Leur contact l'électrisa.

Une nouvelle vague de son odeur, à laquelle ne se mêlait plus son parfum, se répandit dans l'air, depuis sa chemise entrouverte, au moment où il l'allongeait contre le dossier du canapé.

Ce geste arracha à Zoey un tressaillement, auquel il répondit par un mouvement voluptueux pour la faire descendre sous lui.

La prenant dans ses bras, dont elle sentait chaque muscle contre ses épaules et son torse, et alors que sa langue se frayait un chemin entre ses lèvres, il lui ouvrit les cuisses, de la jambe. Puis, avec une maîtrise certaine, il souleva son haut, laissa ses doigts jouer sur son ventre, suivre le creux de sa taille et remonter vers ses seins. Se soulevant à demi, il fit passer son autre main dans son dos, décrochant l'attache de son soutien-gorge avec une facilité qui arracha un sourire à Zoey.

Il sourit également, puis accentua son baiser, sa langue s'enroulant autour de la sienne, et entreprit de déboutonner son jean et de le faire descendre sur ses mollets. Zoey l'aida, d'un mouvement de reins. Il le lui enleva rapidement et, délaissant un instant sa bouche, lui retira également son haut et son soutien-gorge, qu'il jeta par-dessus le dossier.

— Vous êtes pratiquement nue, souffla-t-il. Je vous passe la télécommande ?

— Ne vous sous-estimez pas.

Un éclair d'amusement passa dans le regard de Matthew puis son visage redevint aussitôt sérieux, avant de s'enfouir dans son cou.

Sa langue traça un sillon derrière son oreille, d'abord, puis le long de sa nuque et de son épaule, descendit vite vers son sein droit et tourna autour du mamelon. Elle laissa échapper un gémissement, presque une supplication. Son ventre se contracta délicieusement, alors que ses lèvres entouraient son téton, avec une douceur qui provoqua une vague de chaleur dans son corps.

Il continua à cheminer, la langue dardée sur sa peau, s'attardant sur son ventre, puis son pubis.

— J'étais certain que vous portiez des sous-vêtements dépareillés, dit-il.

Elle réprima un râle embarrassé. Est-ce qu'il était en train de parler, le nez contre sa culotte ? Est-ce qu'il ne s'arrêtait jamais de parler ?

— Par pitié, taisez-vous deux minutes ! gronda-t-elle, la respiration courte.

— Un peu plus de deux minutes, si vous me le permettez.

La culotte rejoignit le reste des vêtements sur le sol.

Le souffle de Zoey s'accéléra. Effectivement, il se tut plus de deux minutes. Suffisamment pour que le cœur de Zoey fût prêt à rompre, jusqu'à ce que l'orgasme lui fît oublier l'éventualité d'une crise cardiaque.

C'était comme si une galaxie s'était formée dans son ventre, comme si elle maîtrisait tous les secrets de l'univers et que toute cette connaissance n'avait au fond aucune importance. Le Big Bang, à échelle humaine et au-delà.

Bien loin de ces considérations scientifiques, Matthew remonta lentement, embrassant son ventre et ses seins, et s'étendit près d'elle, les yeux fermés.

— Il va falloir s'arrêter là, haleta-t-il, avec un sourire.

Zoey se releva sur un coude.

— Vous n'avez pas de préservatif, c'est ça ?

— J'essayais de rendre ça moins trivial, fit-il remarquer.

Elle se leva, sans se soucier de sa nudité dans la lumière du salon, qu'ils avaient laissée allumée, pour fouiller dans son sac. Triomphante, elle en sortit un préservatif. Matthew ne rit pas, ni ne sembla gêné. Il se contenta de lui ouvrir les bras, alors qu'elle venait s'allonger près de lui, dans un équilibre rendu précaire par la petitesse du canapé, et de lui prendre le préservatif des mains, fermement décidé à s'occuper de cette étape lui-même.

L'entreprise parut durer une éternité à Zoey et il lui sembla qu'il avait juré, à deux reprises, avant de venir sur elle, les sourcils encore froncés par la contrariété.

— Vous n'allez pas me refaire le coup ? chuchota-t-elle.

— Quel coup ?

— Vous arrêter en plein milieu.

Il eut une expression plus douce. Le cœur de Zoey se remit à battre plus vite, mais cette fois, l'excitation n'avait presque rien à voir là-dedans. Matthew laissa entrevoir un bref désarroi, qu'elle ne comprit pas mais qu'elle trouva attendrissant. La seconde d'après, il avait de nouveau ce regard à la limite de la lubricité qu'elle lui avait préféré jusque-là.

— Je me disais juste que je n'avais pas vu votre visage au moment où vous avez joui.

— Dieu merci, non, répondit Zoey.

— Je me disais aussi que la première fois était toujours ce moment où…

Tout en parlant, il la pénétra doucement. Cet homme ne savait décidément jamais se taire.

— … où on découvre qu'un corps épouse parfaitement le sien…

Elle gémit, écoutant son propre souffle se frayer un chemin dans sa gorge serrée. Instinctivement, elle noua ses jambes autour de la taille de Matthew.

— … la façon dont vous remontez vos jambes autour de ma taille au moment où j'allais vous le demander…

Un frisson parcourut son sexe, remontant dans son ventre puis sa poitrine, alors qu'il s'enfonçait un peu plus en elle.

Elle laissa s'échapper un nouveau gémissement, plus profond, plus animal. Au-dessus d'elle, Matthew frémit.

— Je vous en prie, ne gémissez pas comme ça, haleta-t-il.

Elle ne put s'empêcher de rire. Pour toute réponse, elle cambra les reins, pour l'inviter à glisser plus profondément en elle. À son tour, il gémit.

— Je vous assure que j'essaie de me contenir, susurra-t-elle, en posant ses mains sur ses hanches pour le guider.

— Je vous assure que moi aussi, grogna-t-il.

Elle épousa le rythme de ses reins, dont les mouvements retenus, apparemment à grand-peine, l'excitaient encore plus que ce qu'elle lisait sur son visage. Son sexe, encore secoué des pulsations de l'orgasme, se resserrait autour de celui de Matthew.

Il réprima une plainte enrouée.

— Peut-être la position ne vous convient-elle pas, dit-elle, sans pouvoir s'empêcher d'être moqueuse.

Pour toute réponse, il se dégagea à demi et, l'attrapant par la taille, pivota avec elle, jusqu'à ce qu'ils se retrouvent assis sur le canapé, elle sur lui et lui en elle. Elle le félicita silencieusement pour sa réactivité et également pour la fermeté adroite avec laquelle il leur avait évité une chute embarrassante.

Elle commença à bouger sur lui. Il eut le bon goût – ou l'instinct de survie car le dossier du canapé était plutôt bas – de ne pas renverser la tête en arrière ni de fermer les yeux, mais de la contempler avec une obstination délicieuse, suivant les étapes du plaisir sur son visage, qu'il avait pris entre ses mains.

Zoey tenta de caler sa respiration sur un rythme plus normal.

La chaleur qui avait traversé son ventre passait à présent dans ses cuisses, à son grand désagrément, cette fois-ci. Elle se maudissait de ne pas avoir fait plus de sport. On lui avait toujours dit que ça lui serait un jour utile, ce qu'elle s'était empressée de ne pas croire.

La position réveillait chez elle des muscles qu'elle avait oubliés depuis un moment, sans aucun regret.

Il perçut qu'elle était dans un certain embarras et émit un début de rire absolument déplaisant, qu'elle fit taire aussitôt d'un claquement de lèvres furibond.

Galant, ce fut lui qui imprima un mouvement plus régulier à leurs deux corps, puis de plus en plus rapide, jusqu'à sa propre jouissance, le nez dans ses cheveux, si violente qu'elle dut se retenir au dossier du canapé pour ne pas tomber.

Puis, contre toute attente, il éclata de rire.

Zoey mit quelques secondes à comprendre. Le corps de Matthew tout entier tressautait. Elle était incapable de déterminer s'il éprouvait un reste de plaisir ou simplement cette irrépressible hilarité.

Elle se releva, se dégageant de son étreinte musclée, avec quelque difficulté. Leurs torses se séparèrent dans un bruit des plus honteux.

C'était bel et bien un rire, franc, presque rugissant, qu'elle entendait.

Jamais un homme n'avait éclaté de rire après avoir fait l'amour avec elle. Une fois, un de ses ex, à la fac, avait pleuré, mais elle préférait ne pas se souvenir de ce moment fâcheux.

Le rire de Matthew décrut, jusqu'à ce qu'elle n'entende plus que sa respiration saccadée.

— Il y a eu quelque chose de drôle ? demanda-t-elle, décontenancée.

Matthew reprit son souffle comme il put.

— Je suis désolé, j'aurais dû vous prévenir. Je ris toujours quand… j'ai un orgasme. C'est très perturbant, je vous l'accorde.

— Plutôt, oui !

Elle se redressa tout à fait. Logiquement, elle aurait dû se lever et se rhabiller, vexée. Mais ses vêtements étaient de l'autre côté du canapé et Matthew ne semblait pas décidé à la lâcher.

— Vous ne me croyez pas, c'est ça ? lança-t-il. Si vous me laissez un peu de temps, je vous promets de vous prouver que je ne vous mens pas. Ce sera peut-être un peu plus long aussi. J'en suis le premier navré, croyez-le bien.

Il n'avait pas l'air spécialement navré. Il avait le même sourire narquois que lors de leur première soirée.

Satisfait.

Il l'embrassa sur le bout du nez, alors qu'elle envisageait franchement de le gifler. Elle se radoucit un peu.

— J'ai très mal aux cuisses, fit-elle remarquer.

— Je vous interdis de bouger maintenant, souffla-t-il.

Elle obtempéra, en prenant un peu plus appui sur lui, les fesses contre l'avant de ses cuisses.

Il grimaça brusquement.

— En fait, ce serait peut-être plus prudent si vous vous… enfin si vous vous leviez quelques secondes.

— Le préservatif…

— Les joies de la sexualité moderne, s'excusa-t-il. Arrêtez de rire comme ça. Vous pourriez avoir un minimum de considération pour une situation dans laquelle vous êtes impliquée, il me semble.

La scène qui suivit fut d'une maladresse déconcertante. Elle se contorsionna pour se relever, faillit tomber, sans qu'il puisse l'aider, les mains occupées, et elle réussit à reprendre son équilibre de façon particulièrement ridicule. Enfin, elle atterrit sur le canapé qui grinça sous son poids, indélicat. Puis Matthew disparut dans la cuisine. À sa démarche, elle remarqua qu'il gardait tout de même un peu de distinction, quelle que soit la circonstance, et qu'il avait les fesses particulièrement musclées.

Elle réprima une nouvelle pulsion qu'il aurait été malséant d'exprimer clairement, vu le contexte. Du moins, pas avant un petit moment, comme il l'avait suggéré.

Matthew revint et s'assit près d'elle, croisant élégamment les jambes, toujours entièrement nu. Puis il ouvrit son bras sur le dossier du canapé, pour qu'elle s'y blottisse, exactement comme s'ils s'apprêtaient à suivre le programme initial de la soirée : allumer la télévision. Il arrivait à alterner les moments les plus conventionnels et les plus débridés sans transition ni gêne apparente.

Elle se sentait nettement moins à l'aise. La position faisait ressortir son ventre, sans aucun doute, bien qu'elle n'osât pas baisser les yeux à cet instant précis. Elle aurait préféré qu'il éteigne la lumière au passage, mais le lui demander maintenant l'obligerait à avouer ses complexes.

Mais également à ce qu'il se relève, pensa-t-elle, émoustillée par la perspective de pouvoir le voir encore debout, de dos et en mouvement.

— C'est la première fois que vous arrivez à rester muet plus de cinq secondes, fit-elle remarquer au bout d'un moment.

— C'est la première fois que vous arrivez à rester contre moi en laissant vos mains où elles sont. (Elle laissa s'échapper un hoquet furieux.) Voulez-vous les enlever de votre ventre, pour l'amour de Dieu ? J'ai l'impression que vous avez une crise de foie, ce qui est assez peu flatteur pour moi. Auriez-vous du café ?

— Vous comptez donc rester pour le café ? Vraiment ? répondit-elle, railleuse.

— Il doit être vingt-deux heures à peine.

Il l'embrassa sur le sommet de la tête, puis sur le front. Ses doigts, qui avaient récupéré ceux de Zoey et interrompu leur vaine tentative de camouflage, les lui écartèrent pour venir s'y nicher, paume contre paume.

— Si vous le permettez, je vais rester encore un peu.

Elle le lui permettait, bien qu'elle soit incapable de le formuler immédiatement.

— En revanche, vous allez me trouver âpre en termes de négociations, mais il me faut vraiment un café, ajouta-t-il.

— Je comprends. Vous vous fatiguez rapidement.

Sa moue lui fit comprendre qu'il n'appréciait pas cette plaisanterie-là.

— Vous êtes terriblement fatigante, il faut bien l'avouer, répondit-il, acerbe. Mais je suis sûr que si je tombe, vous aurez un lit à m'offrir, ne serait-ce que par charité.

Elle rit, mais d'un rire si stupide qu'il lui donna envie de procéder à sa propre lobotomie, si ça n'était pas déjà fait.

16

Les gentilles filles ne mentent pas

Tout en sirotant un espresso, Zoey regardait Matthew Ziegler arpenter la boutique, au téléphone, dans les mêmes vêtements que la veille, ce qui lui donnait un air délicieusement négligé.

Ils s'étaient réveillés bien après l'heure habituelle, caressés par les rayons du soleil qui tombaient sur le lit, entortillés dans le drap inutile à cause de la chaleur. Matthew s'était étiré, à la manière d'un chat – enfin de n'importe quel chat à part Sushi qui avait plutôt tendance à se réveiller pour bondir sur la tête de Zoey et réclamer à manger –, lui avait souri, l'avait attirée à lui, son ventre contre son dos, avait passé le bras sur le sien pour la caler, puis avait fait remonter sa bouche le long de son cou, atteint son oreille et murmuré :

— Avez-vous une imprimante ?

S'en était suivi un échange où il avait été question de la meilleure manière de dire bonjour et ils avaient fini par s'accorder sur le moyen adéquat.

Deux fois.

À présent, il parlait d'une voix ferme à une secrétaire, à propos d'une invitation qui ne pouvait pas être téléchargée. Zoey l'écoutait vaguement, les yeux rivés sur la façon dont son jean se tendait sur ses fesses à chaque pas.

— C'est tout de même ahurissant qu'ils utilisent un média comme Internet et soient incapables de proposer un QR code ! s'exclama-t-il en raccrochant. Vous ne savez vraiment pas comment fonctionne votre imprimante ?

Il la dévisageait, sourcils froncés. En temps normal, Zoey l'aurait trouvé agaçant et autoritaire mais, à cet instant précis, elle aurait supporté n'importe quelle conversation, y compris un sujet aussi insipide que les limites de la technologie moderne, du moment qu'il continuait à arpenter la pièce de cette façon.

Elle aurait même accepté qu'il lui parle d'administratif, s'il lui prenait l'idée de marcher vers elle en quelques enjambées et de l'asseoir sur le comptoir.

Elle identifia aussitôt son attitude comme une overdose d'hormones, ce qui la poussa à se contenter de boire son café en lui jetant des regards intéressés.

— Vous ne savez pas de quoi je parle, n'est-ce pas ? demanda-t-il.

— Quand même ! J'ai un smartphone moi aussi !

— Qui vous permet sans doute uniquement de jouer à Candy Crush ?

Elle retint une répartie acerbe.

— À quel niveau êtes-vous ? reprit-il avec un sourire réjoui.

— Quarante-sept, maugréa-t-elle. J'ai bien le droit d'être une amish, non ?

— Vous avez tous les droits, c'est un fait, répliqua-t-il, sérieux. Du moment que vous m'en laissez quelques-uns, dans des circonstances bien précises.

Elle se demanda si ça gênerait les passants s'il la collait sur un tabouret pour l'embrasser.

Ça gênerait Sally, en tout cas, qui venait d'entrer, de s'arrêter, de contempler Matthew Ziegler avec sa chemise froissée, d'esquisser un sourire et d'entonner un joyeux « bonjour ».

Zoey émit un rire nerveux, à reléguer dans les rires les plus stupides qu'elle pouvait avoir, ce que Sally ne releva pas, en vraie amie.

Elle se contenta de poser son sac et de lever un sourcil vers l'imprimante allumée.

— Il faut la connecter en wi-fi pour qu'elle marche, fit-elle remarquer. Attendez…

L'opération prit deux minutes, durant lesquelles Zoey prépara un nouveau café sans dire un mot et en suppliant son rire stupide d'aller rejoindre ce qui lui restait de dignité. Sally sortit la feuille de l'appareil et la tendit à Matthew.

— Je vous remercie, répondit-il en lisant rapidement le contenu.

— Vous allez au Wonderful Lunch ? demanda Sally.

Évidemment, elle avait l'air parfaitement au courant de ce dont il s'agissait, et même assez envieuse.

— Qu'est-ce que c'est, le Wonderful Lunch ? intervint Zoey d'un ton désinvolte.

— Une réunion de blogueurs culinaires, autour de trois chefs, avec dégustation.

— En quoi est-ce si merveilleux ?

Sally la dévisagea, les yeux écarquillés. Elle se retenait devant Matthew, mais tout son visage exprimait une indignation profonde.

— Les gens les plus suivis de la blogosphère y assistent. C'est un formidable tremplin de communication.

— Les chefs ont vraiment besoin de ça pour asseoir leur réputation ?

— Oui, Zoey.

Sally eut un sourire tout à fait inquiétant. Matthew vint à sa rescousse :

— Votre amie a raison. Sans la blogosphère, aujourd'hui, difficile de se lancer.

— Je n'en suis pas persuadée.

Matthew s'assit au comptoir, devant le café qu'elle venait de lui servir. Même son air sérieux, professionnel, était sexy. Son ton, aussi – elle l'aurait jugé légèrement condescendant, en temps normal, surtout devant Sally qui exultait en silence.

— Vous ressemblez à certains de mes collègues critiques… Les vieux de la vieille qui poussent des cris à l'idée que leur cher papier puisse être supplanté par Internet.

— Je vous remercie… Je ne suis pas si conservatrice.

— La communauté des blogueurs est étendue, vive et réactive. Ils sont curieux et ont soif d'apprendre. Je crois fermement qu'une alliance de nos deux supports, la critique traditionnelle et leur engouement collectif, qui n'est pas dénué d'expertise, figurez-vous, est tout à fait possible. Certains chefs sont devenus extrêmement populaires, et de façon plus que justifiée pour quelques-uns, grâce aux blogueurs.

— Je cuisine essentiellement pour les réceptions de mariage, vous semblez l'oublier ?

Il secoua la tête. Matthew ne devait pas être du genre à occulter quoi que ce soit. Avec le sourire qu'il lui lança, elle se demanda s'il pensait vraiment à la convaincre du bien-fondé de sa stratégie ou s'il était, lui aussi, perturbé par les images qui l'assaillaient depuis le matin. Elle revoyait précisément la petite ride qui apparaissait entre ses yeux plissés quand il l'embrassait, lorsqu'il répondit, l'air sérieux :

— Dans ce domaine également, il y a un vrai réseau à exploiter. Des *wedding planners* et surtout des stylistes culinaires, qui peuvent mettre en valeur vos présentations par leurs photos. Vous avez déjà le sens de la scénographie, vous pouvez être bien plus visible sur Internet, qui reste le premier moyen de recherche de la génération qui se marie actuellement.

Zoey leva les yeux au ciel.

— Merci, souffla Sally, à l'intention de Matthew.

— Je vous en prie, répondit-il avec un sourire. Souhaiteriez-vous m'accompagner, Zoey ?

Sally émit une espèce de petit couinement hystérique. Zoey n'avait jamais imaginé qu'elle puisse se comporter officiellement comme une groupie. On aurait dit une fashionista devant une paire de Max Azria, ce qui lui ressemblait fort peu. La dernière fois qu'elle avait eu ce genre de réaction, c'était à l'idée que le maire de New York fasse construire de nouveaux parkings à vélos dans Manhattan.

— Je n'y aurais pas ma place. Sally, en revanche…

Elle adressa un sourire qu'elle voulut bienveillant – mais qui devait paraître particulièrement moqueur, en fin de compte – à son amie. Sally rentra la tête dans les épaules, apparemment désolée par son manque de tact.

— C'est une bonne idée, approuva Matthew. Je pourrais vous présenter Cybil Green.

— J'adore cette styliste culinaire ! s'écria Sally. Si Zoey pouvait débloquer un budget pour elle, nous aurions enfin des photos dignes de ce nom !

— Je n'osais pas le souligner, répondit Matthew.

— Que reprochez-vous à nos photos ? demanda Zoey, vexée, malgré le fait qu'elle n'avait rien à voir avec les photos, ni avec leur site Internet.

Sally prit un air contrit et se mit à triturer une mèche de ses cheveux, ce qu'elle faisait souvent lorsqu'elle se trouvait dans une situation embarrassante.

— Ce sont des photos de mariage.

— Ce sont des buffets de mariage, corrigea Zoey.

— Nous pourrions avoir des photos plus professionnelles.

— Et qui mettraient en valeur votre excellent travail de présentation, répéta Matthew, à qui Sally offrit son sourire le plus reconnaissant.

Ils finirent par convenir que Zoey réfléchirait à cette proposition, puis déterminèrent l'heure à laquelle Sally et Matthew devaient se retrouver. Enfin, Sally attendit le temps strictement nécessaire à ce que la conversation piétine dans une normalité un peu molle pour s'éclipser, les laissant face à face, dans un silence gênant.

— Bien, fit soudain Matthew en attrapant la tasse devant lui. Je vous remercie pour le café.

Zoey leva les yeux au ciel. Ils étaient revenus au point de départ. Ils allaient être polis, distants, se remercier…

Ou il dirait quelque chose comme : « Verriez-vous un inconvénient à ce que je vous rappelle ? »

Ou pire : « Verriez-vous un inconvénient à ce que nous fassions comme si rien ne s'était passé ? »

Il ne dirait probablement pas ça. Il se contenterait de ne pas la rappeler et elle savait très bien que ça la rendrait furieuse. Elle refuserait de l'appeler elle-même, non pas parce que ça ne se faisait pas, mais parce qu'il était hors de question qu'elle lui montre le moindre intérêt dans ces circonstances.

— Puisque nous parlions travail… commença-t-il.

Rien ne lui serait épargné.

— Mon ami Rafael Branco, l'attaché culturel, a adoré votre cuisine, comme vous l'avez entendu de sa bouche, et m'a chargé de vous demander s'il était possible que vous cuisiniez un dîner pour quelques-uns de ses amis et lui-même.

Zoey hésita. Elle n'avait pas fait de dîners privés depuis des années. Si elle avait aimé le challenge que représentait le travail dans une cuisine non professionnelle, elle avait en revanche détesté l'impression qu'elle avait eue : être un simple sous-fifre pour de riches amateurs de gastronomie.

— Je comprendrais – et il comprendra – que vous n'ayez pas le temps. Cependant, l'expérience pourrait être intéressante et diversifier votre offre.

Elle se sentit piquée au vif. Son entreprise de traiteur marchait honorablement. Sally et Matthew lui donnaient à présent l'impression qu'elle avait sans cesse besoin de nouvelles opportunités.

— Si vous voulez mon avis, vous devriez accepter, continua-t-il. Il a dans l'idée de monter un restaurant à New York depuis un moment.

— Cela vous arrangerait-il que j'accepte ? demanda Zoey, vivement.

— Je ne comprends pas.

— Avez-vous un intérêt à ce que j'accepte ?

— En quelque sorte, oui, car Rafael est un ami et j'aime faire plaisir à mes amis. D'un point de vue professionnel, aucun, ajouta-t-il avec un rictus moqueur.

— Bien. Voici donc ce que je vous propose. Je fais ce dîner pour votre ami et, en échange, vous aidez Sally à obtenir un prix intéressant pour les photos de cette Cybil Green qu'elle admire tant.

— Vous ne perdez pas le nord, fit remarquer Matthew. Mardi prochain ?

— C'est un peu court, mais soit. Un accord est un accord.

Il termina son café, satisfait, et posa sa tasse dans l'évier à côté de la machine. Comme il se retournait, avec l'air de réfléchir intensément, puis la regarda en souriant, elle eut aussitôt envie de se jeter sur lui, ce qu'elle ressentait chaque fois qu'il abusait de cette expression à la fois charmante et légèrement ironique.

— Heureusement que vous ne négociez pas aussi âprement dans l'intimité, sinon je serais en caleçon, à l'heure qu'il est, murmura-t-il.

Elle retint un rire.

— Vous présumez un peu trop de ce que vous avez à offrir.

— Sans aucun doute, répliqua-t-il. Au cas où vous seriez déjà en train de préparer une autre répartie cinglante, je tiens à vous préciser que, moi, j'ai apprécié la nuit dernière.

— Votre totale absence de fierté me désole, répondit-elle, en cachant son propre sourire.

— La fierté et le sexe ne vont jamais très bien ensemble. Je crois l'avoir prouvé hier soir en vous attendant pendant deux heures à une terrasse de restaurant, pour finir par me faire crier dessus en public.

Il sembla hésiter à se rapprocher puis se ravisa.

— Je suppose que je devrais vous embrasser pour vous dire au revoir.

Oh, mon Dieu… pensa-t-elle.

Devait-il toujours commenter ce qu'il s'apprêtait à faire ?

— Vous n'êtes en rien obligé, dit-elle, un peu trop sèchement.

Elle mourait d'envie qu'il l'embrasse. Pas pour lui dire au revoir, en toute honnêteté.

— Parfait, répondit-il. Je déteste ce genre de démonstrations en public.

Il fit quelques pas vers la porte puis se retourna.

— Je vous autorise cependant à me rappeler, précisa-t-il.

Zoey n'eut pas le temps de digérer ses paroles. Sally, qui, elle l'espérait, avait évité d'écouter leur conversation depuis le laboratoire, jaillit sitôt la porte de la boutique refermée.

— Tu as couché avec Matthew Ziegler ! rugit-elle, réjouie.

— Ton esprit de déduction m'émerveillera toujours, Sally, répondit Zoey en sortant le classeur de commandes.

— C'était comment ? Est-ce qu'il est aussi sexy en privé ? Vous allez vous revoir ?

Zoey réfléchit un instant. La balle était dans son camp. Une partie d'elle mourait d'envie de revoir Matthew, tandis que l'autre ne savait pas du tout quoi faire. Il avait parlé de sexe, pas de relation. Elle n'avait rien contre l'idée d'avoir un *sex-friend*, surtout en la personne de Matthew, mais il se trouvait qu'ils n'étaient pas amis et qu'elle n'avait pas l'intention de s'embourber dans une histoire qui se révélerait immanquablement décevante, une fois la période de découverte passée.

Spécifiquement avec un homme capable de lui dire : « J'ai beaucoup apprécié ce moment », ce qui semblait être son degré maximum de spontanéité.

Sans parler de son « Je suppose que je devrais vous embrasser ».

Sally suivait, avec une certaine fébrilité, le cheminement de ses pensées.

— Tu n'auras aucun détail, annonça Zoey en ouvrant le classeur d'un coup sec.

— Tu n'es vraiment pas une bonne amie.

— Vraiment ? Est-ce que je te demande des détails sur tes nombreuses expériences sexuelles ?

— Tout le temps.

— Uniquement parce que je sais que tu adores en parler. C'est être une vraie amie, vois-tu ?

Sally rit.

— Allez, dis-moi au moins si vous allez vous revoir…

— Je ne sais pas encore, mentit Zoey.

Elle ne comptait pas parler de la prestation qu'elle s'était engagée à assurer auprès de Rafael Branco ni de ce qu'elle avait négocié avec Matthew. Elle voulait laisser une victoire totale à Sally, si Cybil Green acceptait de travailler pour elles. Elle lui devait bien ça.

— Pas la semaine prochaine en tout cas, reprit-elle. Nous avons le mariage Hawkins-Lopez samedi et la fête de Cass vendredi soir.

— Plus ça va, plus j'ai l'impression que nous sommes un couple, maugréa Sally, en soufflant sur une de ses mèches rousses. Si ça continue, nous ferions mieux de vivre ensemble, ça limiterait nos frais de transport.

— Il ne tient qu'à toi d'être avec quelqu'un d'autre, rétorqua Zoey, narquoise.

Sally la dévisagea.

— Pourquoi dis-tu cela ?

— Juste parce qu'il te suffirait de le vouloir, dit Zoey en haussant les épaules.

Son amie avait à présent le même regard étrange que la veille. Presque traqué. Zoey était désormais certaine qu'elle lui cachait quelque chose.

Un signal d'alarme retentit dans son esprit. Sally avait clairement exprimé le manque de perspective de Zoey's Kitchen et l'absence d'initiative de Zoey. Elle essayait sans cesse de développer de nouveaux moyens de communication auxquels Zoey n'accordait que peu d'importance, comme elle venait de le faire tout à l'heure avec Matthew. La façon dont elle avait sauté sur l'occasion pour aller à ce déjeuner et l'intérêt qu'elle avait montré à l'égard de cette styliste culinaire prouvaient encore une fois qu'elle devait s'ennuyer en tant qu'assistante d'une structure si petite et conservatrice.

— Sally, si tu avais un souci, tu me le dirais, n'est-ce pas ?

— Oui, bien sûr !

Son amie parut se détendre légèrement, même si son visage gardait une expression anxieuse.

— Nous nous disons tout, non ? renchérit Zoey, une boule au ventre.

— Pas en ce qui concerne nos vies amoureuses, apparemment, tenta de plaisanter Sally.

Le ton n'y était pas vraiment. Zoey ne sut quoi répondre. Elle ne voulait pas harceler Sally de questions, ni être le genre de patronne qui bride ses employés. Pour la première fois, la double place de la jeune femme, à la fois son amie et son assistante, lui parut difficile à gérer. Sally devait éprouver la même chose.

Pourtant, cette dernière sauta lestement sur le tabouret à côté de Zoey et se plongea dans le classeur de commandes.

— Au travail ? dit-elle joyeusement.

— Au travail, confirma Zoey, bien moins joyeusement.

Le doute s'était insinué dans son esprit et elle savait depuis longtemps qu'il ne lui réussissait pas.

Elle sourit néanmoins à Sally et toutes deux se concentrèrent sur les commandes à venir.

17

Les gentilles filles font attention aux affaires des autres

L'appartement que Rafael Branco louait à New York exauçait les rêves les plus fous de Zoey. La cuisine était un petit bijou de technologie et les nombreux plans de travail en marbre noir lui offraient assez d'espace pour qu'elle s'étale en toute sérénité.

Elle était aux fourneaux depuis le début de l'après-midi lorsque l'attaché culturel passa une tête enjouée par la porte pour la saluer. Elle ne l'avait pas encore vu, une employée sèche et distante l'ayant accueillie et guidée, au travers d'un dédale de couloirs, jusqu'à la cuisine.

— Cela vous convient-il ? demanda Rafael Branco, après lui avoir dit bonsoir.

— Votre cuisine est un rêve, répondit spontanément Zoey. Voulez-vous voir ce que je…

— Non, non ! s'exclama le Brésilien. Je tiens à une totale surprise ! Mes invités arriveront d'une minute à l'autre. Si vous avez besoin de quelque chose, je serai dans le salon.

Zoey était incapable d'identifier où étaient le salon et même la salle à manger, bien qu'elle y fût amenée par l'employée de maison.

— Tout sera prêt, affirma-t-elle de sa voix la plus professionnelle.

Elle ne mentait pas. Elle n'avait plus qu'à dresser les assiettes pour les entrées – des gambas à la purée d'avocat et à la coriandre fraîche –, à râper les copeaux de parmesan pour la salade et à mettre les cassolettes de canard, figues et truffes au four au bon moment. Dans le frigo, les tartes au citron spéciales Nana attendaient leur décor en chocolat blanc et zestes confits, ce qui ne lui prendrait pas plus de deux minutes.

Le sommelier avait apporté les vins et les avait mis à décanter dans le cellier et l'employée de maison devait assurer le service. C'était, comme Branco l'avait souligné, un dîner tout à fait intime.

Lorsqu'on lui en donna le signal, Zoey fit partir les entrées, dans un timing parfait. Le reste du dîner se déroula de la même façon. Vingt minutes après avoir envoyé le dessert, son téléphone émit les quelques bips soutenus qui indiquaient qu'elle avait reçu un message. Elle s'assit sur le bord de la table et le consulta. Il venait de Matthew.

« *C'était absolument divin.* »

Elle appuya sur « répondre ».

Un autre bip l'interrompit.

« *Je parle de vos tartes.* »

Il se trouvait évidemment dans la salle à manger. Elle aurait dû se douter qu'il assisterait à ce dîner, qu'il avait initié, étant un ami de Rafael Branco. Pas une seconde, elle n'avait pensé aux gens qui goûteraient à ses plats comme à des personnes qu'elle pourrait croiser. Cela faisait partie du jeu difficile de la cuisine à domicile quand on avait un client aussi fantasque que Rafael Branco, alors que la plupart des clients avaient des idées bien arrêtées sur ce qu'ils voulaient à leur table. Elle s'était mis en tête qu'elle devrait séduire, sinon plaire, à de parfaits inconnus.

Heureusement, Matthew avait eu la délicatesse de ne pas se manifester avant le repas.

Elle allait répondre, quand l'employée de maison, dont elle ne connaîtrait jamais le nom, entra pour la prier de se présenter au salon, avant de se diriger vers la machine à café, lui signifiant par un regard froid qu'elle dérangeait la suite des opérations.

Zoey retira sa blouse et se passa la main dans les cheveux. Elle avait réussi à les faire tenir en un chignon bas très serré, coiffure qui les disciplinait, mais qu'elle évitait en général parce qu'elle la jugeait trop stricte, ce qui lui évoquait sa mère et lui donnait un mal de crâne épouvantable.

Elle mit quelques minutes à trouver le salon, ouvrant des portes au hasard pour découvrir plusieurs chambres et même un placard. L'ambiance feutrée et élégante de l'appartement l'impressionnait un peu, maintenant qu'elle était sortie de la cuisine – toujours le lieu le plus familier.

Elle finit par y entrer. Les murs gris s'ouvraient sur plusieurs fenêtres à petits carreaux qui donnaient sur une terrasse. Dans un canapé tendu de blanc, Rafael Branco parlait avec un couple de gens de son âge, d'une distinction bohème, l'homme habillé de lin clair et la femme drapée, malgré la chaleur, dans une longue robe en soie écrue. L'ensemble paraissait presque aveuglant, en dépit de la lumière tamisée des bougies déposées ici et là. Sur le canapé en face d'eux, Matthew étendait ses longues jambes sous la table basse, dans une attitude nonchalante qu'elle lui savait désormais habituelle. Les convives buvaient du champagne et du cognac en même temps que le café, qui avait été plus rapide qu'elle à parvenir jusqu'à eux. Des voix venaient de la terrasse.

Rafael Branco l'accueillit chaleureusement, la présenta au couple – des musiciens brésiliens – et la fit asseoir en face d'eux, tout près de Matthew. Ils la félicitèrent avec enthousiasme, lui posèrent des questions puis répondirent aux siennes sur la cuisine de leur pays, dont ils s'avéraient être, tout comme Branco, des amateurs éclairés.

— Je cherche un chef comme vous depuis des années, dit soudain Rafael Branco, profitant d'un bref silence dans la conversation. Mon rêve est de monter un restaurant ici.

— Les opportunités ne manquent pas, répondit Zoey. Les New-Yorkais sont toujours à l'affût de nouveaux endroits où sortir.

Rafael Branco plissa les yeux.

— Je ne veux pas d'un de ces restaurants à la mode qui lassent au bout d'un an. Je veux une carte raffinée, qui tourne autour de quelques plats et un décor soigné. De l'originalité mais de l'authenticité également.

— Je suis certaine qu'un tel restaurant marcherait, répliqua Zoey, poliment.

— Réfléchissez-y, lança Rafael, en la regardant d'un air bienveillant.

Matthew restait silencieux, sa cuisse touchant celle de Zoey, qui trouvait cette proximité de plus en plus difficile à gérer. D'autant que de sa main négligemment posée sur le dossier du canapé, il en profitait pour lui caresser le dos du bout des doigts, discrètement.

Du moins, elle l'espérait.

Ce simple contact l'excitait plus que de raison, la faisait frissonner de la tête aux pieds et transformait peu à peu son rire poli en une espèce de gloussement hystérique. Elle se demanda comment Matthew arrivait à garder ce visage impassible, tandis qu'il dessinait des arabesques au travers du tissu de son haut.

Comme ses doigts s'aventuraient vers ses reins, à la limite de sa jupe, elle profita d'un nouveau silence pour demander à voir la terrasse.

La vue était splendide. Tout comme Sofia Alves qui discutait avec Luis Delacruz, accoudés tous les deux à la balustrade. La femme portait un top dos nu et un pantalon fluide taille haute – le genre de pantalon dont Zoey rêvait, mais qu'elle ne pouvait pas porter, sous peine de ressembler à un petit marin potelé, de ceux qu'on voyait dans les publicités des années trente. Elle se retourna, appréhenda Zoey, ainsi que Matthew qui l'avait suivie, et se dirigea vers eux, un sourire aux lèvres.

— C'était délicieux, chère Zoey, dit-elle d'un ton que la chef qualifia aussitôt d'artificiel.

Puis elle se rappela que Marianita et Matthew avaient souligné sa franchise redoutable. Cependant, elle resta sur ses gardes, d'autant qu'elle mettait dorénavant un point d'honneur à ne pas se laisser humilier devant Matthew, alors qu'il lui avait fait clairement comprendre qu'elle avait la main et, à la fois, que leur relation n'en était pas vraiment une. Elle avait beau avoir toujours refusé les jeux mondains, elle restait la fille de Fran Westwood : les refuser ne voulait pas dire qu'elle n'était pas capable de les gagner.

— Je vous remercie. Venant de vous, je suis particulièrement touchée.

— Je suis toujours à la recherche de nouveaux talents, reprit Sofia. Seriez-vous intéressée pour venir visiter un de mes restaurants ?

La question prit Zoey de court. Elle n'avait jamais envisagé d'avoir à répondre de façon aussi directe à une proposition d'embauche à peine déguisée. Elle avait toujours rêvé de voyager et avait même pensé à s'installer à l'étranger. Évidemment, Zoey's Kitchen lui avait pris tout son temps et son énergie, depuis quatre ans, mais au fond, seule l'idée de quitter ses amis et sa famille l'avait arrêtée. À ses côtés, Matthew s'agita.

— C'est une excellente idée, dit-il.

La perspective qu'elle parte au Brésil ne semblait pas le déranger. Elle trouvait cela presque décevant.

— Avec plaisir, répondit-elle.

— Matthew, chéri, pourrais-tu aller me chercher mon sac ? demanda Sofia.

Le « chéri » arracha une vive pulsation d'agacement à Zoey. Cette intimité, soulignée par une roucoulade qu'elle jugea ridicule pour une femme de son âge, et bien qu'elle ait parfaitement conscience qu'il n'en était rien, lui donnait envie de se laisser aller aux pires sarcasmes.

Elle se retint pourtant.

Elle nota juste que Matthew obéissait. Elle aurait été curieuse de voir sa tête si elle lui avait servi du

« chéri » en lui donnant des ordres, même si l'idée lui évoqua aussitôt des ordres d'une tout autre nature.

Quand il apporta le sac, elle lui adressa un sourire intentionnellement moqueur, auquel il ne répondit pas. Sofia sortit une carte de visite.

— Mon assistante vous appellera, mais vous pouvez également me contacter directement si vous avez des questions.

Zoey aurait aimé répondre sur un ton identique, mais elle n'avait jamais dit des choses comme « mon assistante vous appellera », même si c'était le statut officiel de Sally. Et ses cartes de visite étaient au nom de Zoey's Kitchen, pas au sien.

— Vos tartes au citron étaient étonnantes, ajouta Sofia. Quel était l'ingrédient spécial ?

— Il est secret, répondit Zoey.

— En effet, intervint Matthew. Trop subtil pour qu'aucun de nous n'arrive à le découvrir. Un indice ?

— Je ne dévoile pas mes recettes, riposta Zoey, d'un ton rieur. Même pas à Sally.

— Vous êtes moins généreuse que votre grand-mère, fit remarquer Sofia.

Zoey fronça les sourcils. Elle ne s'était pas attendue à cette saillie, ni à ce que la redoutable Brésilienne aborde aussi franchement ce sujet-là. Elle avait pris l'habitude que tout le monde ignore ce détail de sa biographie.

— Je ne suis pas certain que Zoey apprécie qu'on établisse une comparaison aussi franche, Sofia, murmura Matthew.

Elle lui fut reconnaissante de lui venir en aide, même si elle estimait qu'elle n'en avait pas besoin.

— Ma grand-mère écrivait des livres de cuisine. Je suis chef. J'imagine que vous voyez la différence.

— Oui. Je ne voulais pas être grossière. J'aime beaucoup les livres de votre grand-mère. Je trouve que vous êtes sa digne héritière sur bien des points.

Sa voix s'était adoucie. Le fait qu'elle s'excuse à demi-mot la rendit plus sympathique aux yeux de Zoey. Sofia ne savait simplement pas retenir ses pensées. Elle se demanda comment cette femme avait pu construire un tel empire, sans ce sens de la diplomatie nécessaire à tous les grands bâtisseurs.

— Vous me faites penser à moi au même âge, ce que je ne devrais pas dire en face d'une femme plus jeune, et nettement plus attirante aussi, continua Sofia.

Cette remarque déstabilisa Zoey.

— Vous avez un don précieux et je me doute que vous devez avoir une bonne stratégie. La stratégie, voilà ce qui importe.

— J'imagine en effet qu'il vous en a fallu beaucoup pour arriver à développer des restaurants aussi exceptionnels dans un pays comme le Brésil, étant une femme, de plus.

— Vous savez, je me contente d'exploiter les talents des autres, murmura Sofia, soudain modeste.

— Sofia est effectivement une excellente stratège, dit Matthew.

— Pas dans tous les domaines, hélas, répondit Sofia.

Son regard se voila soudain, alors qu'il se posait sur Matthew. Elle eut une expression de tristesse, brève mais violente. Zoey observa Matthew. Il regardait également Sofia et esquissa un geste vers elle. Elle se sentit aussitôt exclue de leur échange et passablement mal à l'aise.

— Je vous prie de m'excuser, bredouilla-t-elle.

Sofia se redressa brusquement, comme si elle se rendait compte qu'elle s'était mise au jour.

— Je vous en prie.

Zoey s'éclipsa. Elle traversa le salon, tomba sur l'employée qui n'avait pas de nom et lui demanda où étaient les toilettes. Celle-ci les lui indiqua d'un geste assez peu précis. Elle lui faisait clairement comprendre que sa place n'était pas là.

Zoey s'engagea dans un couloir tapissé de papier peint bleu, aux motifs argentés, sans doute dessinés à la main, jusqu'à une intersection qu'elle reconnut, pour l'avoir empruntée depuis la cuisine. Elle alla donc sur sa droite, poussa une porte, puis une autre, jusqu'à tomber sur une chambre dans laquelle la lumière avait été laissée allumée. Au pied du lit défait, elle vit des chaussures de femme et une robe chiffonnée. Elle entra, dans l'espoir de trouver une salle de bains.

La première porte s'ouvrit sur un immense dressing, dont un seul des portants était utilisé. Au moment où elle la refermait, un bruit de pas, amorti par l'épaisse moquette, la fit se retourner. Matthew se tenait devant elle.

— Je me suis perdue, bafouilla-t-elle.

Elle n'avait aucune envie qu'il pense qu'elle était une gourde incapable de se repérer dans plus de trente mètres carrés, mais elle n'avait rien trouvé d'autre à dire.

— Je suis venu vous sauver, répondit-il, avec une lueur amusée dans les yeux.

Il se tenait maintenant à moins d'un mètre d'elle, l'air fermement décidé à réduire davantage la distance sociale autorisée.

— C'est vrai que j'aurais risqué ma vie, ici, dit Zoey. On m'aurait peut-être retrouvée au matin en train d'errer dans un des dressings, complètement déshydratée.

— Vous n'avez pas conscience des risques que vous prenez, en effet, à vous promener toute seule dans cet appartement.

— Sofia doit se demander où vous êtes.

Il haussa les épaules, sans cesser de sourire.

— Seriez-vous jalouse d'une femme qui a l'élégance de vous proposer un poste dont la plupart des chefs du monde entier ne feraient que rêver ?

— Je ne suis pas jalouse.

— Vous faites bien. Je déteste les femmes jalouses.

Il avait l'art d'être agaçant, au moment même où il devait simplement être attirant et drôle.

— Retournons là-bas, ordonna Zoey, plus pour elle-même que pour lui. Tout le monde va se demander quelle est la nature de nos relations, si encore ils ne vous ont pas vu me caresser le dos alors que je tentais d'avoir une conversation professionnelle.

Matthew hocha la tête.

— Vous avez adoré que je vous caresse le dos. Vous vous trémoussiez comme une étudiante. C'était adorable.

— Vous avez vraiment un don pour me rendre ridicule, marmonna Zoey.

S'il faisait un pas de plus, elle était à peu près certaine de ne plus pouvoir se contrôler.

— J'ai dit que vous étiez adorable, insista-t-il.

Il s'approcha un peu plus. Elle sentait son parfum et l'odeur affolante de sa peau. Il se pencha vers elle.

— Vous avez si peu confiance en vous que vous imaginez que les marques d'intérêt ne peuvent être que de la condescendance.

— Épargnez-moi vos analyses psychologiques, railla-t-elle, déstabilisée.

Ses mains s'approchaient dangereusement de ses hanches.

— Vous êtes tellement fière que vous seriez morte plutôt que de me rappeler.

— Je ne suis pas fière !

— Vous l'êtes.

Le bout de ses doigts caressa le tissu de son haut, à l'endroit où il effleurait sa jupe, jusqu'à accéder à un peu de peau. Elle fut parcourue d'un frisson délicieux.

— Avouez-le ou je vous fais l'amour ici même et tellement crier qu'aucune des personnes présentes n'aura de doute sur la nature de nos relations.

— Comment osez-vous ? murmura-t-elle, le souffle court. Je n'ai jamais crié.

— Justement, répondit-il. Je l'ai pris comme un affront personnel.

— Je vous assure que si je crie à cause de vous, ce sera parce que vous aurez réussi à m'excéder.

Elle était d'une mauvaise foi exemplaire. Et lui d'une répartie redoutable :

— Je vous promets de ne pas tomber dans l'excès, même si j'en meurs d'envie.

— Qu'est-ce qui vous permet de croire que…

Sans la laisser continuer, Matthew l'attira contre lui. Sa bouche chercha la sienne, la trouva et l'embrassa avec une férocité qui faillit lui faire pousser un cri. Il passa aussitôt les mains sous son haut, sans se soucier de respecter un tant soit peu le temps réglementaire avant de franchir cette étape. Ils n'en étaient de toute façon plus là.

Elle se suspendit à son cou et lui rendit son baiser avec la même avidité. Sa langue s'insinua dans sa bouche. Encouragé par son initiative, il appuya ses mains sur ses reins pour la faire cambrer, plaquant son bas-ventre contre le sien.

Elle oublia où elle était et ce qu'elle faisait. Elle n'avait qu'une envie, lui arracher sa chemise, son pantalon et le faire tomber sur la moquette, où traînaient les affaires d'une autre, dans cette chambre inconnue.

Il recula la tête pour reprendre son souffle, ses doigts glissant sur sa peau avec une douceur légèrement fébrile.

— Vous parliez d'un dressing ? demanda-t-il.

Elle chercha la poignée dans son dos et rouvrit la porte. Puis elle entreprit de défaire les boutons de sa chemise, alors qu'il entrait avec elle dans le dressing, sa bouche de nouveau attachée à la sienne et les mains accrochées à ses hanches. Il se laissa faire puis l'aida à l'enlever lorsqu'elle se débattit avec ses boutons de manchette. Prises d'une volonté propre, les mains de Zoey s'attaquèrent à sa ceinture, qui glissa hors de sa boucle, puis aux boutons du pantalon qui chut sur ses chevilles. Elle releva la tête vers lui, triomphante.

Il plissa ses yeux noisette, dont les éclats dorés lui donnaient plus que jamais l'air d'un loup prêt à se jeter sur sa proie, puis la fit pivoter. Elle se retrouva face à la penderie. Instinctivement, elle mit les mains sur la barre pour ne pas tomber. Dans d'autres circonstances, elle aurait trouvé cette initiative déplacée, et peut-être même légèrement humiliante, mais Matthew plaqua sa bouche dans son cou et, avec une douceur infinie, fit danser ses mains le long de ses cuisses, remontant sa jupe petit à petit.

Sa main droite lui effleura les fesses, au travers du tissu de sa culotte. Elle entendit le bruit du papier qui se déchire et sourit à l'idée qu'il avait prévu de lui faire l'amour, cette fois-ci. Il posa les mains sur ses fesses, fit glisser sa culotte. Elle l'envoya balader d'un mouvement de cheville rapide. Avec une fermeté avide, il lui écarta les cuisses, plaça ses jambes de chaque côté des siennes, l'obligeant à se cambrer au maximum. Lorsqu'il la pénétra, il poussa un gémissement sourd, amplifié par l'écho du dressing vide.

Ses mains remontèrent jusqu'à son ventre puis sa poitrine, alors qu'il accélérait les mouvements de son bassin, et qu'elle s'ouvrait encore plus pour l'accueillir. Il fit rouler les bonnets de son soutien-gorge sous ses seins, caressa ses tétons, avec une douceur sous laquelle perçait une sauvagerie manifestement difficile à contenir, comme son sexe s'enfonçait encore un peu plus en elle.

Zoey s'accrocha au portant du dressing. Plus tard, elle se demanda comment il ne s'était pas écroulé sous leur poids et la force avec laquelle Matthew lui faisait l'amour, en gémissant dans son cou. Sur le moment, elle n'y pensait pas. Son esprit se trouvait quelque part entre son bas-ventre et sa gorge et se retenait de hurler de plaisir.

Par fierté, devrait-elle l'admettre, mais également parce qu'elle savait que Matthew ne résisterait pas à ses gémissements.

Il s'arrêta brusquement de bouger, les mains sur ses seins, son sexe palpitant dans le sien. Sa main descendit jusqu'à son bas-ventre. Elle avança un peu, pour laisser ses doigts atteindre son clitoris. Son autre main était suspendue au-dessus de sa poitrine et se contentait de l'effleurer, ce qui la poussa à avancer vers elle. En vain, puisque ses doigts s'éloignaient doucement, au fur et à mesure qu'elle se redressait.

Alors que Matthew se mettait à la caresser avec une maîtrise étonnante, ses dents s'enfoncèrent délicatement dans son cou. Elle sentit son propre souffle s'accélérer, alors qu'il le lui mordillait, le torse secoué par un halètement qui trahissait son impatience.

Son bas-ventre n'était plus qu'une succession lente de vagues de crispations qui la menaient vers un plaisir qu'elle pressentait brutal.

Il lui murmura quelque chose, qu'elle n'entendit pas vraiment, uniquement concentrée sur l'onde qui montait de son ventre, alors qu'il accélérait la pression de ses doigts.

Enfin, elle jouit avec une telle violence que le portant de la penderie trembla sous ses mains.

Parcourue de spasmes, elle ne put contenir une plainte langoureuse, à laquelle il répondit par un juron, avant de se remettre à la pénétrer fiévreusement. Quelques minutes plus tard, il lui attrapa les hanches, les tira brutalement vers lui, et elle entendit l'éclat de rire qui l'avait tant décontenancée la première fois et qui continuait à la surprendre.

— Je suis tellement désolé, chuchota-t-il dans son cou. Je me suis emporté, je crois.

— Vous ne vous êtes pas emporté, répondit-elle d'une voix enrouée.

— Quittez tout de suite ce ton, gronda-t-il. Ou je nous enferme ici jusqu'à la fin de nos jours.

Elle remua le bassin pour se dégager.

— Vous êtes d'un romantisme échevelé… On finirait par nous découvrir.

Elle se retourna. La lumière de la chambre pénétrait dans le dressing et éclairait le visage de Matthew. Il la prit dans ses bras et la serra contre lui, avec une douceur qui la déconcerta un peu.

— Je dirai que vous avez abusé de moi, déclara-t-il.

— Je nierai.

— Personne ne fera confiance à une femme qui met de la tequila dans les tartes au citron.

— Vous aviez donc trouvé…

Son sourire fut arrêté par la bouche de Matthew qui s'abattit sur la sienne. Son baiser lui arracha une nouvelle onde de chaleur du ventre à la poitrine. Il la repoussa délicatement.

— Je vous laisse vous rhabiller, murmura-t-il avant de parcourir son visage de ses lèvres, jusqu'au sommet de son crâne.

Galant. Poli. Efficace.

Elle leva les yeux au ciel mais ne fit rien pour le retenir, alors qu'il remontait son pantalon, tâtonnait pour retrouver sa chemise et sortait du dressing.

Elle s'appuya contre le mur, le cœur battant. Elle n'était pas certaine de pouvoir s'habituer à ce genre de relation mais, en revanche, elle savait qu'elle n'avait éprouvé un tel désir ni autant de plaisir auparavant. Elle avait déjà expérimenté plusieurs endroits et se targuait de ne pas être particulièrement coincée. Elle avait même choqué Spencer quelquefois, ce qui n'avait pas été difficile. Au cours de leur histoire, Spencer s'était révélé plutôt classique d'un point de vue sexuel, ce qui remettait largement en cause sa propre échelle de valeur morale.

Matthew aurait pu la convaincre de faire l'amour n'importe où et n'importe quand, ce qu'il venait effectivement de lui prouver. Il était capable aussi de se conduire comme un parfait gentleman une minute et comme un goujat celle d'après.

Elle entendit la porte de la chambre s'ouvrir puis se refermer et se mit en quête de sa culotte, qu'elle trouva finalement lamentablement pendante sur l'une des étagères du dressing.

Une fois dans la chambre, elle croisa son reflet dans le miroir qui faisait face au lit. Son chignon bringuebalait dangereusement sur sa nuque. Elle avait les yeux brillants, les joues écarlates et la marque des dents de Matthew dans le cou.

Elle ne pouvait pas se présenter comme ça, pas tout de suite. Elle devait retourner à la cuisine, où son matériel attendait de toute façon d'être remballé, puis trouver un moyen de dire au revoir le plus rapidement possible.

L'opération lui prit vingt minutes. Lorsqu'elle se contempla de nouveau dans un des miroirs du couloir, sa peau avait retrouvé une couleur normale et la morsure de Matthew n'était plus qu'une imperceptible rougeur qui aurait pu être provoquée par n'importe quel frottement. Elle ferait illusion, du moins si la grande théorie de Dalton, selon laquelle les gens dégageaient, après l'orgasme, une odeur particulière, tellement bourrée d'hormones qu'elle réveillait les instincts les plus primitifs, se révélait totalement fausse.

Elle parcourut de nouveau le dédale de couloirs et retrouva le salon. Les verres vides jonchaient la table basse et la plupart des invités devaient être sur la terrasse.

Pas tous, néanmoins. Elle s'arrêta net.

Sur le canapé, Matthew était assis, la lueur vacillante des bougies dansant sur la chemise qu'elle lui avait à moitié arrachée une demi-heure plus tôt.

La tête posée sur son épaule, les genoux repliés dans une position gracieuse, Sofia Alves approchait sa bouche de son oreille.

Il ne bougeait pas et ne semblait pas du tout avoir envie de la repousser, les jambes allongées sous la table, dans sa posture préférée. Pire, son visage exprimait une émotion qu'elle ne lui avait encore jamais vue.

Sans un mot, elle recula d'un pas, fit volte-face et quitta l'appartement.

18

Les gentilles filles ne sortent pas le soir

La fête de Cass avait toujours lieu le deuxième vendredi de juillet, dans son appartement au dernier étage d'un immeuble qui semblait systématiquement sur le point de s'écrouler. Comme le barbecue annuel de ses parents ou l'anniversaire de Nana, le mois de juillet était marqué par cet événement, nettement plus alcoolisé et amusant.

Zoey avait failli annuler au dernier moment. Elle venait de passer deux jours totalement déprimants, durant lesquels elle avait hésité entre exprimer sa franche colère et se laisser aller aux larmes, dès qu'elle avait été seule.

Matthew lui avait envoyé trois messages le lendemain du dîner. Le dernier demandait si elle avait un souci. Il n'avait pas du tout conscience qu'elle l'avait surpris avec Sofia. Elle avait eu le courage d'effacer les textos, pour ne pas être tentée de lui répondre des injures, ce qui aurait été en soi un lien qu'elle ne voulait plus avoir, même pour se défouler. Le travail lui avait permis une nouvelle fois de ne pas trop y réfléchir dans la journée, mais, le soir, seule dans son lit, elle avait tout le loisir de ressasser cette soirée et les sentiments encore violents qu'elle réveillait.

Elle aurait eu besoin de parler à Sally, mais elles étaient toutes deux tellement concentrées sur la préparation du mariage Hawkins-Lopez qu'elle avait préféré reporter cette conversation à plus tard.

Alors qu'elle arrivait en bas de l'immeuble de Cass, elle n'avait qu'une envie, retrouver son amie, tout lui raconter en détail et pleurer sur son épaule, jusqu'à ce que Sally trouve les mots pour la réconforter, ce qu'elle faisait chaque fois avec beaucoup d'à-propos.

Le bruit de la fête lui parvint depuis la cage d'escalier.

Cass organisait toujours les soirées les plus déjantées, mêlant un redoutable sens de la logistique à une boulimie de rencontres. Selon la jeune femme, la fête idéale se composait de trente-trois pour cent d'amis proches, de trente-trois pour cent de copains, dont quelques fêtards incontournables, et de trente-trois pour cent de ce qu'elle appelait « les invités spontanés », c'est-à-dire des gens qui lui avaient plu sur le moment et qu'elle souhaitait mieux connaître. Le pourcentage qui restait constituait les « impondérables de dernière minute » – selon elle, la part de risque nécessaire à toute soirée.

Zoey avait d'abord fait partie des invités spontanés. Elle avait rencontré Cass à un cours de yoga, la première année où elle était venue habiter à New York, à l'époque où elle était encore dans l'illusion qu'elle pourrait faire du sport – et le yoga était indéniablement un sport, avait-elle conclu après ses premières courbatures. Elle avait vaguement imaginé qu'il suffisait de s'allonger sur un tapis et de se concentrer sur sa respiration. À sa grande horreur, on lui avait fait faire des abdos.

Avant le troisième cours, alors qu'elle attendait dans le couloir, Cass s'était approchée d'elle et lui avait proposé d'aller boire un café, au lieu de « mourir d'ennui sur un matelas qui sent la mort ». Elle avait accepté, reconnaissante.

Cass s'était révélée drôle, un peu folle et parfaitement à l'aise avec l'idée que se mettre en jogging pour aller s'acheter un cappuccino était déjà du sport. Zoey avait tout de suite apprécié cette fille brune longiligne, au style plutôt rock, qui travaillait dans une agence de presse. Elle avait été invitée à sa fête de juillet, un peu étonnée de retrouver une régularité, qu'elle n'avait vue que chez ses parents et leurs amis, à réunir ses proches à date fixe.

— La tradition est cool, avait expliqué Cass. L'idée même de rendez-vous annuel est cool. Les amateurs de nouveauté ne comprennent absolument rien au vrai chic.

De n'importe qui d'autre, cette phrase aurait fait sourire Zoey, de façon plutôt sarcastique. Mais Cass dégageait une assurance et un sens de la tendance qui auraient pu convaincre Fran Westwood de porter du léopard, si elle le lui avait conseillé.

Adrian et Dalton s'étaient greffés aux soirées. Au début, Zoey avait demandé à Adrian de l'accompagner parce qu'elle devait s'avouer qu'elle était plutôt impressionnée par sa nouvelle amie. Puis Cass et Adrian avaient accroché – Zoey s'était souvent posé la question jusqu'à quel point, d'ailleurs. Et Dalton, qui ne laissait jamais passer une occasion de faire la fête, avait fini par s'incruster, en bon petit frère qu'il n'avait jamais cessé d'être. Du coup, Zoey avait demandé à Cass si elle pouvait venir avec Sally.

Lorsqu'elle atteignit le dernier étage, la musique faisait vibrer le parquet sous ses pieds. Cass n'avait jamais eu de problème à ce sujet : ses voisins, exclusivement des artistes ou des fêtards comme elle, étaient de toute façon dans son appartement.

Elle n'eut pas à sonner. La porte était ouverte et le couloir plein de gens qui discutaient, verre à la main. Elle salua ceux qu'elle connaissait puis s'engouffra dans l'appartement, à la recherche de Cass et de Sally. La maîtresse de maison fit justement irruption dans le couloir, suivie par son meilleur ami, Morgan, qui lui chuchotait quelque chose à l'oreille. Elle portait un haut en soie jaune pastel à volants et une minuscule jupe pamplemousse. Un serre-tête doré se confondait avec sa chevelure brune, lâchée sur ses épaules.

— Je suis tellement heureuse de te voir ! s'exclama-t-elle en prenant Zoey dans ses bras. Tu es dans une forme éblouissante !

Zoey émit un grognement dubitatif.

— Je t'assure ! renchérit la jeune femme.

— Je confirme, lança joyeusement Morgan, à ses côtés.

Zoey préféra éluder le sujet, qui lui semblait à la fois inintéressant et dangereux. Elle n'avait pas envie de rentrer dans le détail de ses problèmes, surtout pas avec Cass et Morgan qui respiraient la gaieté – et l'abus d'alcool.

— Et vous, comment allez-vous ?

— Super ! répondit Cass d'une voix aiguë. Tu n'as rien à boire ? Morgan va te trouver ça.

Le jeune homme acquiesça. Cass continua sa progression, d'un air affairé, après lui avoir fait un petit signe complice.

Alors que Zoey se dirigeait vers le salon, Morgan l'arrêta.

— Pas par là, dit-il en la poussant dans le couloir qui menait à l'immense cuisine faite de bric et de broc de Cass. Ils sont déjà déchaînés. Ton frère est le pire de tous, ce soir. On dirait qu'il a vingt ans à peine. Physiquement aussi, d'ailleurs… Et toi, comment vas-tu, au fait ?

— J'ai quelques années de plus et je le sens.

Il éclata d'un rire particulièrement alcoolisé. Avec ses cheveux récemment coupés, son visage aux traits doux et sa finesse, il avait l'air de sortir tout juste de l'adolescence.

Ils se frayèrent un chemin dans la cuisine, en disant bonjour aux gens que Zoey connaissait et qui l'accueillaient bruyamment, jusqu'à un plan de travail qui débordait de bouteilles parfaitement hétéroclites, apportées par les invités. Zoey attrapa un verre et ce qui semblait être du vin italien.

— Tu ne vas pas boire une bouteille qu'on a dû essayer de refourguer à trois soirées ! s'écria Morgan.

— Je n'allais pas boire la bouteille ! rit Zoey.

Morgan se tourna vers le congélateur et en tira une boisson qu'il mit sous le nez de Zoey. La couleur légèrement ambrée et le côté artisanal du breuvage ne lui disaient rien de bon ou, plus exactement, lui rappelaient des souvenirs embrumés, qui s'étaient terminés par un épouvantable mal de crâne et une journée au lit.

— Ce n'est pas abusé, ma poulette, fit remarquer Morgan, en voyant son expression dubitative. Ce n'est que de la vodka au miel.

— Dans un verre à limonade, observa Zoey alors qu'il lui en versait une dose plus que généreuse. Est-ce que tu as vu Sally ?

Morgan rangea la bouteille avec des airs de conspirateur.

— Les inséparables... Je crois que je l'ai aperçue sur la terrasse en train de discuter avec un type atrocement sexy et totalement hétéro.

Elle n'entendit plus sa voix, soudain. Adrian venait d'entrer dans la cuisine, un verre vide à la main, la tête dirigée vers la porte ouverte pour répondre à quelqu'un qui était dans le salon, sans que Zoey comprenne ce qu'il disait, ses paroles étant couvertes par la musique, les rires et le brouhaha de la fête. Il tourna le visage. Quand il la vit, ses yeux s'assombrirent légèrement. Il avait l'air assez saoul, lui aussi, décoiffé et de mauvaise humeur.

— Hé, Morgan, fit-il en tapant sur l'épaule du jeune homme. Tu aurais encore de cette vodka incroyable, qu'on l'achève ?

En effet, son enthousiasme attestait qu'il avait fortement participé à son agonie.

Il ouvrit les bras et serra Zoey contre lui.

— Tu m'as manqué ! souffla-t-il, dans un relent chargé d'alcool.

— Nous nous sommes vus la semaine dernière.

— Au boulot et au pince-fesses de nos parents.

— J'adorerais aller au pince-fesses de vos parents, gloussa Morgan en servant Adrian et lui-même au passage. Je suis sérieux. Je suis poli, bien élevé et j'ai une faculté d'écoute exceptionnelle. Les vieux m'adorent. Dommage que je n'ai jamais eu de beaux-parents. Toi qui en as eu une fois, Zoey, tu pourrais nous raconter comment c'est.

Les seuls « beaux-parents » qu'elle avait eus étaient les parents de Spencer. Sa mère lui avait fait clairement comprendre qu'elle n'était pas à la hauteur de son fils, dès leur première rencontre, et son père s'était contenté de lui adresser le minimum de mots autorisés par les circonstances. Ils avaient tiqué tous les deux sur son métier et son style vestimentaire. Ils devaient adorer Laurie.

— Je ne plais pas aux parents en général, lâcha-t-elle.

— Les miens t'apprécient, précisa Adrian.

— Vous êtes adorables, dit Morgan. Vous iriez tellement bien ensemble, si ce n'était pas de l'inceste.

Adrian recracha sa gorgée de vodka dans son verre. Son visage changea brièvement de couleur.

— En tout cas, Adrian, continua Morgan, sans s'apercevoir une seconde du changement d'expression du jeune homme, le jour où tu ramèneras une fille sérieuse, tu devras compter avec Zoey. Vu comme vous êtes fusionnels, elle sera pire que ta mère.

— La question ne se pose pas, murmura Adrian. Et sinon, Zoey, tout va comme tu veux ?

— Tout va pour le mieux.

— Tu as fait une grosse impression à la soirée du consulat.

La soirée du consulat lui évoquait Matthew et son attitude abominable. Une fois encore, elle décida de repousser la conversation qu'elle devait avoir avec son meilleur ami. La seule personne qui pourrait la consoler et avec qui elle avait envie de parler se trouvait quelque part dans cette fête, en train de savourer un échange avec un homme « atrocement sexy ».

— Tu sais où est Sally ?

— Il y a cinq minutes, elle se faisait draguer par un abruti de première. Encore un de ces fils à papa qui veulent se la jouer cool en…

— … en abusant de la vodka au miel, l'interrompit Zoey.

— En faisant semblant d'être féministe, termina Adrian. Ça fait trois fois que je l'entends tenir le même discours. Avec des effets de cheveux. Parce qu'il a les cheveux longs, évidemment.

— Je vais envoyer Dalton régler ça, dit Zoey, avant de se rappeler qu'elle était brouillée avec son frère.

— Laisse Dalton en dehors de ça, répondit-il en se retournant. Il est occupé. Et le problème est réglé, apparemment.

Il fit un geste désinvolte vers le salon, qu'on apercevait par la porte entrouverte. Zoey vit effectivement son frère parlant avec Marianita et Sally, qui avait échappé au dragueur, appuyé contre un mur. Dalton racontait une anecdote sans doute passionnante, car les deux jeunes femmes l'écoutaient avec une attention intense, ponctuée par des éclats de rire.

— Il fallait que tu amènes Marianita ? soupira-t-elle.

— En quoi cela te dérange-t-il ?

Sa mine sombre ne présageait rien de bon pour le reste de la soirée. Morgan sembla se lasser de la conversation et effectua une reptation audacieuse vers un autre groupe de gens. Elle se retrouva seule face à Adrian.

— Pourquoi me dérangerait-elle ? grinça-t-elle. Après tout, elle arrive comme ça dans nos vies et soudain, elle est partout et me demande en plus de prendre un café avec elle. Comme si j'étais sa copine.

— Que lui reproches-tu exactement ?

Elle se souvenait très bien des propos de la jeune femme sur Matthew. À présent, ils l'agaçaient, même si Matthew ne méritait pas son attention et que tout ce qui le concernait devait être relégué au passé, certes un passé récent et légèrement douloureux.

— Marianita est une fille agréable et ouverte, reprit Adrian. Ça devrait te changer un peu d'arrêter de marcher en circuit fermé entre Sally, Dalton et moi.

— Parce que je n'ai pas d'autres amis, peut-être ? Où sommes-nous déjà ?

Le ton montait, petit à petit. Zoey était lassée par avance de devoir encore se disputer avec Adrian, mais la colère la poussait à continuer, malgré elle. Elle avait tellement ragé contre Matthew qu'elle se sentait prête à en découdre avec n'importe quel autre homme.

— Des connaissances, oui, concéda Adrian. Morgan a raison. Tu es tellement fusionnelle avec tes amis…

— Je suis fusionnelle, moi ? Et toi, Adrian ? Tu veux qu'on dresse ton portrait psychologique ? Tu es incapable d'avoir le courage d'avouer tes sentiments.

Elle ne savait pas si elle parlait d'elle-même ou d'Adrian à cet instant précis, mais, comme il avait tapé terriblement juste, elle ne se sentait pas d'humeur particulièrement indulgente.

Elle n'avait pas besoin qu'on lui dise qu'elle était fusionnelle. Elle connaissait cette partie-là de sa personnalité. Plusieurs fois au cours de sa vie, et même lorsqu'elle était enfant, on lui avait reproché cette nécessité de totale fusion avec les gens qu'elle aimait. Elle avait été comme ça avec Adrian, l'empêchant d'approcher les autres enfants sous prétexte de le protéger. Elle avait été comme ça avec Spencer.

Elle aurait été comme ça avec Matthew Ziegler s'il lui en avait laissé l'occasion, c'est-à-dire s'il avait évité d'alterner le chaud et le froid avec elle et, accessoirement, de se rouler dans un canapé avec sa maîtresse officielle alors qu'il venait de lui faire l'amour.

— Tu repousses systématiquement toutes les femmes qui supportent ton ironie perpétuelle et les blagues méchantes qui te servent de protection, ajouta-t-elle, en constatant, avec une satisfaction mesquine, qu'Adrian blêmissait.

Sa voix haut perchée attira l'attention du groupe qui discutait vivement à côté d'eux. Adrian la prit par le bras et la tira vers l'évier, dans le fond de la cuisine.

— Tu comptes me noyer ? demanda Zoey, en se penchant dangereusement au-dessus de la vaisselle sale.

Ce n'était plus de la colère qui lui crispait le ventre à présent, mais de la rage. Elle tapa sur l'avant-bras d'Adrian pour se dégager de son emprise.

— Bien entendu, gronda-t-il, Zoey, la reine de l'écoute… La fille qui ne balance jamais de saloperies à personne.

— Moi, je t'ai déjà balancé des saloperies ? Tu délires complètement !

— Bien sûr, cracha Adrian. Tu lances des trucs et tu les oublies.

— Je ne comprends pas de quoi tu parles, articula Zoey, comme si elle s'adressait à un enfant.

— La nuit de la fête de tes parents, quand tu as…

Une silhouette bondissante fit irruption dans la cuisine jusqu'à eux. La tête échevelée et réjouie de Sally apparut par-dessus l'épaule d'Adrian.

— Zoey ! Est-ce que tu sais ce que Dalton vient de raconter ?

Dalton surgit à son tour en hurlant comme un possédé, visiblement aussi saoul que les autres.

— Je te jure que tu vas le regretter ! cria-t-il.

Il attrapa Sally par la taille et l'arracha au dos d'Adrian, auquel la jeune femme tentait de s'accrocher. Puis il l'entoura de ses bras, perdit l'équilibre et tomba avec elle contre le plan de travail, faisant tinter les bouteilles.

Zoey reporta son regard sur Adrian. Il la dévisageait, un voile sombre dans son expression.

Derrière lui, Sally et Dalton chahutaient en poussant des cris stridents. Marianita se rua à son tour sur eux, plus du tout élégantc ni sophistiquée, les yeux embués par l'alcool et le rire, et sauta sur Dalton en lui ordonnant de laisser son amie.

Son amie.

Zoey émit un grognement de colère.

Elle détestait Marianita.

Les premières mesures de « Go all the way » des Raspberries retentirent dans l'autre pièce, suivies de quelques huées et applaudissements.

— *Baby, please, go all the way*, chanta Dalton, d'une voix de crooner, alors qu'il bloquait Sally riant, assise sur le plan de travail.

Son frère était déchaîné. D'une main, il agrippa Marianita et l'attira contre lui, sans cesser de chanter.

— *It feels so right being with you here tonight*, continua Dalton, en fourrant son nez dans le cou de Marianita, qui se défendait mollement, puis dans celui de Sally, qui l'enveloppa dans ses bras.

— Dalton, arrête ton cirque ! grogna Adrian, les dents serrées.

— Décoince-toi un peu, mec ! répondit Dalton, hilare. *Go all the way !* Alors ? Laquelle va payer en premier ? Sally ? J'ai toujours rêvé de glisser un glaçon dans ton décolleté.

— Tu n'es plus à la fac, mec !

Dalton ignora totalement son ami d'enfance.

— Marianita ?

Il resserra son étreinte. La tête renversée, la jeune Brésilienne gloussait et le suppliait en même temps.

— Dalton ! Arrête tout de suite ou je te jure que tu vas le regretter.

— Tu nous saoules, Adrian ! cria Dalton, en jetant un coup d'œil narquois par-dessus son épaule.

Ce n'est pas parce que tu as laissé passer ta chance que…

Il se produisit alors quelque chose de tout à fait incroyable.

Adrian bondit sur eux comme un fou furieux, se planta devant Dalton, lui attrapa l'épaule d'une main pour l'obliger à se retourner et lui mit son poing en plein visage. La tête de Dalton partit en arrière puis, comme tendue par un élastique, rebondit en avant, au moment même où Adrian se précipitait sur son ami d'enfance et le plaquait au sol.

Sally hurla, imitée par Marianita. Les invités, qui voyaient la scène, reculèrent de quelques pas.

Zoey se jeta sur eux, tentant d'arrêter Dalton qui essayait de dégager son bras pour frapper Adrian. Morgan apparut à ses côtés et, tandis que Zoey tirait sur le col de son frère, le ceintura et l'obligea à se relever.

Dalton se débattit furieusement, manquant de lui envoyer son coude dans le nez.

— Ne tirez pas sur les renforts ! geignit Morgan en maîtrisant Dalton.

Adrian se releva d'un bond. Avant qu'il fasse un autre geste, Marianita avait sauté entre eux et leur implorait de se ressaisir. Zoey eut le temps d'agripper son ami par le poignet et de l'attirer vers la porte.

— Mais calme-toi ! Tu es devenu complètement fou !

Elle l'entraîna contre le mur. Du coin de l'œil, elle vit Cass apparaître devant son frère, que Morgan et Marianita entouraient.

— Je te jure que la prochaine fois, j'éclate ta face de minet ! aboya Adrian en direction de Dalton qui fonça aussitôt, retenu par ses amis.

Un petit filet de sang coulait de sa narine droite et ses yeux lançaient des éclairs furibonds.

— Vous êtes tous devenus complètement dingues ! beugla Zoey.

Les joues écarlates, Sally déboula dans le couloir.

— Ta conduite est intolérable ! cria-t-elle à Adrian.

— C'est tout ce que tu as trouvé ? riposta Adrian.

Zoey se figea. Ce n'était pas une des nombreuses réparties habituelles qu'Adrian servait à ceux qui l'attaquaient. Il y avait une espèce de…

De blessure ! pensa-t-elle.

Comme lorsqu'il était critiqué, à l'école, sur son incapacité à comprendre les interactions sociales, ou que Dalton et elle s'étaient laissés aller à cette connivence parfois cruelle qui était la prérogative des frères et sœurs.

Sally venait de s'immobiliser devant lui et le contemplait, en nage.

— C'était un jeu idiot !

— Tu as raison, Sally, c'était un jeu parfaitement idiot, répondit Adrian, d'un ton détaché où perçaient cependant des intonations hargneuses.

— Écoute, Adrian, intervint Zoey. Ils sont tous saouls et tu sais à quel point Dalton aime dépasser les limites, mais je suis certaine qu'il ne pensait pas à mal…

— Toujours en train de défendre ton cher frère, Zoey, siffla son ami. Vous vous ressemblez. Des enfants gâtés qui n'ont absolument jamais conscience des sentiments des autres.

Puis il s'arracha à elle et disparut dans le couloir, la laissant seule avec son incompréhension.

Pas tout à fait seule. Sally l'observait, les lèvres serrées. Dalton s'approcha, son t-shirt taché de sang.

Zoey regarda le nez de son petit frère. Il n'était probablement pas cassé – Adrian manquait d'expérience et sans aucun doute de précision en matière de bagarre.

— Tu comptes m'expliquer ? demanda-t-elle.

— T'expliquer quoi ? cracha Dalton, sur la défensive. Que ton ami est un abruti ?

— Adrian n'est pas un abruti, murmura Zoey.

Dalton darda des yeux brillants sur elle.

— Je vais t'expliquer au moins un truc, Zoey. Le monde ne tourne plus autour d'Adrian Peters et toi depuis la fin de l'école primaire. Vous avez beau essayer de faire comme si vous étiez le centre de l'univers, les autres aussi ont une vie. Vous vous contrefoutez l'un comme l'autre des sentiments de ceux qui vous entourent et ça ne date pas d'aujourd'hui.

— C'est bien. Tu parles comme lui, répondit Zoey, en sentant le sang quitter peu à peu son visage. Excuse-moi, je ne savais pas que te frotter à Sally et Marianita était ta façon d'exprimer des sentiments.

— Ma pauvre Zoey…

Il avait mis tout le mépris possible dans son ton. Il savait que ça la rendait folle. Il en avait assez usé et abusé lorsqu'ils étaient adolescents.

— Tu sais quoi ? Je n'ai pas envie d'être encore celui qui te file les sous-titres. Ce ne sont pas mes affaires, finalement.

Il lui jeta un dernier regard, où elle lut un reste de colère et une lueur d'hésitation, puis il se dirigea vers la sortie. Zoey s'appuya contre le mur, vidée de toute énergie. Autour d'elle, la fête avait repris son cours et plus personne ne se souciait de l'incident.

— À quel moment avons-nous tous cessé de nous entendre ? demanda-t-elle à Sally.

Elle se sentait hébétée et perdue. Elle n'avait jamais imaginé qu'ils se disputeraient ainsi. Elle n'avait jamais imaginé Adrian frappant Dalton, ni qui que ce soit d'autre, d'ailleurs.

— Si tu veux mon avis, c'était au moment où…

Sally hésita.

— Je t'écoute, souffla Zoey.

— Ne le prends pas mal, mais je crois que c'est depuis ta rupture avec Spencer. Tu es devenue tellement…

— Tellement quoi, Sally ?

Sa voix était carrément agressive, à présent.

— Un peu sèche, avança Sally. Moins attentive.

— Vous semblez tous d'accord sur cet état de fait. C'est merveilleux. Donc, si Adrian a mis son poing dans le nez de mon frère, c'est ma faute ?

— Ce n'est pas ce que j'ai dit, mais la situation serait peut-être plus simple si tu…

— Quelle situation ?

Sally prit une longue inspiration.

— On pourrait prendre le temps de discuter. J'ai plein de choses à te dire, Zoey. À propos de ça et de Matthew Ziegler et de…

— Quoi, Matthew Ziegler ? aboya Zoey, à fleur de peau.

— Tu vois, c'est impossible de…

— De quoi, Sally ?

— De te parler ! lâcha précipitamment son amie. Et puis zut, je n'en suis pas capable !

Elle disparut à son tour et Zoey resta vraiment seule, cette fois-ci, dans ce couloir où résonnaient la musique et les rires des invités.

19

Les gentilles filles restent pudiques en toutes circonstances

Zoey s'affala sur la chaise en fer forgé en face de Gabriella et de sa sœur Elena, qui profitaient toutes deux du soleil de la fin d'après-midi. Elle venait d'arpenter le quartier et, au retour, n'avait pas eu le courage d'affronter la solitude dominicale de son appartement. Elle se sentait aussi démunie et vide qu'après sa rupture avec Spencer.

Gabriella portait une jolie robe en toile de coton bleu. À ses côtés, Elena était son double, plus mince – pas enceinte, de fait – et légèrement plus jeune. Elle avait ramassé ses cheveux noirs sous un foulard rouge et sirotait un jus d'orange à la paille. Avec son corsaire et sa chemise sans manches qui laissait apparaître un tatouage sur son biceps, elle avait l'air de sortir de *Grease*.

— Donc, si je comprends bien, reprit Gabriella, en deux semaines, tu as perdu un amant exceptionnel, tu t'es disputée avec ton frère et ton meilleur ami…

— Ils se sont disputés avec moi ! rectifia Zoey.

Gabriella sourit.

— L'intention n'est jamais que d'un côté. Quand je me dispute avec Orlando, je trouve toujours un adversaire qui a bien aiguisé ses armes et qui n'attendait que le premier coup de canon. Souvent, je provoque la dispute parce que je sais au fond de moi que j'ai fait quelque chose qui lui a déplu.

— Une fois, nous nous sommes disputées, nous aussi, intervint Elena.

— Une seule fois ? s'exclama Zoey. J'aurais dû avoir une sœur ! Je me suis disputée avec Dalton un nombre incalculable de fois.

— C'est uniquement parce que je suis une excellente grande sœur, avança Gabriella.

— Et peut-être aussi parce que nous avons cinq ans d'écart, fit remarquer Elena. Dalton et toi êtes très proches en âge. J'ai constaté que ça rend les frères et sœurs très fusionnels et qu'ils ont du coup parfois du mal à communiquer normalement.

Zoey dut concéder que son analyse ne manquait pas de justesse. Dalton et elle avaient développé une connivence que Nana qualifiait parfois de gémellaire. Le fait qu'Elena suive des études de psychologie lui parut utile, pour une fois.

— Je me suis aussi brouillée avec Sally, je crois.

— Tu crois ?

— Nous avons travaillé ensemble le lendemain de la fête chez Cass et c'est tout. Elle ne m'a pas appelée de la semaine.

— Elle n'est pas venue travailler ?

— Elle prend toujours quelques jours de congé en juillet. Passé les deux premières semaines, la période est plus calme, jusqu'à la fin août. Elle reviendra pour le mariage Welleba-Richardson. Je ne suis pas certaine d'être prête à la revoir dans ces conditions. Ça fait deux fois en deux semaines que nous nous traitons avec… froideur. Et je vous jure que je fais des efforts !

— Peut-être devrais-tu la rappeler, toi, non ? questionna Gabriella. Une meilleure amie, c'est plus facile à appeler qu'un amant indélicat. Même si je pense que tu devrais aussi demander des explications à Matthew.

— Jamais ! s'exclama Zoey d'un ton farouche.

— Ce que j'ai vu de lui ne me semble pas correspondre à celui que tu as décrit.

— Tu l'as vu cinq minutes à une terrasse.

— Je l'ai vu t'attendre pendant deux heures, Zoey ! Et j'ai vu aussi la façon dont il te regardait. Il se comportait comme un homme amoureux.

Cette perspective la satisfit un court instant, puis elle décida qu'elle détestait éprouver un peu de douceur au beau milieu du torrent de colère que l'attitude de Matthew avait provoqué.

— Il se comportait comme un type qui voulait arriver à ses fins, grinça-t-elle.

Les deux sœurs échangèrent un regard complice qui lui rappela, un peu cruellement, ceux qu'elle partageait avec son frère.

— Un type qui veut seulement arriver à ses fins ne s'humilie pas en public, surtout quand il a l'allure de ce Matthew, dit Gabriella.

— Mes conseils valent ce qu'ils valent, Zoey, intervint Elena. À ta place, j'appellerais tout le monde et j'essaierais de résoudre ce qui me semble être une suite de malentendus. Peut-être, effectivement, qu'Adrian est amoureux de toi, et peut-être que Matthew a eu un simple geste de consolation envers une femme qu'il a visiblement quittée pour toi.

— En la laissant mettre sa langue dans son oreille ? Très généreux en effet !

Elena pouffa.

— Tu l'as vraiment vue mettre sa langue dans son oreille ?

Zoey n'en était pas tout à fait certaine mais elle avait la ferme intention de le croire, ne serait-ce que pour nourrir l'argumentaire qu'elle se servait à elle-même depuis une semaine.

— Adrian n'est pas amoureux de moi. Comment expliques-tu qu'il soit devenu fou de rage en voyant Dalton flirter avec Marianita ?

— À mon avis, ces deux-là règlent un vieux contentieux, dit Elena. Quand on en arrive à être violent, surtout si tu me dis qu'Adrian ne l'a jamais été, c'est qu'on a épuisé tous les autres moyens de communication. Peut-être que Dalton est une sorte de frein à ce qu'Adrian éprouve pour toi. Le frère, tu vois, ce qu'Adrian a toujours été pour toi, non ?

Zoey se mordit la lèvre.

— En fait, il a été violent une fois, avec Jon, un de mes premiers petits amis…

Elena lâcha une onomatopée satisfaite.

— Et tu dis que tout est clair entre vous ? Le premier petit ami, le frère… Très ambigu de se placer par rapport à ça…

— Tu veux dire que Dalton serait un symbole ? Une projection d'Adrian ? continua Zoey.

Gabriella éclata de rire.

— Tu vas loin dans l'analyse, Elena… Parfois, les choses sont plus simples que ce qu'on trouve dans tes livres de psycho. Dalton et Adrian sont également très amis, n'est-ce pas ?

— Oui, répondit Zoey. Pas autant qu'Adrian et moi, mais ils sont proches.

— Appelle ton frère, c'est encore le plus simple. Selon ce qu'il te dira, appelle Adrian.

— Adrian est très séduisant, releva Elena, en jouant rêveusement avec sa paille. Tu n'as jamais voulu l'envisager ?

— Quelle horreur ! s'exclama Zoey, ce qui arracha un nouveau rire aux deux sœurs.

— Je me contenterais d'une horreur comme ça, répondit Gabriella. J'ai toujours adoré les types silencieux.

— Silencieux, Adrian ? Plus depuis des années !

— Quand je l'ai vu l'autre fois…

La jeune femme s'arrêta soudain et dévisagea Zoey, la bouche ouverte.

— Quand tu l'as vu ? Où ça ?

— J'avais promis de ne rien dire… murmura Gabriella, en rougissant violemment.

— Tu en as désormais trop dit, pour le coup. Où l'as-tu vu et pourquoi as-tu promis de ne pas me le dire ?

— Tu me promets de ne pas le répéter ? demanda Gabriella d'un air piteux.

— Je te le promets. Alors ?

— Le soir où tu es partie avec Matthew… Adrian est arrivé au restaurant. Enfin, il est passé devant le restaurant et nous a demandé si nous t'avions vue. Je lui ai dit que tu venais de repartir avec un ami. Je n'ai pas vendu la mèche, je te le jure ! Mais il a levé la tête vers ton appartement et il a vu la lumière. Il avait l'air très déçu. Il m'a demandé de ne rien te dire et il ne m'a même pas dit au revoir.

Zoey soupira.

— Un rendez-vous manqué, renchérit Elena pour dissiper la gêne qui s'était installée à la table. Appelle-le.

— Je ne sais pas, dit Zoey. Il s'est éloigné de moi. Il ne me confie plus rien.

— Et toi, demanda Gabriella, d'un ton doux, tu lui as dit pour Matthew ?

— Non.

Effectivement, c'était elle qui avait commencé à lui faire des cachotteries. Même si ce n'était pas tout à fait sa faute. Elle avait été incapable de lui parler après leur réveil dans son lit, le lendemain de l'anniversaire de mariage de ses parents.

— Et à Dalton ?

— À Dalton ? Je ne raconte pas mes coucheries à mon petit frère !

— Je raconte tout à Gabriella, précisa Elena.

— Mon Dieu, oui ! s'écria la jeune femme. La plupart du temps, je me retiens de la faire interner par un de ses professeurs !

Zoey et Elena rirent devant son air sincèrement outré.

Puis Zoey sentit son téléphone vibrer au fond de son sac. Elle regarda qui l'appelait.

— C'est Dalton, annonça-t-elle aux deux sœurs.

— Tu vois ! se réjouit Elena. Réponds !

Elle se leva pour s'éloigner de quelques pas.

— Je suis contente de t'entendre, Dalton, dit-elle en guise de bonjour. Je suis désolée…

— Zoey ?

La voix de son frère déclencha une alerte brutale dans son cerveau.

— Zoey, je suis sur la route. Je viens te chercher. Tu es chez toi ?

— Qu'est ce qu'il y a ?

— Il faut qu'on rentre à la maison.

Le signal d'alarme se transforma en sirène, stridente et douloureuse. Nana… Elle avait eu l'air si fragile le soir de son anniversaire. Zoey poussa un hurlement intérieur.

Tout mais pas ça…

Elle réentendait la dernière phrase que sa grand-mère avait lancée au dîner et qui sonnait maintenant comme une prédiction funeste.

« Je me ferai enterrer avec tous, comme Pharaon ! »

— C'est Nana ? balbutia-t-elle.

Le soupir de Dalton lui donna envie de laisser son hurlement traverser la barrière sensible de sa gorge. Il n'arrivait pas à répondre. Un sanglot étouffé résonna dans le téléphone.

— Non, Zoey, c'est Maman…

20

Les gentilles filles pleurent quand elles ont du chagrin

Dalton sanglotait lorsqu'il arriva devant l'immeuble de Zoey et il lui fallut plusieurs minutes pour réussir à exprimer une phrase cohérente. Zoey n'avait jamais vu son frère dans cet état. Lorsqu'il eut fini de pleurer dans ses bras et qu'ils furent montés dans la voiture, il essaya de lui expliquer la situation, dans un discours entrecoupé de hoquets.

— Ils sont rentrés hier de Floride. Maman a dit qu'elle était fatiguée… fatiguée, Maman ! Elle est allée se coucher avant Papa. Pendant la nuit, il l'a entendue se lever. Il a supposé qu'elle voulait aller aux toilettes. Elle s'est écroulée dans le couloir. Un AVC. Elle est en observation. Elle a repris connaissance mais elle n'arrive pas à parler et les médecins disent qu'il faut attendre. Papa est ravagé. Il m'a appelé de l'hôpital. Heureusement que le père d'Adrian est médecin. Il a su tout de suite ce qu'il fallait faire.

— Est-ce que Nana est là-bas ?

— Oui, Papa a attendu d'avoir les premières informations des médecins pour lui téléphoner, ce midi.

— Elle doit être folle d'angoisse.

Dalton lui jeta un regard indéchiffrable. Zoey était bien entendu terrorisée à l'idée que sa mère ne se remette pas de quelque chose d'aussi grave qu'un AVC, mais ses pensées étaient avant tout tournées vers Nana. Elle ne pouvait pas s'empêcher de considérer la vieille dame comme une mère, plus que la sienne ne l'avait été, au fond.

— Oui, elle est folle d'angoisse. Mais c'est Nana. Elle est forte. Bien plus que Maman.

Zoey posa une main apaisante sur la nuque de son frère.

— Maman est indestructible, Dalton.

Elle voulait le croire. Elle le croyait.

— Elle n'est pas si forte que tu crois, murmura Dalton. Elle a l'air de tout vouloir gérer mais elle a souvent été obligée de le faire avec Papa, qui ne comprend rien au quotidien et qui a horreur des contraintes. Ça n'a pas toujours été facile pour elle d'assurer un métier, deux enfants et un mari occupé par sa carrière.

— Nana l'a beaucoup aidée…

Elle éprouva aussitôt du remords. Ce n'était pas le moment de régler des comptes.

— Tu te trompes tellement, lança Dalton, sans méchanceté cependant. Évidemment, pour toi, Nana est la personne la plus importante du monde. Mais pas pour moi, qui ne partageais pas du tout votre amour pour la cuisine. Je n'ai absolument pas les mêmes souvenirs, Zoey. Ce n'est pas Nana qui me tannait pour que je termine mes devoirs, ni Nana qui m'amenait au tennis, ni Nana qui m'a fait réviser mes épreuves au lycée... Ce n'est certainement pas Nana qui veillait pour m'apporter du café quand j'ai passé mon diplôme d'avocat. C'était Maman. Simplement, tu étais enfermée dans la cuisine de Nana et tu ne voyais pas tout ça. Pas plus que les dimanches qu'elle passait à faire la comptabilité de Papa, parce que tu n'étais pas là. Tu étais avec Adrian ou chez Nana...

Zoey baissa la tête, prise par l'émotion. Jamais son frère ne lui avait parlé ainsi de sa mère ou de leur enfance. Comme elle, il s'était contenté de souligner ses défauts sous couvert d'humour, rarement devant elle. À présent qu'il se confiait, des images de Fran et de Dalton lui revinrent brutalement.

Fran et Dalton se trouvaient à la même table et elle entendait le rire de sa mère, soudain, alors qu'elle se penchait sur le livre que lisait son fils. Elle la revoyait également en totale tenue de tennis, à la Fran, parfaitement dans l'esprit Country Club, attendant Dalton au portail, alors qu'il traînait la patte pour la rejoindre. Puis, subitement, elle se souvint de cette façon très particulière qu'il avait de l'embrasser, en la serrant dans ses bras et en déposant un baiser très doux sur son front, protecteur et tendre. Effectivement, il y avait toujours eu entre eux cette complicité qu'elle n'avait pas pu partager avec sa mère mais qu'elle avait développée avec sa grand-mère.

Parce que Maman n'a jamais su me parler, pensa-t-elle.

— Tu veux que je conduise ? demanda-t-elle à son frère qui avait posé sa tête sur ses mains accrochées au volant.

— Ça va aller. Ne perdons pas de temps.

Le voyage se déroula comme dans un cauchemar. Dalton ne desserrait plus les dents, sauf pour laisser s'échapper un sanglot sourd, par moments. Ils durent s'arrêter pour s'acheter un café et changer de conducteur, tant il avait de mal à se concentrer sur la route.

Zoey s'en voulait de ne pas être autant bouleversée que son frère. Elle avait le cœur serré, mais un certain détachement lui permit de terminer la route sans trop de nervosité, comme si elle était devenue quelqu'un d'autre, plus mature, plus calme.

Lorsqu'ils arrivèrent à l'hôpital, Dalton s'arrêta devant la porte.

— Je n'en suis pas capable, souffla-t-il, en se passant la main sur le visage.

— Bien sûr que si, Dalton.

Elle entoura son épaule avec son bras et se blottit contre lui.

— Pense à toutes les fois où Maman a été là pour toi. Tu vas juste lui rendre la pareille, d'accord ? Elle a besoin de toi. Je suis avec toi.

Il sembla reprendre un peu de courage et accepta de pénétrer dans le hall de l'hôpital. Dans la salle d'attente du service de réanimation, Jo Westwood était assis, abattu, sur une chaise à côté de sa belle-mère, dont le visage s'éclaira faiblement à la vue de ses petits-enfants. Elle leur ouvrit les bras et Zoey s'y jeta, tandis que Dalton embrassait son père.

— Comment va-t-elle ? demanda Zoey.

La bouche de son père se mit à trembler, alors qu'il lui racontait qu'il ne faisait qu'attendre, depuis que les Peters l'avaient déposé à l'hôpital, après avoir appelé l'ambulance. Adrian avait déjà appelé deux fois et l'embrassait, au passage, ainsi que Dalton.

Zoey sentit son cœur se serrer, de nouveau. En temps normal, Adrian l'aurait appelée, elle, directement.

— Je vous remercie, dit la voix de Nana s'adressant à quelqu'un derrière elle.

Zoey se retourna. Matthew se tenait devant elle, une expression gênée sur le visage, un gobelet dans chaque main. Il lui adressa un long regard puis tendit un des cafés à Nana et l'autre à Jo. Elle réprima sa question. Elle avait autre chose à faire et à penser qu'à démêler les raisons pour lesquelles Matthew Ziegler se trouvait dans la salle d'attente de l'hôpital du New Jersey où était sa mère.

Elle pivota vers sa grand-mère.

— Il faudrait que Papa rentre, dit-elle. Il a l'air épuisé.

— Ça ira, répondit Jo.

— Papa, tu es blanc comme un linge. Maman a besoin de toi. Tu ne serviras à rien dans cet état. Rentre avec Nana, s'il te plaît. Dalton et moi prenons le relais.

Dalton argumenta également dans ce sens et, cinq minutes après, ils avaient réussi à le convaincre. Matthew Ziegler proposa de les raccompagner jusque chez eux, ce que Nana accepta avec empressement, consciente que son gendre était trop fatigué pour conduire.

Zoey et Dalton restèrent seuls, côte à côte sur les sièges en plastique inconfortables de la salle d'attente. La jeune femme s'effondra soudain.

— J'ai très mal parlé à maman le soir de l'anniversaire de Nana, dit-elle, en sentant des larmes poindre au coin de ses yeux. Si elle meurt…

— Elle ne va pas mourir ! s'exclama Dalton d'une voix remplie de désespoir. Zoey, tu n'as pas été plus dure que d'habitude avec Maman. Elle sait faire la part des choses. Elle sera heureuse de te voir à son réveil et je suis certain que tu sauras lui dire à quel point tu l'aimes.

— Est-ce que tu penses vraiment que je suis injuste ?

— Je n'ai jamais dit que tu étais injuste… J'ai simplement dit que, parfois, tu avais des difficultés à imaginer que ta perception des choses n'était pas la vérité. Tu as toujours été comme ça, Zoey.

— Je sais.

Elle ne le savait que trop. Sa vie ressemblait à un champ de bataille. En deux semaines, elle avait perdu les gens qu'elle aimait le plus au monde et, à présent, elle était sur le point de perdre une mère avec qui elle n'avait jamais échangé que des réparties cinglantes.

— Au fait, tu peux m'expliquer ce que le petit ami de Tina faisait là ? demanda soudain Dalton.

— Ce n'est pas le petit ami de Tina…

— Sa présence est donc doublement étonnante.

— Je ne sais pas ce qu'il faisait là ni comment il a su pour Maman. Je… j'ai couché avec lui.

Dalton émit un sifflement railleur et, durant un court instant, il redevint le petit frère drôle et chahuteur qu'il avait toujours été.

— Tu as couché avec le petit ami de Tina ?

— Je viens de te dire que ce n'est pas le petit ami de Tina.

— C'était la même semaine qu'Adrian ?

— Dalton… Je n'ai pas envie de rire, là.

Le visage de son frère s'assombrit.

— Moi, j'en aurais bien besoin. Puisqu'on en est aux confidences, je couche avec Marianita.

Zoey dévisagea son frère.

— Depuis quand ?

— Depuis le soir où on a fêté mon contrat.

— C'est pour ça qu'Adrian t'a frappé…

— Pas exactement. De toute façon, pour être honnête, je ne fais pas que coucher avec Marianita. J'ai une… relation avec elle. Et c'est pénible parce que…

Il la regarda. Un court instant, il eut exactement l'air qu'il avait, à quatre ans, lorsqu'il éprouvait du chagrin et qu'il venait encore chercher du réconfort auprès d'elle. Zoey ne put s'empêcher de remarquer comme son frère était beau et comme, sous ses dehors de jeune cadre arrogant, il était sensible et affectueux.

— Parce qu'elle repart au Brésil dans deux semaines et je crois que…

Il soupira.

— Je suis amoureux d'elle. Si tu rigoles, je te jure que je te le ferai payer.

— Je ne vais pas rigoler, répondit Zoey d'une voix douce. Je suis tellement désolée pour toi.

— Pas tant que moi, répondit Dalton en grimaçant.

— Elle n'envisage pas de rester ici ?

— Elle ne peut pas. Elle ne veut pas s'éloigner de sa mère. Elle dit qu'elle est trop fragile. Elle est tombée sur un type qui l'a baladée, d'après le peu que Marianita m'a raconté.

Ce fut au tour de Zoey de grimacer.

— Et toi ? Tu n'envisages pas de la rejoindre ?

— Au Brésil ? Je ne parle même pas portugais.

— Ça s'apprend.

— Tu connais ma grande aptitude pour les langues en général. De toute façon, la question ne se pose plus. C'est moi qui ne peux plus quitter ma mère, maintenant. Sauf si…

Un sanglot inattendu l'interrompit. Zoey le serra de nouveau contre elle. Il posa la tête sur son épaule et pleura tout son saoul. Bizarrement, les larmes de son frère l'apaisaient. Ils restèrent ainsi un long moment, jusqu'à ce que les sanglots décrussent lentement puis s'arrêtassent.

Matthew entra dans la salle d'attente au moment même où Dalton relevait la tête et acceptait le kleenex que sa sœur lui tendait.

— Votre père m'a demandé de rapporter sa voiture, au cas où l'un de vous voudrait le rejoindre, dit-il en tendant les clés de la Mercedes à Zoey.

Elle le remercia du bout des lèvres.

— Puis-je vous apporter mon aide pour quelque chose ? demanda-t-il.

— Je vais nous chercher un café, dit Dalton. Restez avec Zoey.

— Ce n'est vraiment pas la peine, murmura Zoey.

— Si, insista Dalton. Je ne veux pas que tu sois seule si les médecins arrivent. Merci, Matthew.

Il traversa la salle, jusqu'au couloir qui menait aux ascenseurs. Matthew s'assit à côté d'elle.

— Vous permettez ?

— C'est déjà fait.

Un long silence suivit. Zoey bouillonnait de colère, une fois de plus. La dernière personne qu'elle avait envie de voir dans cet endroit et à cet instant était précisément le type qui l'avait manipulée et humiliée.

— Je crois que, compte tenu des circonstances, vous pourriez avoir la décence de partir, finit-elle par exploser.

— Votre frère m'a demandé de veiller sur vous.

— Mon frère ferait mieux de veiller sur lui, rétorqua Zoey. Puis-je savoir ce que vous faites là, exactement ?

Matthew se redressa sur sa chaise.

— Je ne pense pas que ce soit le moment d'avoir cette conversation, répondit-il, du ton poli dont il était coutumier.

— Dans ce cas-là, partez !

Son éclat de voix le fit légèrement sursauter. Ses mains se crispèrent, mais il réussit apparemment à retrouver son calme et se tourna vers elle.

— Je resterai jusqu'au retour de Dalton, puis je partirai.

Elle hocha la tête. De nouveau, des larmes menacèrent de jaillir et d'inonder ses joues, rougies par la violence de leur échange et de ce qu'elle éprouvait. Un médecin, assez jeune, au visage avenant sous ses cheveux noirs, mais aux traits tirés, surgit du couloir et s'approcha d'eux.

— Vous êtes les enfants de Francesca Westwood ?

— Je suis sa fille, confirma Zoey. Comment va-t-elle ?

— Elle a tout à fait repris connaissance et elle parle. Elle vous a réclamés, votre frère et vous.

— Est-ce que je peux la voir ?

Le jeune médecin eut un air vraiment désolé, sans doute celui qu'il affichait plusieurs fois par jour, et qui avait presque dû devenir un tic.

— Pas maintenant, je le crains. Son état est encore inquiétant et elle doit rester dans le plus grand calme. Trop d'émotion risquerait de la perturber davantage.

— Est-elle hors de danger ?

— Je ne peux pas m'avancer à ce point, mais disons que tout cela est assez encourageant. L'AVC n'était pas violent. Vous pourrez la voir demain.

— Nous préférons rester ici pour la nuit, si ça ne vous dérange pas.

— Ça ne servirait à rien. S'il y a un problème, nous vous appellerons. Vous êtes son mari ?

— Juste un ami, répondit Matthew, neutre.

Zoey émit un claquement de lèvres et se rapprocha du médecin pour l'exclure ostensiblement de la conversation.

— Je vous assure que vous devriez rentrer chez vous, insista le médecin. Les chaises de la salle d'attente sont inconfortables. Votre mère aura besoin que vous soyez en forme demain et pas trop épuisée pour ne pas laisser paraître votre inquiétude.

Les paroles du médecin firent mouche. Zoey avait eu quasiment les mêmes pour son père. Dalton revint à ce moment-là et écouta les recommandations. Il accepta plus facilement les injonctions du médecin.

— Je vous dépose à la gare ? demanda Dalton à Matthew, alors qu'ils sortaient tous trois de l'hôpital.

La nuit était tombée depuis un moment. Il devait être près de minuit.

— Je préférerais que ce soit Zoey. Nous avons à parler.

— Je n'y tiens pas, riposta Zoey.

— Attendez-moi une seconde, précisa Dalton en attrapant sa sœur par le bras et en l'entraînant à l'écart. Écoute, Zoey… Je ne connais absolument pas les raisons qui te poussent à battre froid à Matthew ni ce qu'il y a eu exactement entre vous. Ce que je sais, c'est qu'il est resté avec Papa et Nana le temps qu'on arrive et qu'à ce titre, tu te dois au moins d'être reconnaissante.

— Est-ce que tu me fais la morale ? siffla Zoey.

— Je te fais la morale, en effet. Ça ne te fera pas de mal, pour une fois. Je ne connais pas grand-chose de ta vie amoureuse depuis Spencer et sache que je m'en félicite. J'ai assez de problèmes avec la mienne pour ne pas subir tes confidences hystériques.

— Hystériques ?

— Une vraie furie, quand tu t'y mets. En tout cas, ce que je connais de toi et de ta… gestion des relations affectives, c'est que tu condamnes trop vite les gens. Sans les écouter. Tu as eu le problème avec Adrian et quelque chose me dit que tu as le même souci avec Sally ces derniers temps. Alors tu vas l'écouter pendant le trajet jusqu'à la gare et, après, tu feras ce que tu crois bon de faire. C'est compris ?

— Je…

— C'est compris ? insista son frère, sans un sourire.

— C'est compris, murmura-t-elle.

Il la serra contre lui.

— Tu es une gentille fille, dit-il, mi-moqueur, mi-tendre. Et si tu as besoin de te débarrasser du cadavre, tu peux compter sur moi.

Il s'éloigna, après avoir remercié Matthew et lui avoir serré la main.

— Bien, dit Zoey en se tournant vers Matthew. Je vous dépose donc à la gare.

Ils montèrent dans la voiture de Jo.

— Je vais vous expliquer les raisons de ma présence ici, dit-il. Je vous rassure tout de suite, vous n'avez rien à voir avec ça. J'étais venu voir votre grand-mère.

— Ma grand-mère ?

— Nous avons pour projet de travailler ensemble.

— Vous allez travailler avec ma grand-mère ?

Elle était consternée.

— C'est une idée de votre cousine. Je ne pouvais pas vous en parler parce que ce genre de projet implique une certaine confidentialité. Mais compte tenu des circonstances…

— Les meilleures pour avoir une explication, en effet.

Elle regarda le parking quasiment vide, autour d'eux, perdue et soudain épuisée. Elle avait besoin d'air. La voiture de Jo sentait le cuir neuf et elle avait toujours eu horreur de cette odeur. Et le parfum de Matthew flottait également dans la voiture, lui rappelant combien elle avait aimé le respirer. Elle baissa la vitre de sa portière.

— Je dois l'aider à choisir les recettes et préfacer le livre, continua Matthew. Je déjeunais avec elle, chez elle, quand votre père a appelé. Je l'ai amenée en taxi à l'hôpital et j'ai préféré rester avec eux le temps que vous arriviez. Ils étaient bouleversés. Votre grand-mère est une femme exceptionnelle, vous savez.

— Je le sais, merci, répondit Zoey, la voix nouée.

— Vous lui ressemblez. Vous avez son humour et sa fermeté. Vous avez de la chance de l'avoir et d'avoir vos parents également. Votre mère se remettra rapidement.

— Êtes-vous médecin ?

Il soupira.

— Non, je ne suis pas médecin. Zoey, pour l'autre soir…

— Ce n'est pas du tout le moment.

Elle actionna le contact.

— Ce n'est jamais le moment, n'est-ce pas ? murmura-t-il.

— Si vous trouvez que l'accident de ma mère n'est pas une raison suffisante, je ne sais pas quoi ajouter.

— C'est précisément le moment.

— Allez-vous me servir de nouveau votre discours sur ce qu'il faut savoir vivre, parce qu'on peut mourir d'un instant à l'autre ? Vraiment ? Vous qui passez votre temps à vous contenir, allez-vous choisir le jour où ma mère est peut-être en train de mourir pour passer aux grandes révélations ?

— Je ne passe pas mon temps à me contenir, lança Matthew, blessé. J'aurais peut-être dû, l'autre soir. Je comprends que mon attitude vous ait choquée.

Elle se tourna vers lui pour lui adresser un regard railleur.

— Il en faut plus pour me choquer.

— Alors, expliquez-moi votre silence.

Elle avait terriblement envie de lui parler de Sofia et de lui exprimer toute la rancœur qu'elle avait accumulée durant une semaine, mais elle se sentait également épuisée, après la rude soirée qu'elle venait de vivre. Cette histoire lui paraissait futile et inutile, à présent.

— Vous êtes partie sans dire au revoir à personne… J'ai pensé que… ce qu'il s'est passé dans le dressing…

— Ça n'a rien à voir avec le dressing, dit-elle, d'un ton lassé. Ou plutôt si. Je ne suis pas faite pour ce genre de relations.

— Puis-je savoir de quel genre de relations nous parlons, exactement ?

— Le genre de relations que vous avez avec Sofia Alves.

Il baissa la tête vers ses mains, en murmurant. Lorsqu'il la releva, il avait une expression usée, presque perdue.

— Effectivement, nous n'avons pas ce genre de relations.

— Vous l'admettez. Parfait.

Ses mains se crispèrent sur le volant sous l'effet d'une rage froide.

— Que voulez-vous que je fasse d'autre ? Je ne sais pas ce que vous imaginez…

— Éclairez-moi sur le sujet.

— Je vous ai déjà dit que c'était impossible. Ce n'est pas à moi de parler de ça.

— Parce que vous l'avez baladée, c'est ça ?

— Je l'ai quoi ?

Il s'était exprimé avec une exclamation furieuse.

— Marianita a dit à mon frère qu'un homme l'avait baladée…

Matthew siffla entre ses dents.

— Marianita devrait apprendre à pardonner. Je ne peux tout simplement pas vous en parler. Je vous demande de me faire confiance.

Zoey eut un ricanement cruel.

— Vous faire confiance ? À quel titre ?

— Au titre que vous avez passé votre temps à me repousser et que je suis revenu à chaque fois.

— C'est votre problème, pas le mien.

Son nez se plissa, sans que Zoey puisse dire s'il s'agissait d'une expression de colère ou de dégoût. En tout cas, elle ne la lui avait jamais vue. D'un geste sec, il ouvrit la portière et sortit.

— Je me débrouillerai pour rentrer. Je ne veux pas vous faire subir ma présence plus longtemps.

— Ne soyez pas ridicule, il est minuit passé, vous ne trouverez jamais de taxi à cette heure-là dans cette ville.

— C'est mon problème, pas le vôtre.

Il claqua la porte. Apparemment, il n'arrivait pas toujours à se contenir.

21

Les gentilles filles ne cherchent pas les confidences

Zoey ne dormit pratiquement pas. À six heures du matin, après s'être retournée dans son lit sans réussir à fermer l'œil, elle descendit à la cuisine et y trouva Dalton, l'air hagard, devant un café froid. Il avait laissé son lit à sa grand-mère et avait passé une nuit aussi agitée que celle de Zoey sur le canapé du salon.

— Tu veux que je t'en fasse un autre ? demanda-t-elle en prenant la tasse de son frère.

— Passe-le au micro-ondes, répondit Dalton. Même si Maman nous tuerait si elle savait ça.

Elle se doutait qu'il avait pensé à elle toute la nuit et se sentit honteuse. Pendant son insomnie, c'était essentiellement sa discussion avec Matthew qui lui était revenue. Elle se l'était repassée en boucle, en intercalant les phrases qu'elle n'avait pas eu la présence d'esprit de lui rétorquer.

— L'hôpital n'a pas appelé. Elle va mieux, j'en suis sûre, dit-elle en jetant le café dans l'évier et en se dirigeant vers la machine à espresso. Tu n'as pas réussi à dormir ?

— Non. Je suis resté au téléphone jusqu'à quatre heures avec Marianita et je n'ai jamais pu trouver le sommeil après.

— Ah ?

Dalton eut un faible sourire.

— Je pense qu'elle est amoureuse, elle aussi.

— C'est chouette, répondit Zoey, le cœur un peu serré.

— Tu sais, elle a tiqué quand j'ai dit que Matthew était là. Je crois qu'elle a sous-entendu que c'était lui le type qui avait baladé sa mère.

— Je sais, souffla Zoey.

Elle se concentra sur le remplissage du filtre pour que Dalton ne voie pas son visage.

— Je n'y crois pas, répondit Dalton. Elle n'a pas été très claire. Elle était bouleversée et elle parlait à moitié en portugais. Vous avez pu discuter ?

— Nous avons discuté. Mais ça n'a rien donné.

— Tu aimes bien ce type, Zoey ?

Elle positionna la tasse et actionna la machine, ce qui lui permit de prendre le temps de choisir sa réponse. Il aurait été simple de mentir à Dalton, ce qu'elle faisait fréquemment lorsqu'il s'agissait de sa vie amoureuse.

Elle en avait assez de mentir.

Elle en avait assez des histoires, des malentendus, des amis qui se disputaient et s'éloignaient. Pardessus tout, elle en avait assez de cacher ses sentiments sous couvert d'avoir « de l'esprit » alors que ce n'était qu'une manière de se protéger. Ce qu'elle avait reproché à Adrian s'appliquait également à elle. Il lui manquait cruellement. S'il avait été là, elle aurait pu se reposer sur son épaule et l'écouter lui raconter des bêtises pour détourner son attention.

Elle réprima un soupir épuisé. Ce n'était pas l'épaule d'Adrian qui lui manquait, mais celle de Matthew. Elle n'avait pas besoin de rire ou de penser à autre chose. Elle avait besoin, à cet instant précis, que quelqu'un la prenne dans ses bras et lui murmure que tout irait bien.

— Oui, souffla-t-elle. Oui, j'aime bien ce type.

Elle posa la tasse pleine devant son frère et le regarda dans les yeux.

— J'aime vraiment bien ce type, répéta-t-elle, au bord des larmes.

Dalton lui sourit.

— Alors, tu te fiches qu'il ait baladé d'autres femmes. Dis-lui.

— Tu m'as dit d'être une gentille fille, non ? Ce ne serait pas le cas. Les gentilles filles aiment les garçons honnêtes.

— Tu connais l'expression, hein, Zoey ? Les gentilles filles vont au paradis… les vilaines filles là où elles veulent.

— En parlant de ça… si, moi, je parle à Matthew… toi, est-ce que tu vas demander à Marianita de rester ?

Dalton but une gorgée de café tout en réfléchissant. Elle eut un élan de tendresse envers lui. Ils se ressemblaient tellement au fond.

— Chiche ? répondit-il. Je dis à Marianita qu'elle est la femme de ma vie et tu dis à son beau-père que tu l'aimes bien.

— Ce n'est pas son beau-père, Dalton.

— Techniquement, presque.

— Techniquement, tu es un crétin.

Dalton rit.

— Dans la foulée, transportée par cette nouvelle façon de gérer ta vie affective, tu appelles Sally et tu t'excuses.

— Et toi, tu appelles Adrian ?

Dalton se racla la gorge.

— C'est un peu plus compliqué que ça.

— Parce que vous vous êtes battus ? Ça donne une dimension virile qui t'empêche de faire le premier pas ?

— Je ne peux pas t'en dire plus.

Zoey alla chercher son café et se rassit, dubitative.

— C'est fou le nombre de gens qui ne peuvent pas me donner précisément les informations qui nous permettraient de nous réconcilier.

— C'est un secret, c'est tout.

— Tu as des secrets avec Adrian que vous ne partagez pas avec moi ? Génial.

Dalton rit de nouveau, silencieusement cette fois-ci.

— Voilà ce que je te propose, dit-il en reposant sa tasse. Tu appelles Sally, puis tu appelles Adrian, puis je l'appelle. Si je suis encore en vie.

— Pourquoi, si tu es encore en vie ?

— Parce que, quand tu vas savoir le fin mot de cette histoire, je suis sûr que tu vas me buter, répondit-il avec une grimace.

Elle retrouva l'air morveux qu'il avait souvent enfant et en fut tellement attendrie qu'elle oublia ses griefs et lui sourit en retour.

22

Les gentilles filles sont respectueuses envers leur mère

Zoey entra en dernier dans la chambre de sa mère. Dalton était déjà dans les bras de Fran et pleurait à chaudes larmes, alors que le médecin avait bien précisé qu'elle ne devait pas avoir trop d'émotions. Plutôt pâle mais coiffée, calée sur les oreillers, Fran Westwood n'avait pas l'air d'être perturbée par la démonstration bruyante de son fils. D'une certaine façon, Zoey aurait pu dire qu'elle exultait.

— Je vois que tu as repris du poil de la bête, railla Nana, en acceptant le fauteuil que son gendre tirait près du lit pour elle.

Fran garda le silence et se contenta d'adresser un pâle sourire à sa mère. Zoey alla l'embrasser et se posta derrière sa grand-mère. Au bout d'un moment, durant lequel elle répondit à leurs questions, Fran demanda à Jo et à Dalton de sortir.

— Je dois parler à Zoey et à Nana, dit-elle, le plus délicatement du monde, ce qui provoqua une légère consternation chez son fils et son mari.

Ils partirent néanmoins tous les deux, dans un silence inquiet.

— Bien, dit Nana. L'heure des comptes est arrivée.

— Ne commence pas, Maman. Zoey, le soir de l'anniversaire de ta grand-mère, tu as été très dure avec moi. Plus que d'habitude, à vrai dire. J'ai été très choquée et je suis presque certaine que mon accident de la nuit dernière est la conséquence de cette soirée.

— Je serais donc la cause de ton AVC ? lâcha Zoey en blêmissant.

— En partie, oui.

Les mains de Zoey serrèrent le dossier du fauteuil, assez violemment pour que ses phalanges blanchissent et lui fassent mal.

— Je refuse d'entendre ça.

— Tu vas m'écouter, pourtant. Tu m'as une fois de plus reproché de ne pas m'être occupée de toi quand tu étais petite et tu es persuadée que c'est pour ça que nous n'avons pas le lien que tu voudrais que nous ayons.

— Je suis très contente de la relation que nous avons, dit Zoey, la mâchoire crispée. Nous ne serions pas capables d'en avoir une autre de toute façon, compte tenu de nos différences.

— Quelles différences ? demanda Fran. Tu es obstinée et incapable d'exprimer tes sentiments. Déjà deux points communs avec moi.

Elle tentait manifestement d'adoucir sa voix, en vain.

— Il faudrait savoir. Je croyais que j'étais le portrait de mon grand-père.

— Je lui ressemble aussi. La nuit dernière, quand j'ai eu ce malaise, j'ai eu le temps de voir ce qui comptait vraiment pour moi. Depuis hier, toute seule dans cette affreuse chambre, je réfléchis. Sais-tu ce que j'ai vu, Zoey, juste avant de… de m'évanouir ?

— Non.

— Je vous ai vus, ton frère et toi.

— Je crois que je vais vous laisser, lança Nana à ce moment précis en s'appuyant sur l'accoudoir pour se lever.

— Non, Maman, tu vas rester. Toi aussi, j'ai des choses à te dire.

— Est-ce un ordre ?

Le défi faisait trembler sa voix. Zoey eut envie de rentrer profond en elle, comme chaque fois que Nana se montrait terrible, mais Fran, visiblement, n'en avait cure.

— Oui. Tu n'es pas éternelle toi non plus. Je ne compte pas mourir demain et il est donc probable que tu partes avant moi. Ça ne se passera pas avant que tu aies entendu tout ce que j'ai sur le cœur.

Contre toute attente, et malgré son air farouche, Nana se rassit.

— J'ai besoin que tu confirmes certaines choses, également. Zoey, je t'ai eue très jeune et, même si ton père et moi étions très heureux, ce n'était pas le bon moment. Ton père venait de commencer sa carrière et j'avais à peine eu le temps de vivre avec lui. Ta naissance a été très difficile. Ton frère m'a causé moins de soucis, de ce côté-là.

— Évidemment, maugréa Zoey en levant les yeux au ciel.

— Ton frère ne pesait pas quatre kilos, continua Fran. Je te passe les détails de ce genre de réjouissance, tu les découvriras si tu te décides un jour à avoir des enfants. En tout cas, je n'étais pas du tout prête à être mère et encore moins une mère comme celle que j'avais eue, toujours au service de son mari et de ses enfants. Nana était ravie d'avoir une petite-fille et a commencé à s'occuper de toi comme elle l'avait fait avec nous. Mieux, même. Ai-je tort, Maman ?

— Tu n'as pas tort, murmura Nana. J'ai tout de suite aimé Zoey. Plus que Tina ou même Dalton.

— Tu as vraiment un talent incroyable pour retenir ce qui t'arrange, rit Fran, un peu amèrement. Tu n'étais pas uniquement motivée par l'amour, crois-moi. Tout ce que tu ne nous as pas donné, on peut dire que tu l'as tout de suite apporté sur un plateau d'argent à Zoey.

— Ta sœur et toi n'avez jamais manqué de rien, fit remarquer Nana.

— Non, c'est vrai. Nous avons eu les meilleurs cours, les vêtements les plus élégants… mais toi, Zoey, tu as eu tout le reste. Si tu ratais quelque chose, si tu faisais une bêtise, Nana était là pour t'encourager ou t'excuser.

— Que veux-tu dire exactement, Francesca ? demanda Nana, son œil impitoyable dardé sur sa fille.

— Je veux dire à Zoey que si je n'ai pas été à la hauteur en tant que mère, c'est qu'elle n'avait pas besoin de moi. L'amour, l'éducation, le réconfort, tout ce qu'une mère doit à ses enfants, elle les a toujours eus auprès de toi.

— Je ne comprends pas ce que tu reproches à Nana, intervint Zoey.

Fran eut soudain l'air triste.

Zoey ne sut pas si elle devait s'inquiéter ou se sentir rassurée de voir autre chose que de l'indignation sur le visage de sa mère.

— Je ne reproche rien à Nana, se défendit-elle avec une certaine douceur. Longtemps, je me suis reproché pas mal de choses, à moi. De ne pas t'avoir accordé davantage de temps, de ne pas t'avoir confiée à une nourrice, ce qui m'aurait sans doute permis d'être plus importante à tes yeux que celle qui s'occupait de toi dans la journée.

Elle se tut. Zoey se rapprocha de sa grand-mère. Nana regardait toujours sa fille de son œil froid. Puis sa dureté s'atténua subitement pour laisser place à de minuscules larmes qu'elle ne prit pas la peine de retenir.

— Je suis navrée, Francesca, répondit-elle, d'une voix vibrante d'émotion. Tu as raison. Quelque part, je t'ai volé Zoey.

Elle s'interrompit, sans que Zoey ose intervenir – ça n'aurait fait qu'empirer les choses, si elle avait tenté de défendre sa grand-mère.

— J'avais à me rattraper, vois-tu, reprit Nana. Je sais bien que j'ai été dure avec ta sœur et toi. Mais je voulais que vous réussissiez plus vite que moi. Quand mes livres ont marché, j'ai compris quelle vie formidable ils m'apportaient. L'indépendance. Non pas que ton père ait été un tyran, bien au contraire. Mais il n'était pas de la même génération que Jo et toi. Il n'aurait jamais accepté que je travaille à l'extérieur, puisqu'il nous assurait une vie plus que confortable. Sur le moment, je n'ai jamais eu le sentiment que je vous sacrifiais : je vous offrais la vie que je n'avais pas pu avoir. Je vous ai facilité les choses.

Zoey contempla sa mère. Des larmes coulaient également sur ses joues et dégoulinaient sur l'oreiller.

— Tu l'as fait, murmura Fran.

— Oui, mais je t'ai rendue dure et assoiffée de liberté. Quand Zoey est née, j'ai été égoïste. J'y ai vu une occasion de me racheter. Ce n'était pas bien compliqué. Zoey était une enfant facile.

— Une enfant facile ? murmura Zoey. Je croyais que j'étais un vrai diable.

— Tu étais uniquement un petit diable avec ta mère, dit Nana. Parce que je te gâtais vraiment trop. Tu avais les mêmes goûts que moi et, c'est vrai, j'aimais faire enrager ta mère, qui se montrait particulièrement froide avec moi, contrairement à sa sœur qui a toujours été plus malléable. Avec Dalton, les choses se sont un peu équilibrées, parce que je ne savais pas m'en occuper. Il était bien plus remuant que toi et il n'a jamais su faire que de la patouille dans une cuisine. Toi, tu avais du talent ! J'ai fait un beau gâchis.

Une lueur d'admiration passa furtivement dans ses yeux embués.

— Non ! affirma Fran de son ton le plus autoritaire. Tu as fait de Zoey une belle réussite.

Zoey dévisagea sa mère. C'était la première fois qu'elle recevait un compliment de sa part, qui plus est si spontané.

— Je n'ai pas envie de présenter des additions, reprit Fran. Pas maintenant. J'ai eu tellement peur… Zoey, tu es une jeune femme drôle et jolie, malgré tes coiffures excentriques et tes baskets d'un goût douteux. Tu as du talent, comme l'a dit ta grand-mère, et tu gères ton entreprise mieux qu'elle ou moi ne l'aurions fait. Et c'est grâce à Nana. Je suis simplement désolée de ne pas avoir su voir tout ça auparavant.

— C'est aussi grâce à toi, dit Nana. Tu t'es acharnée à lutter contre l'effroyable ego que je construisais chez cette enfant.

Elle eut un petit rire fluet.

— Je n'ai pas un ego démesuré ! s'écria Zoey.

— Si ! répondirent en chœur Fran et Nana.

Elles avaient eu le même timbre de voix et, un instant, le même rictus amusé. Elles aussi se ressemblaient beaucoup. L'humour et l'autorité avaient décidément été transmis de génération en génération.

— Je n'ai pas du tout confiance en moi, se défendit la jeune femme.

— Ne confonds pas l'ego et la confiance en toi, dit Nana. Sans ta mère, tu serais une petite personne autoritaire et imbue d'elle-même, parce que j'ai été trop faible et trop impressionnée par tes capacités.

— Vous vous liguez contre moi ! rétorqua Zoey.

Elle en tirait cependant une certaine satisfaction. Voir sa mère et sa grand-mère s'entendre, pour une fois, soulevait une chape de plomb quelque part dans sa poitrine. Elle avait dû souffrir de leurs disputes tacites la concernant, lorsqu'elle était enfant, et même les interpréter comme un véritable conflit de loyauté.

— Je suis contente que nous ayons pu discuter de tout ça, dit Fran. Maintenant, Zoey, va retrouver ton père et ton frère. Je suis sûre qu'ils pensent que nous nous sommes entretuées. Je dois encore parler un peu à Nana.

Zoey sourit à sa mère. Puis, spontanément, se pencha sur elle pour la serrer dans ses bras.

— Ne me décoiffe pas ! s'écria sa mère en la repoussant.

Elle souriait, elle aussi.

— Je ne veux pas avoir l'air d'une malade. Tu connais ton père, il serait bouleversé.

Zoey acquiesça puis, après avoir embrassé Nana, alla rejoindre Jo et Dalton dans la salle d'attente.

À leur expression terrorisée, elle sut que sa mère avait raison. Ils avaient dû imaginer le pire. Elle s'assit entre eux deux.

— Tu as été gentille avec ta mère, Zoey ? demanda Jo.

— Aussi gentille que Nana, répondit-elle.

Il grimaça.

— Je plaisante, Papa, ajouta-t-elle. C'est Maman qui a été gentille avec moi.

Jo poussa une exclamation de surprise.

— Elle a vraiment dû recevoir un choc, murmura Dalton.

— Je crois que nous avons tous reçu un choc, chuchota Zoey. Je ne suis pas sûre de m'en remettre pour ma part.

— Tu es une gentille fille, dit Jo, en lui passant le bras autour du cou. Tu as toujours été une gentille fille.

— Je n'arrête pas de le lui dire, renchérit Dalton.

Puis il se pencha vers l'oreille de sa sœur.

— Mais tu sais où vont les vilaines filles, hein, Zoey ?

— Dalton…

— Oui ?

— Toi aussi, tu es gentil ! Mais…

— Mais ?

— Tu es tellement lourd…

Elle balança son poing dans le biceps de son petit frère qui, pour une fois, ne riposta pas.

23

Les gentilles filles ne grimpent pas aux arbres

Zoey décida de rester chez ses parents jusqu'à ce que sa mère rentre de l'hôpital. L'effort était louable, mais le résultat se révéla moins à la hauteur que ce qu'elle aurait voulu. Son manque d'organisation ménager l'empêcha de tenir la maison comme Fran aimait le faire. Heureusement, la présence efficace de Dalton avait compensé la redoutable facilité avec laquelle Jo et elle parvenaient à ne jamais ranger les choses à leur place, voire à les perdre.

Fran Westwood arriva donc dans une maison propre et accueillante. Dans son fauteuil roulant, elle avait l'air d'une reine mère visitant ses sujets, rôle que Nana ne lui abandonna pas sans lutter, en lui faisant remarquer qu'elle pourrait songer à des aménagements pour handicapés. Zoey constata que sa mère avait retrouvé toutes ses facultés à la réponse cinglante qu'elle fit à la sienne.

Tout était redevenu normal.

Elle essaya d'entourer Fran d'attentions discrètes, allant jusqu'à lui préparer des repas équilibrés avec le cuiseur vapeur, sans y ajouter aucune touche personnelle.

Alors qu'elle lui apportait un thé, sous la véranda qui jouxtait le salon, Fran la retint.

— J'ai bien envie d'engager un paysagiste pour refaire un peu le jardin, lui dit-elle. Qu'en penses-tu, Zoey ?

Zoey apprécia que sa mère l'implique dans ce projet, bien que ce soit plus pour le principe que pour avoir son avis.

— Du moment qu'il ne touche pas à la cabane, ça me paraît être une bonne idée, répondit Zoey.

Elle apercevait un bout de la fameuse cabane où elle s'était si souvent réfugiée.

— Cette cabane, murmura Fran, vous y avez fait les pires bêtises…

— Pas tant que ça, se défendit Zoey.

— Si tu crois que je ne sais pas pourquoi tu t'y enfermais à l'adolescence ! Sans parler de Dalton. Ne me prends pas pour une oie blanche, Zoey. Tous les adolescents du monde s'enferment dans les cabanes de leur enfance pour s'embrasser. Et ils continuent après…

— Que veux-tu dire ?

— Rien, riposta Fran, mystérieuse. Je suis bien contente que ton frère pense à se fixer.

— Tu es au courant…

Fran leva son visage parfaitement maquillé vers sa fille.

— Dalton me raconte beaucoup de choses, fit-elle remarquer, sans aucun reproche dans la voix. Je suis sa mère. Enfin, une Brésilienne… Je me demande si je n'aurais pas préféré ton assistante. Elle est très jolie, même si elle partage ton inaptitude à se coiffer.

— Sally et Dalton…

— Une histoire sans lendemain, je sais.

— Pardon ?

Fran soupira, théâtrale.

— Ton frère me fera un jour mourir de honte.

Zoey nota avec une certaine satisfaction que le cher Dalton avait perdu sa place d'enfant favori, sans doute à la perspective qu'il parte vivre un jour au Brésil et éloigne Fran des précieux petits-enfants qu'elle désirait tant avoir auprès d'elle.

— Le soir de notre anniversaire de mariage… Avec cette Sally, dans la cabane ! Je ne sais pas de qui il tient ce besoin de séduction permanent. Heureusement que ton père n'a pas vu ça ! Tu sais comme il est vieux jeu.

— Sally et Dalton ?

Zoey était complètement abasourdie.

— Ce n'était qu'un baiser. Dieu merci, Adrian et toi les avez interrompus.

Elle ne se souvenait même pas d'avoir vu Dalton et Sally dans la cabane, en train de s'embrasser ou non. Elle se souvenait juste d'avoir essayé de monter à l'échelle.

— Comment sais-tu ça ? Dalton te l'a raconté ?

— Zoey, ma chambre donne directement sur la fenêtre de la cabane… Vous me prenez vraiment pour une imbécile.

Zoey ne répondit pas. Sally et Dalton… Et Adrian et elle les avaient interrompus… Adrian…

— Mais quelle idiote ! s'exclama-t-elle.

— Je te demande pardon ? répondit Fran, sèchement.

— Pas toi, Maman ! Moi ! C'était là, sous mes yeux ! Merci !

Elle sauta sur sa mère pour l'embrasser.

— Ne me décoiffe pas, grinça Fran. Où vas-tu comme ça ? Et pourquoi me remercies-tu ?

— Chez les Peters ! Dis à Dalton de ramener sa fraise quand il sera rentré.

— Zoey, ton vocabulaire !

— Désolée, Maman ! Je t'expliquerai !

Elle sortit de la maison en courant.

24

Les gentilles filles n'écoutent jamais de conversations inappropriées

Sally dansait d'un pied sur l'autre dans le salon des Westwood. Elle regardait Zoey et Fran Westwood avec l'air de ne pas savoir quoi dire ni faire. Elle avait fait un effort d'élégance pour venir chez les parents de son amie, même si son sweater vert amande contrastait sans doute un peu trop avec sa robe pamplemousse, au goût de Fran Westwood qui se contenta d'arquer un sourcil et de lui adresser son sourire le plus poli.

Elles échangèrent quelques banalités sur la santé de Fran et l'avancée de son rétablissement, puis virent Dalton passer devant la porte vitrée du salon et lever le pouce.

— Viens avec moi, dit Zoey en prenant la main de Sally et en l'entraînant vers la porte d'entrée.

— Est-ce que tu peux m'expliquer ?

— Non. Tu vas devoir me faire confiance, Sally. Je suis ta meilleure amie, après tout.

— Parfois, je me le demande, maugréa la jeune femme. Tu n'as pas été facile ces derniers temps. Tu m'as fait de la peine.

— Je suis vraiment désolée. Je ne voulais pas. Mais j'ai une bonne nouvelle pour toi. J'ai reçu le devis de Cybil Green que tu as brillamment négocié et je suis tout à fait d'accord pour ces nouvelles photos. À la rentrée, j'organiserai une dégustation pour les blogueurs. On pourrait appeler ça le « Marvellous Lunch ».

L'expression de Sally lui indiqua qu'elle ne se chargerait pas plus du titre que de la promotion de l'événement. Puis son amie laissa un franc sourire s'épanouir sur son visage.

— Je pourrai même communiquer sur les réseaux sociaux ?

— Évidemment…

— D'accord. Tu es encore ma meilleure amie et une assez bonne patronne…

Zoey rit.

— En échange, j'ai besoin que tu me rendes un service.

— Dis toujours, répondit Sally, méfiante.

— Que tu me suives sans poser de questions.

Sally acquiesça. Elle la suivit, effectivement, jusqu'à la cabane et monta l'échelle à sa suite.

Zoey eut un sourire de satisfaction en voyant le résultat de son travail. Elle avait nettoyé la cabane, jeté avec un peu de regret le vieux sofa qu'elle y avait toujours connu, et, aidée de Dalton, avait remis un coup de peinture sur les murs. Des lampions blancs, récupérés de la fête de ses parents, apportaient une touche d'élégance bohème. Sur un sofa neuf, d'un élégant bleu ciel, Adrian attendait, l'air aussi suspicieux que Sally quelques minutes auparavant.

— Sally, je te présente Adrian.

Les joues de Sally rosirent en apercevant le jeune homme, qui toussota, gêné.

— C'est mon meilleur ami, ajouta Zoey. Il est parfois un peu sarcastique, mais je ne connais personne d'aussi soucieux des autres que lui.

— Ce n'est pas drôle, Zoey, intervint Adrian.

— Adrian, fais un effort.

— C'était déloyal de passer par ma mère pour me faire venir jusque-là.

— Tu vois bien qu'il n'en a pas envie, dit Sally, d'une toute petite voix.

Zoey les ignora.

— Adrian, je te présente Sally. C'est ma meilleure amie aussi. Nous partageons pas mal de choses, dont une certaine méfiance envers les hommes. Cela dit, son cas n'est pas aussi désespéré que le mien, je crois.

— À quoi joues-tu encore ? demanda Adrian, sans oser regarder Sally.

— Je ne joue pas, précisa Zoey. Je rétablis l'ordre des choses et je répare mes erreurs. Sally, je crois qu'Adrian t'aime bien.

Adrian desserra les dents pour laisser s'en échapper un sifflement ironique.

— Nous ne sommes plus à l'école maternelle, dit-il. Est-ce que le mot « intrusive » te dit quelque chose ?

— Sally, Adrian mérite que tu lui donnes une chance et que tu le voies autrement que comme un bon copain avec qui faire la fête, continua Zoey sans l'écouter.

— Tu es la marraine-fée la plus grotesque que j'aie vue de ma vie, riposta Adrian.

Sally ne disait pas un mot et les regardait tour à tour, embarrassée.

— Vous gagnerez à vous connaître. Sally, s'il te plaît, juste un rendez-vous ?

Son amie lâcha un son inarticulé. Elle avait l'air d'une souris prise au piège dans la cage d'un laborantin fou.

— C'est une approche intéressante, lança Adrian, un sourire aux lèvres. C'est vrai, Sally, nous devrions peut-être aller au restaurant ensemble.

Le ton qu'il employait était dangereusement railleur. Zoey voulut l'arrêter, mais c'était trop tard. Les yeux d'Adrian flamboyaient de leur pire ironie.

— Après, je pourrais… comment dis-tu déjà ? Te sauter ?

— Mon Dieu… lâcha son amie, en levant les yeux au ciel.

— Mon Dieu ! répéta Zoey. Adrian ! Ce n'est pas du tout…

— Pas du tout quoi ? gronda-t-il, mauvais. Romantique ? Approprié ? Tu connais la conception du romantisme de ta copine ? Un texto quand elle en a envie pour que je débarque chez elle.

— Tu as une drôle de façon de récrire l'histoire, l'interrompit Sally.

— Vous couchez ensemble ? s'exclama Zoey.

Ils lui adressèrent le même regard consterné.

— De temps en temps, souffla Sally, d'une toute petite voix.

— Depuis longtemps ?

Sa voix avait pris des intonations suraiguës. Elle ne pouvait croire qu'ils lui avaient menti ou, plus exactement, qu'ils avaient omis de la tenir informée d'un événement aussi inattendu.

— Quelques mois, lâcha Adrian. Demande à Sally, c'est elle qui tient le planning.

— Bien sûr, rétorqua Sally. La méchante Sally qui utilise les hommes pour le sexe et qui n'a pas de cœur. Tu oublies une partie de l'histoire, Adrian. Celle où il ne fallait pas dire à Zoey que nous couchions ensemble, parce que tu avais trop peur de sa réaction. Quand m'as-tu demandé ça, déjà ? Après notre première nuit, non ? Tu voulais que je me sente comment ?

— Je ne vois pas en quoi le fait d'être clair est un souci entre nous, murmura Adrian, d'un air fautif.

— Mais le fait que tu sois amoureux de ma meilleure amie, si, peut-être, répondit Sally.

Adrian la contempla un court instant, le visage crispé.

— Je ne suis pas amoureux de Zoey.

— Je confirme, ajouta Zoey.

— On se fiche un peu de ton avis, là, siffla-t-il. Si j'étais amoureux de Zoey, excuse-moi de te le dire, Sally, mais je n'aurais pas fait l'erreur de coucher avec toi.

— Parce que c'était une erreur ?

— Ce n'est absolument pas ce que j'ai dit. Mais soit, entends ce que tu veux entendre.

Il détourna la tête et s'enferma dans un silence boudeur.

— C'est complètement idiot, dit Zoey. Sally, si tu as encore un doute, explique-moi pourquoi Adrian a réagi comme ça après vous avoir surpris dans la cabane, Dalton et toi.

— Parce que tu es au courant de ça ? hurla Sally en regardant Adrian, prête à lui demander des comptes.

— Adrian n'a rien à voir là-dedans. C'est ma mère qui me l'a dit.

— Oh, parfait, gémit Sally.

Elle se liquéfiait de honte.

— Adrian était jaloux, dit Zoey avant de se tourner vers son ami. C'est pour ça que tu as frappé Dalton, n'est-ce pas ? Parce que tu les as vus dans la cabane.

Adrian haussa les épaules, visiblement indifférent aux efforts désespérés qu'elle déployait.

— Meilleure soirée de ma vie. D'abord, tu balances cette connerie dans la cuisine et après, j'assiste à un baiser passionné entre ton frère et Sally.

— Quelle connerie ?

— Rien qui vaille la peine d'être répété, intervint Sally dans un chuchotement.

— Non, attends, Sally. J'ai besoin de savoir, l'arrêta Zoey à son tour. Qu'est-ce que j'ai dit ?

— Tu as dit que tu ne nous adresserais plus la parole s'il se passait quelque chose entre nous.

— Quoi ? J'ai dit ça comme ça ?

— Non, l'excusa Adrian. Il y avait un contexte. Pas très intelligent, comme contexte, vu notre taux d'alcool. Mais tu as dit ça et Sally l'a pris au pied de la lettre.

— Je… j'étais en plein doute vis-à-vis d'Adrian, bégaya Sally avec une grimace.

— Vous l'avez cru ? s'écria Zoey. J'étais saoule !

Ils se turent, tous les deux visiblement embêtés et attendant que l'autre ait le courage de prendre la parole.

— Vous avez peur de moi à ce point ? demanda Zoey.

Elle regretta sa question, en lisant la réponse dans leurs yeux.

— Non, laissez tomber. Je vous parlerai encore si vous sortez ensemble. À vrai dire, j'en serai même heureuse, sauf si vous vous bécotez devant moi.

— La question ne se pose plus, dit Adrian en se levant.

— Adrian, s'il te plaît. Je sais que tu n'aimes pas l'idée de couple mais…

Il releva la tête et la dévisagea, plein de défi.

— Ce n'est pas moi qui ai un souci avec ça, Zoey. Au début, peut-être un peu. Mais pas après. Seulement, Sally a tout fait pour que je me détache d'elle, en me répétant que je n'étais qu'un *sex-friend*. D'ailleurs, tu t'es trompée, Sally. C'est sex-toy, ce que tu voulais dire. Ça risque d'être dur de nous ranger côte à côte dans un tiroir, Dalton et moi.

— Ne sois pas blessant, murmura Sally.

Elle semblait au bord des larmes. Zoey, quant à elle, visualisa Adrian et son frère couchés côte à côte dans un gigantesque tiroir, comme des poupées mannequins. Elle aurait nettement préféré que son cerveau reste concentré sur la conversation elle-même.

— Je n'ai pas couché avec Dalton, continua-t-elle. La réflexion de Zoey m'avait agacée et vous rigoliez comme des tordus. Vous aviez l'air si proches. J'étais jalouse et Dalton a fait… son Dalton.

— Pas la peine de rentrer dans les détails, maugréa Zoey, qui essayait toujours de repousser cette vision dérangeante.

— Dire que j'ai passé la soirée à attendre d'avoir un moment avec toi, dit Adrian.

Il avait eu toutes les difficultés du monde à lâcher ces quelques mots. Sally émit un hoquet excédé.

— Tu as passé la soirée à boire avec Zoey, s'insurgea-t-elle, les joues à présent écarlates. Je ne savais même pas que tu voulais autre chose.

— C'est toi qui n'as pas arrêté de parler de contrat, cria Adrian.

Le contrat… Le soir du verre au Rain Law Room, quand il avait évoqué un contrat idiot, il parlait de celui établi avec Sally, pas de leur propre contrat d'adolescence, qui n'avait rien d'idiot en soi.

Elle se sentait ridicule. Elle avait cru qu'Adrian éprouvait des sentiments pour elle. Elle n'avait pas été capable de voir les signaux qu'il envoyait à une autre, sa meilleure amie. Devant elle, Adrian et Sally continuaient à se hurler dessus.

Elle fit un mouvement, qu'elle voulut discret, vers la trappe de la cabane.

Adrian tendit le bras dans sa direction, sans la regarder.

— Tu restes ici. Avec toi dans la pièce, peut-être que Sally ne se défilera pas.

— Je ne me défile pas.

— Moi, j'aimerais bien pouvoir le faire, soupira Zoey.

Mais elle resta là, debout, alors qu'ils se défiaient du regard, l'un en face de l'autre. C'était la version la plus trash de conseil conjugal qu'elle avait vue de sa vie et elle se demanda si elle ne tenait pas là un concept d'émission de téléréalité. Elle l'appellerait « La Cabane », même si le titre lui évoquait plutôt une scène glauque à la *Délivrance* qu'un programme de télévision pour ménagères.

Sally croisa les bras sur sa poitrine.

— Bien. J'ai effectivement parlé de contrat.

Adrian poussa une exclamation triomphante.

— Contrat qui impliquait une non-exclusivité entre nous, ce que j'étais prêt à accepter. Seulement, il a fallu que tu embrasses mon meilleur copain d'enfance.

— Mon frère, soit dit en passant, lâcha Zoey.

— J'ai eu un moment de panique ! s'écria Sally.

— Belle excuse ! cracha Adrian. Moi aussi, quand j'ai un moment de panique, j'éprouve une irrésistible envie de fourrer ma langue dans la bouche de quelqu'un d'autre.

— Je ne veux pas entendre cette partie de la conversation, murmura Zoey.

Adrian tourna la tête vers elle.

— Un mot en particulier te pose un problème, Zoey ? Tu es soudain devenue pure et innocente ?

— Adrian n'a pas tort, soupira Sally. Tu me reproches d'avoir embrassé ton frère mais, si on y pense bien, tu as couché avec mon mec.

Adrian et Zoey se tournèrent vers elle en même temps.

— Parce que là, j'étais ton mec ? rugit Adrian.

— Oui, affirma-t-elle, sans se démonter.

Zoey n'avait jamais vu Sally de mauvaise foi. Son nez frémissait et sa bouche grimaçait, comme si elle retenait un fou rire.

— Tu es la personne la plus compliquée de la terre ! hurla Adrian. Tu arrives même à être plus pénible que Zoey ! La barre est pourtant haute !

— Hé, ne vous défoulez pas sur moi ! Je suis totalement en dehors du coup, pour une fois.

— Effectivement, tu l'es. Sache que nous n'avons pas couché ensemble, cette nuit-là. Satisfaite, Sally ?

— Tu fais ce que tu veux, affirma Sally, les bras toujours croisés.

Adrian leva les bras au ciel, exaspéré.

— Tu aurais pu me le dire avant, murmura Zoey.

— Franchement, Zoey, à ma place, tu n'aurais pas laissé planer le doute jusqu'à ce que ça me rende à moitié fou ? D'autant que ça pouvait faire réagir Sally, il me semble.

— Tu t'es servi de moi pour la rendre jalouse. C'est infect, Adrian, s'écria Zoey en repensant à la scène du retour en camionnette.

Elle se souvint de la parfaite maîtrise de Sally lorsque Adrian s'était perdu en allusions douteuses, et surtout quand elles en avaient parlé toutes les deux, juste avant d'arriver à la boutique. Son amie n'avait pas manifesté la moindre gêne, ni aucune émotion, à bien y penser.

— Tu as fait la même chose avec moi pour attirer l'attention de Stan Meyer, objecta Adrian.

— Nous avions six ans…

— J'ai quand même été blessé, souligna Adrian.

— Bien, souffla Sally. J'aimerais bien rester à écouter vos souvenirs d'enfance mais je crois que j'ai eu ma dose de révélations pour la journée.

— Voilà comment ton amie se défile, encore une fois, cracha Adrian.

Il croisa les bras sur sa poitrine, à son tour, et leva le menton, dans un geste à la fois colérique et méprisant.

— Ça suffit, maintenant ! s'écria Zoey. Sally, tu vas me répondre honnêtement. Est-ce que tu es amoureuse d'Adrian, oui ou non ?

— Ne réponds pas, intervint Adrian.

— Il faudrait savoir, répondit Sally, avec un sourire moqueur. Pour commencer, je ne sais même pas ce que ça veut dire. Ensuite, je ne supporte pas les types jaloux et encore moins les types violents. Ni les types qui ne sont pas capables d'assumer leurs sentiments. Ou leurs non-sentiments. C'est facile de croire que tout dépend de moi, à la fin ! Adrian n'a jamais manifesté le moindre intérêt pour moi, en dehors d'un lit. Tout ce qui lui importait, c'était ce que tu penserais de ça.

— Tu l'as déjà dit, marmonna Zoey.

— Peut-être parce que c'est important ? Même pour me parler, il a besoin que tu le traînes ici.

— Je t'ai traînée ici aussi, répondit Zoey.

— C'est différent. Je ne veux pas d'un type incapable d'exprimer un avis sans demander celui de sa meilleure amie.

Ce fut au tour de Zoey de lever les yeux au ciel. Sally ne prenait aucune décision sans lui en parler auparavant.

— Les amis servent à ça, fit-elle remarquer. Adrian ne me parle jamais de sa vie personnelle.

— Pas la peine ! ironisa Sally. Il lui suffit de t'imiter en tous points.

— À mon tour de dire que ça suffit ! s'exclama Adrian, vexé. Je n'ai certainement pas besoin de Zoey pour savoir ce que je pense de toi.

— Je brûle de le savoir, grinça Sally, amère.

Adrian la contempla, intensément, puis prit une longue inspiration.

— D'abord, je n'ai effectivement jamais voulu définir ce qu'il y avait entre nous. Les contrats et les définitions, ce n'est pas mon truc mais le tien.

Sally ne répondit pas.

— Je ne possède pas non plus l'aisance de Dalton, ni sa faculté à mettre de la conviction dans tout ce qu'il dit. Avant que je te voie l'embrasser, je ne savais même pas que j'étais amoureux de toi, si tu veux la vérité.

Zoey regarda Sally. Sous ses yeux, son amie perdit un instant un peu de la maîtrise dans laquelle elle s'échinait à mettre tant d'énergie.

— C'est même la dernière chose que je voulais, étant donné la façon dont tu me traitais.

— Je ne t'ai jamais mal traité.

— Si on excepte le fait que tu ne m'as jamais permis de rester chez toi pour la nuit et que ça ne t'a jamais empêchée de t'endormir dans mes bras.

— Tout ça devient très embarrassant, maugréa Zoey en grimaçant.

Adrian l'ignora et continua sur sa lancée :

— Tu sais ce que tu fais, quand tu dors, Sally ? Tu ne supportes pas d'avoir des cheveux dans le cou et tu te passes la main derrière l'oreille, comme un chat qui fait sa toilette.

— Je ne fais pas ça, souffla Sally, doucement.

— Si. Tu ne veux peut-être pas d'un type qui ne sait pas prendre une décision tout seul, mais je ne veux certainement pas d'une fille qui fait le truc le plus adorable de la terre dans mes bras et qui me jette comme un malpropre le reste du temps.

— Personne ne veut de personne, alors, conclut Sally.

Ses yeux se remplirent de larmes.

— Si, affirma Adrian.

Un instant, il retrouva son expression habituelle, railleuse et détachée.

— Je veux de toi, si tu me laisses finir la nuit chez toi.

— Encore un contrat ? Je croyais que tu n'aimais pas ça.

— À prendre ou à laisser.

Sally baissa la tête.

— On ne dit pas « je veux de toi », murmura-t-elle. C'est condescendant. Je ne suis pas en train de te supplier.

— Moi, je peux le faire, rétorqua Adrian. Même devant Zoey.

— Pitié, non… gémit Zoey, au comble de la gêne.

— Si moi, je veux de toi, tu me promets de ne plus cacher ce que tu ressens ? demanda Sally, adoucie.

— Je vais essayer.

— C'est si difficile ?

Adrian émit un ricanement moqueur.

— Je te rappelle que la seule femme avec qui j'aie eu une relation de plus de deux heures, c'est ton idiote de copine. Pas la meilleure personne pour apprendre à exprimer ses sentiments.

— Effectivement, admit Sally, avec un clin d'œil vers Zoey qui s'apprêtait à glapir. C'est donc un contrat.

— Un avenant, tout du moins.

Ils échangèrent un sourire sincèrement complice qui décida Zoey à s'éclipser. Elle glissa jusqu'à la trappe de la cabane et s'engouffra dans l'ouverture.

Elle réglerait ses comptes plus tard.

Cette fois-ci, personne ne pensa à la retenir.

Dalton l'attendait au bas de l'arbre, curieux.

— Dis donc, tu as pris des fesses, dit-il lorsqu'elle sauta sur le sol, non sans une certaine difficulté.

— Lâchez-moi, avec mes fesses, marmonna-t-elle.

Depuis la cabane, l'éclat des voix de Sally et d'Adrian s'était transformé en un murmure, que Dalton et elle percevaient au-delà de la tranquillité de cet après-midi d'été.

— On va peut-être arrêter de les espionner, non ? lança Zoey.

Ils s'éloignèrent jusqu'au milieu du jardin où les chaises longues les attendaient.

— Surtout que Maman doit s'en charger, répondit Dalton d'un ton aigre.

— Ça t'empêchera de faire le mariole. Tu as autre chose à m'avouer, tant qu'on y est ?

Dalton rit, du rire faussement embarrassé qu'il avait quand il avait fait quelque chose d'un peu honteux.

— J'ai couché avec ton amie Cass l'année dernière. Une seule fois.

— Il y a une copine à moi que tu n'as pas essayé de mettre dans ton lit, Dalton ?

— Pas une seule que je n'aie pas réussi à mettre dans mon lit, plus exactement, à part Sally. Uniquement parce que je n'ai pas eu le temps. La question ne se pose de toute façon plus. Oh, et tant qu'on en est aux confidences, Josh fantasme sur toi depuis des années, ce que je trouve particulièrement incompréhensible, en plus d'être pénible.

— Tu sais quoi, Dalton ? Sally et Adrian vont être en couple et Marianita et toi aussi.

— Rien n'est moins sûr, répondit Dalton, la bouche tordue.

— Si. Je vais rester seule. J'envisagerais bien Josh, finalement.

— Je t'interdis d'utiliser mon meilleur ami comme un pis-aller.

Zoey haussa un sourcil circonspect.

— Tu veux vraiment qu'on parle de ce qu'on est autorisés à faire avec les amis des autres ? Je plaisante, de toute façon.

— Je sais… Matthew Ziegler… Tu comptes résoudre le problème comment ?

— Aucune idée.

— Tu devrais peut-être lui envoyer un mail.

Elle éclata de rire, sans que Dalton comprenne pourquoi. Elle n'avait pourtant pas le cœur à plaisanter. Elle ne savait réellement pas quoi faire ni si elle avait vraiment envie d'arranger la situation. Matthew devait être furieux contre elle et la prendre pour une capricieuse.

Paranoïaque, en plus, pensa-t-elle.

— C'est ce que tu fais, toi, quand tu veux séduire quelqu'un ? Un mail ?

— Moi ? dit Dalton. Non.

Il croisa ses bras derrière sa tête et ferma les yeux.

— Moi, ma vieille, j'ai du panache.

Elle sourit. Il avait raison.

25

Les gentilles filles ne discutent pas avec des hommes sous leur balcon

Tard dans la nuit, alors qu'elle se retournait dans son lit, Zoey entendit taper au carreau de sa fenêtre. Elle mit une bonne minute à comprendre qu'on y jetait des cailloux et finit par se lever. Adrian se tenait sur la pelouse de ses parents, uniquement vêtu d'un bas de pyjama. Elle lui sourit. Elle avait soudain l'impression d'être revenue des années en arrière.

— Attends, chuchota-t-elle.

Elle sortit de sa chambre sans faire de bruit et traversa celle de Dalton qui dormait du sommeil du juste, au travers de son lit. Une mèche tombait sur son front. Il ne lui manquait que son pyjama Batman pour redevenir le petit garçon qu'elle avait retrouvé depuis quelque temps.

Avec précaution, elle ouvrit la fenêtre et entreprit de descendre par la treille, en priant le ciel pour qu'elle ne s'écroule pas sous son poids.

La nuit était fraîche, pour une nuit d'août. Elle frissonna en sautant dans l'herbe déjà mouillée par la rosée. L'aube n'allait pas tarder à poindre.

Adrian l'attendait au coin de la maison.

— Tu n'es pas avec Sally ? demanda-t-elle.

— Elle dort dans ma chambre, répondit-il. Mes parents vont faire une de ces têtes au petit-déjeuner…

— Un événement, en effet… Il y a un autre souci, à part le fait que tu ramènes enfin une fille chez toi et que ta mère va probablement aller faire publier des bans à la première heure demain ?

— Je voulais te remercier.

— De quoi ? D'être l'idiote de copine de ton amoureuse ?

Adrian grimaça.

— Je n'aime pas ce mot. Amoureuse. C'est ridicule.

— Parce que idiote de copine, ça passe ?

— Zoey, s'il te plaît… Tu sais bien que je ne le pense pas. Enfin, pas tout le temps. Si tu veux bien m'écouter…

Elle s'assit sur le banc qui jouxtait l'allée du jardin, prête à entendre ce qu'il avait à lui dire. Il tomba à côté d'elle.

— Je te remercie vraiment, continua-t-il. Je sais comme ça a dû te coûter de prendre ce risque. Hier soir, j'ai su que tu resterais toujours mon amie.

— Tu en as déjà douté ?

— Parfois, oui. Je suis désolé d'avoir eu des secrets pour toi. C'était difficile d'affronter ton regard. Nous avons tellement l'habitude de ricaner tous les deux. Je crois que tu ne l'aurais pas supporté.

— Sans doute pas sur Sally, en effet, confirma Zoey. Je suis heureuse pour vous, tu sais ?

— Tu vas pouvoir nous tyranniser en même temps.

— Je me retiendrai, répondit-elle en souriant. Une chose me travaille quand même. Comment nous sommes-nous retrouvés nus dans mon lit ?

— Tu m'as déshabillé avec la ferme intention de me violer.

Un bref sourire lui indiqua qu'il plaisantait.

— Pour de vrai, Adrian…

— Pour de vrai, je n'en sais rien, admit-il. Je crois que j'étais incapable de dormir sous le même toit que Sally après l'avoir vue embrasser Dalton. Je me suis couché là où j'étais.

— Nu ?

— Je dors toujours nu et toi, tu n'étais pas en état de te mettre en pyjama. Je me demande même comment tu as pu enlever tes vêtements.

— Tu es vraiment certain qu'il ne s'est rien passé ?

— Zoey, vu mon taux d'alcool, j'aurais été incapable d'avoir une érection. Avec toi, en plus…

— Charmant.

— Sincère, affirma-t-il. Si j'avais eu un jour envie de toi, nous le saurions tous les deux. Je ne dis pas que ça ne m'a pas traversé l'esprit quand nous étions ados. Mais à cette époque… les hormones…

— Je vois ce que tu veux dire.

Elle se blottit contre lui, dans un geste qui leur était familier.

— Je suis tellement contente de t'avoir retrouvé, murmura-t-elle. Tu as les épaules les plus confortables du monde.

— Attends que j'aie pris du ventre, comme mon père, répondit-il.

Zoey se redressa soudain.

— Est-ce que tu crois que ça gênera Sally ? Je n'arrive pas à imaginer être obligée de me contenir devant elle ou même de me sentir coupable.

Adrian eut un petit rire et l'attira contre lui, d'une manière tendre et autoritaire. Elle se laissa faire. Elle avait terriblement besoin qu'on la prenne dans ses bras.

— Si ça la gêne, tant pis. Je n'ai jamais imaginé sortir avec une fille qui ne t'accepterait pas. Sally comprendra, de toute façon, mieux qu'une autre. Surtout qu'elle culpabilise elle-même pas mal que nous ayons eu ce secret, quoi qu'elle en dise, et peut-être plus que moi.

— Pourquoi, plus que toi ?

— Parce que ce n'est pas le premier secret que je garde pour moi, tout comme toi, tu dois bien en avoir pour moi.

— Peut-être. Disons plutôt que je n'ai pas eu l'occasion de te parler ces derniers temps. C'était difficile, aussi. Vis-à-vis de Marianita et de ce qu'elle a pu te dire.

L'étonnement qu'elle lut sur son visage la rassura, pour une courte durée.

— Qu'est-ce que Marianita a à voir là-dedans ?

— Elle, pas directement, balbutia-t-elle. Mais Matthew, en revanche… J'ai couché avec lui, j'ai été nulle et maintenant, je ne sais pas quoi faire.

— Tu as été nulle en couchant avec lui ?

— Ne dis pas n'importe quoi, rétorqua-t-elle, outrée. J'ai été nulle après.

Il lui tapota la tête affectueusement.

— Tu as fait du Zoey, quoi…

— Tu veux vraiment qu'on reparle de ton bazar avec Sally ?

— Pas la peine. Je crois qu'on a fait le tour de la question. Et lui ? Il en pense quoi ?

— Je ne sais pas. La dernière fois que je lui ai parlé, il est sorti de la voiture de mon père en claquant la portière.

— Plus sanguin qu'il n'en a l'air…

Zoey haussa les épaules, ce qui manqua de la faire tomber du banc et obligea Adrian à resserrer ses bras autour d'elle.

— Tout se rattrape, plaisanta-t-il. Si Sally et moi avons réussi à nous extirper de ce bourbier, tu y parviendras aussi. Sans doute en te prenant les pieds dans le tapis, comme d'habitude, mais sans l'aide de personne. C'est peut-être le type imparfait que tu attendais.

— Tu ne l'aimes pas tellement, fit remarquer Zoey.

Adrian la releva légèrement, de façon à la regarder dans les yeux.

— Mon opinion ne compte pas, Zoey. Tu sais… ajouta-t-il en se raclant la gorge. Il est fort possible que j'aie été un peu jaloux de lui.

— Ne sois pas idiot. Je ne vois pas pourquoi tu serais jaloux de Matthew.

Il la contempla intensément et rapprocha son visage, auquel la lune donnait un teint pâle. Un relent d'agacement lui crispa le visage.

— Vous vous conduisiez comme des dindes avec ce type, Sally et toi. Maintenant, très sérieusement, Zoey, si tu aimes vraiment ce Matthew, qui est pire que moi niveau autisme affectif, je te conseille de tout faire pour le récupérer. S'il faut te mettre plus bas que terre pour ça, fais-le. Je peux te donner des cours.

Elle rit.

— Dalton m'a suggéré la même chose que toi.

— Dalton en conseiller conjugal… grinça Adrian. Même si j'avoue que sur ce coup-là, il a raison.

Zoey réfléchit un instant. Elle devait effectivement s'expliquer avec Matthew.

— Je vais devoir rentrer, annonça soudain Adrian. Je ne voudrais pas que Sally se réveille toute seule dans ma chambre d'adolescent. Ma mère a réussi à ne pas la tapisser de liberty, mais ça peut tout de même lui faire un choc.

— Je comprends.

Elle resta néanmoins sur le banc, blottie contre lui.

— Un souci ? s'inquiéta-t-il. Je suis désolée de te planter comme ça, alors que tu es malheureuse, Zoey, mais…

— Je me sens tellement humiliée, bégaya-t-elle.

Il lui adressa un regard interloqué.

— Humiliée ? J'ai dit quelque chose de blessant ?

— Ce n'est pas ça…

Elle baissa la tête, la bouche tordue par un rictus.

— Je ne sais pas remonter par la treille, avoua-t-elle.

Évidemment, Adrian éclata de rire.

26

Les gentilles filles ne médisent pas

Une fois qu'elle fut certaine que sa mère allait mieux et recommençait à régenter la vie de son mari, Zoey s'autorisa à rentrer chez elle. Sa voisine avait nourri Sushi. Elle fut heureuse de le retrouver, bien qu'il eût ravagé une partie de son salon, de rage d'être abandonné.

Il lui restait deux jours de calme relatif avant sa prochaine deadline. Sally et Adrian négociaient toujours leur réconciliation chez la jeune femme. Elle s'était abstenue de les appeler mais avait envoyé un texto à Sally pour lui dire qu'elle n'avait pas besoin d'elle à la boutique et qu'elle pouvait profiter de jours supplémentaires de congé. Lorsque son téléphone avait sonné en retour, elle avait été prise d'un rire. C'était Adrian qui lui avait répondu.

Tout se déroulait bien entre eux. Restait Dalton qui oscillait toujours entre ses grands moments d'habituelle gaieté et d'autres où elle le sentait complètement perdu et particulièrement triste.

Il fallait qu'elle intervienne. Après tout, elle lui devait aide et protection, par son statut d'aînée. Ou peut-être par culpabilité. En outre, se préoccuper des autres lui permettait de moins ressentir le vide de son existence et les remords qu'elle éprouvait à l'idée d'avoir perdu Matthew.

Elle se sentait importante dans ces tâches-là, bien plus qu'elle ne l'avait été tout au long de sa carrière. Elle en tirait même un plaisir légèrement égoïste.

Décidée à arranger les choses pour Dalton, dont elle doutait du panache en toutes circonstances, elle prit son téléphone et composa le numéro de Marianita pour lui donner rendez-vous dans un café.

La jeune femme arriva probablement à l'heure, car elle avait déjà éparpillé toutes les doses de sucre autour de sa tasse quand Zoey se présenta, avec son retard légendaire. Elle s'excusa à maintes reprises.

— Bien, lui dit Zoey, après les questions d'usage, je suppose que tu sais pourquoi j'ai demandé à te voir.

— Pour me parler de Matthew Ziegler ? Je suis tellement navrée, Zoey… Dalton m'a raconté.

— Non. Je suis là pour te parler de Dalton, justement.

La jeune femme eut soudain l'air terrifié.

— Je fais vraiment cet effet-là aux gens ? demanda Zoey. Je terrorise vraiment les gens qui approchent mon frère ou mes amis ?

Marianita déglutit et se perdit un moment dans la contemplation du ravage dont elle avait été l'initiatrice dans les sachets de sucre.

— Oui, balbutia-t-elle. Dalton accorde beaucoup d'importance à ce que tu penses.

— Moi aussi, j'accorde beaucoup d'importance à Dalton. J'aimerais savoir ce que tu comptes faire.

— Je ne sais pas.

— Je peux te poser une question personnelle ? demanda Zoey sans attendre de réponse. Est-ce que tu es amoureuse de mon frère ?

La jeune femme n'hésita pas une seconde et hocha la tête.

— Mais alors… tu pourrais rester ?

— Non. Ma mère traverse une période difficile. Je ne peux pas l'abandonner. Je suis très proche d'elle. Elle m'a élevée toute seule, tu sais ? Mon père l'a quittée avant ma naissance. Elle n'a jamais eu beaucoup de chance avec les hommes.

— Apparemment, non.

Les yeux de Marianita s'enflammèrent soudain et ses narines frémirent.

— Ce Ziegler… Pendant des années… des années !

La suite fut noyée dans une cascade de mots en portugais, que Zoey perçut comme des jurons.

— Écoute, Marianita… J'ai décidé de ne pas m'attarder sur le passé… Je ne veux pas entendre parler de Matthew.

Marianita secoua la tête, d'un mouvement qui exprimait sa violente désapprobation.

— À chaque fois qu'elle le voit, elle est dans un état épouvantable ! s'écria la jeune femme, emportée par sa colère. Elle le sait mais elle y retourne. Comme une droguée ! Et après, elle ressort les lettres, les photos, et elle parle de Chicago et de Paris et de la maison à Bahia… Ça n'a pas suffi qu'il me bousille une partie de mon enfance !

— De ton enfance ? Mais… attends… Matthew Ziegler n'a que quelques années de plus que toi.

La fureur se lisait sur son visage. Dalton allait avoir à négocier avec ce caractère fougueux et quelque chose disait à Zoey qu'il ne s'en sortirait pas toujours avec une pirouette, un clin d'œil et son fameux panache.

— Quoi, Matthew Ziegler ? Matthew n'est que… que… la piqûre de rappel ! Je te parle de Richard Ziegler, son père !

— Son père ?

— Mais oui, son père ! Ce sale type qui lui a fait croire qu'il l'aimait et qui n'a jamais, jamais quitté sa femme ! Même quand elle est morte et qu'il a été libre. Et même maintenant que lui aussi est mort, il continue à la faire souffrir. À chaque fois qu'elle voit Matthew, ils parlent de lui. Elle ressasse tout ce qu'elle n'a pas eu et, au lieu de couper les ponts, il entretient ça.

Zoey voulut répondre, mais aucun mot ne sortit de sa bouche. Un rire nerveux monta le long de sa gorge, alors que la jeune Brésilienne fulminait de plus en plus fort contre le père de Matthew, contre sa propre mère, jusqu'à ce qu'elle reprenne sa suite de jurons en portugais.

— Calme-toi, ordonna-t-elle, aussi fermement qu'elle le pouvait. Écoute, je comprends tout à fait ce que tu ressens mais justement… est-ce que tu ne crois pas que ta mère voudrait autre chose pour toi ? Dalton est fou de toi et c'est un type génial. Ta mère n'a pas besoin de toi. Lui, si.

Marianita secoua la tête.

— S'il te plaît, réfléchis-y. Je n'ai jamais vu Dalton comme ça depuis l'abominable Iva.

— L'abominable Iva ? La fille qui lui a brisé le cœur ?

Zoey sourit, à peine étonnée que son frère ait raconté cette anecdote – cette affaire, dirait-il – à la femme qu'il aimait. Il devait être effectivement plus qu'accroché.

— Celle-là même. L'année de ses seize ans a été un cauchemar pour toute la famille. Sous ses dehors débonnaires et désinvoltes, mon petit frère est un vrai sentimental. Il est simplement… mon Dieu, c'est Dalton. Il ne fait jamais rien s'il ne se sent pas à cent pour cent impliqué. Ce n'est pas lui qui se retrouverait coincé dans une relation médiocre pour ne pas être seul. Il ne s'embarrasse pas de dilemmes non plus.

Marianita eut soudain les larmes aux yeux. Zoey fronça les sourcils. Elle décida de jouer son dernier atout.

— J'aime beaucoup ta mère, Marianita. C'est une femme forte et franche. Elle s'en sortira. Tu sais, quand Maman a eu son accident, elle m'a dit quelque chose qui m'a vraiment touchée. Quelque chose de très juste.

— Oui ?

— Elle m'a dit qu'aimer ses enfants, c'était ne pas vouloir qu'ils reproduisent les mêmes erreurs. Qu'ils voient plus grand. Plus haut.

Elle mentait, évidemment. C'était Nana qui l'avait dit. Mais à sa façon, Fran lui avait exprimé la même chose.

— Il y a peut-être un moyen de retenir ta mère ici.

— Lequel ?

— Je m'en charge, répondit Zoey avec un sourire mystérieux.

D'un mouvement sec de la main, elle balaya le désastre sucré que Marianita avait causé sur la table.

En rentrant chez elle, elle ouvrit son ordinateur, chercha les mails de Rafael Branco et de Sofia Alves dans son fichier de contacts et pria le dieu de la communication que Sally incarnait de l'aider à trouver les mots justes.

Puis elle prit la décision la plus logique parmi toutes les possibilités qu'elle avait désormais pour se sortir de la situation dans laquelle, elle en était maintenant persuadée, elle s'était retrouvée plongée en partie par sa faute.

Elle fit apparaître une nouvelle fenêtre de messagerie et entreprit d'écrire un long mail à Matthew.

À défaut de panache, elle ferait preuve d'une totale honnêteté.

27

Les gentilles filles ne se jettent pas à la tête des hommes

Zoey ouvrit le portail du jardin de Nana. Elle avait tellement de souvenirs dans cette allée bordée de myosotis qu'elle ne put s'empêcher de sourire. Levant la tête, elle vit sa grand-mère qui la guettait derrière la fenêtre, comme lorsqu'elle revenait de l'école. Rentrer chez sa grand-mère l'apaisait, même si elle se demandait pourquoi elle l'avait invitée à venir la voir. L'avait convoquée, plus exactement.

Elle espérait seulement qu'elle échapperait à un nouveau discours sur son ego démesuré.

Elle poussa la porte.

— Entre, ma Zoey, cria Nana depuis le couloir.

Elle la rejoignit et l'embrassa.

— As-tu fait bon voyage ?

— Très bon, Nana. Tout va bien ?

— Tout va très bien. Je voudrais te présenter quelqu'un.

Nana l'entraîna dans le salon. Matthew était assis sur un des voltaires de Nana, les jambes croisées.

Quand il vit Zoey, un éclair d'étonnement traversa son regard noisette puis il se rembrunit.

— Matthew, je vous présente ma petite-fille Zoey. C'est un chef particulièrement doué. Mais vous vous connaissez peut-être. Je suis presque certaine que Dalton me l'a dit. On perd un peu la tête à mon âge.

Zoey maudit sa grand-mère et son frère, qui n'avait pas dû savoir tenir sa langue.

— Nous nous connaissons, répondit Matthew, solennel. Je vais peut-être vous laisser en famille.

— Surtout pas, susurra Nana, de sa voix la plus aimable. Nous avons à parler travail, tous les trois. Je vais nous faire du thé. Prends ma place, Zoey, je reviens.

Elle s'éclipsa dignement, non sans sourire d'une manière que Zoey aurait pu qualifier de jubilatoire.

— Comment allez-vous ? demanda Matthew.

Poli. Comme toujours.

— Beaucoup de travail. Et vous-même ?

— Beaucoup de travail aussi.

Ils se regardèrent un instant en chiens de faïence.

— Je vous ai envoyé des messages, dit Zoey.

— Je les ai reçus, répondit froidement Matthew.

— Parfait.

Le pied droit de Matthew se mit à battre nerveusement une mesure inaudible.

— J'ai particulièrement apprécié celui où vous me disiez que vous étiez désolée de m'avoir soupçonné, je vous cite, « d'avoir une liaison avec », je vous cite toujours, « une femme beaucoup plus âgée » qui s'est avérée être la maîtresse de mon père.

— Je n'ai pas le sens de la formulation, murmura Zoey.

— Oh, si, si, la contredit Matthew, sourcils froncés. Vous l'avez. Je suis heureux que vous ne pensiez plus que je suis un séducteur à la petite semaine, ce que – vous me permettrez de toujours vous citer – « mon attitude générale pouvait laisser imaginer ».

Il l'observa intensément, soudain, bondit de son fauteuil pour arpenter énergiquement la pièce.

— Vous êtes particulièrement forte pour présenter des excuses. Mais voyez-vous, j'ai peur que ce ne soit pas suffisant. Depuis que je vous ai rencontrée, vous m'avez crié dessus, humilié, insulté à plusieurs reprises, sans parler des nombreuses fois où vous m'avez raillé et poussé à me montrer aussi moqueur que vous.

— Je ne vous ai pas raillé, balbutia Zoey.

— Est-ce tout ce qui vous choque dans cette liste ? gronda Matthew.

Il n'était plus du tout dans la mesure. Elle ne l'avait jamais vu en colère. Il avait les mêmes yeux ombrageux, où brillaient ces étranges éclats dorés, que lorsqu'il la désirait. Elle eut du mal à soutenir ce regard mais se leva néanmoins.

— Je vous présente toutes mes excuses. Je me suis conduite comme une idiote. Une idiote avec un ego démesuré.

— Et la délicatesse d'un tank.

— Et la délicatesse d'un tank, répéta-t-elle avec difficulté. Je ne pouvais pas savoir que votre histoire avec Sofia était aussi dramatique. Avouez que les apparences étaient trompeuses.

— C'est tout à fait vous, ça ! s'exclama-t-il, en proie à une rage froide. Vous vous excusez puis vous attendez que les autres assument la part de faute que vous leur attribuez. Asseyez-vous. Maintenant, vous allez m'écouter.

Elle s'assit, silencieuse. Il eut un moment de stupeur, en constatant qu'elle lui obéissait. Son visage se radoucit.

— Mon père n'est pas le salaud que Marianita veut croire qu'il est. Notez bien que je ne lui en veux pas. Elle a vu sa mère souffrir toute seule, alors que moi, j'ai eu la chance d'avoir mes deux parents. Mon père aimait ma mère. Si vous voulez tout savoir, ce n'était rien à côté de ce qu'il a éprouvé pour Sofia à la minute où il l'a vue. Seulement, j'avais dix ans et mon père refusait que je sois un enfant de divorcés. Par ailleurs, il avait une profonde affection pour ma mère et estimait qu'elle n'était en rien responsable des sentiments qu'il avait pour Sofia. Il n'était pas allé chercher ailleurs ce qu'il ne trouvait pas chez lui. C'était un coup de foudre, tout simplement. Pendant des années, il a essayé de se défaire de cette relation. Il se sentait coupable vis-à-vis de ma mère, vis-à-vis de Sofia, et même vis-à-vis de moi. J'ai appris ce qu'il y avait entre eux à la mort de ma mère. J'avais vingt-sept ans et Kat venait de me quitter. J'étais furieux, blessé et assez amer, il faut le dire. Je connaissais déjà Sofia, puisque j'avais fait mon apprentissage chez elle. À l'époque, je ne comprenais pas que l'intérêt qu'elle me portait était en partie dû à mon père, même si je crois qu'elle a fini par réellement m'aimer. Au moment où ils auraient pu enfin être heureux, le destin s'est acharné. Après ma mère, c'est mon père qui a eu un cancer. Du pancréas. Quand il l'a appris, il a rompu définitivement avec Sofia, en lui disant qu'il ne l'aimait plus et qu'il l'avait toujours vue comme une maîtresse, pour qu'elle le déteste. D'une cruauté sans nom. C'était en fait une vraie délicatesse d'amoureux, la délicatesse désespérée d'un homme qui ne voulait pas que la femme qu'il aime le voie dépérir.

Il s'arrêta un instant, le souffle court, un rictus douloureux imprimé sur le visage.

— C'est moi qui ai contacté Sofia après son enterrement. Je ne supportais pas l'idée qu'elle pense qu'il avait cessé de l'aimer.

— C'est ça qui vous a fait comprendre que vous deviez vivre intensément.

Il la dévisagea longuement. Sa lèvre inférieure tremblait légèrement. Elle eut envie de le prendre dans ses bras, mais, pour la première fois, pour le consoler.

— C'est ce qui m'a fait comprendre que je devais chercher la femme que j'aimerais assez pour ne pas supporter qu'elle me voie mourir.

Elle esquissa un geste vers lui puis se ravisa.

— J'ai fini par vous rencontrer. Quand je vous ai vue dans le jardin de vos parents, avec votre petit air de pasionaria, pieds nus et les cheveux dénoués, je me suis dit que vous pourriez être cette femme-là.

Le cœur de Zoey fit un bond dans sa poitrine.

— Même quand vous m'avez crié dessus comme une hystérique.

— Je n'ai pas été hystérique.

— Même quand vous avez fait ce numéro ridicule de duettiste avec votre cher ami Adrian.

Elle ne répondit pas. Elle ne pouvait pas nier qu'ils avaient été ridicules.

— J'ai envié l'abruti pour qui vous aviez l'air d'avoir tant souffert. Je me demande d'ailleurs encore ce que vous avez pu trouver à ce type ennuyeux à mourir.

Elle devait admettre qu'il avait pourtant des points communs avec Spencer. Sa politesse. Son côté mesuré. Sauf au lit, évidemment. Elle repoussa les images que ce souvenir lui évoquait.

— Et puis je vous ai embrassée dans la rue. Ce soir-là, j'avais envie de monter chez vous. Pour tout vous dire, vous faire l'amour sous le porche de votre immeuble ne m'aurait pas non plus posé de cas de conscience. En revanche, je me devais d'être parfaitement libre et même s'il ne s'est jamais rien passé de sexuel avec votre cousine…

— Vous la fréquentiez, murmura Zoey.

— Je la fréquentais, effectivement. Qu'en avez-vous conclu ?

— Que vous vous amusiez.

— C'était follement amusant de laisser en plan une fille à qui je crevais d'envie de faire l'amour pour rentrer tout seul chez moi ! s'exclama-t-il.

— Ma grand-mère est à côté, bégaya Zoey.

Matthew eut un sourire réjoui.

— Si vous voulez mon avis, votre grand-mère est sortie de cette maison depuis un bon moment. N'essayez pas d'échapper à cette conversation. Je n'en ai pas terminé avec vous. J'ai reçu votre mail. En temps normal, je n'aurais plus adressé la parole à quiconque m'aurait envoyé un message aussi injurieux.

— Je vous en prie, ne me rappelez pas ce mail… gémit Zoey.

— Oh si ! Donc je vous ai attendu deux heures à la terrasse du restaurant de votre amie Gabriella qui, pour ajouter à mon humiliation, a suivi tout ça avec passion. Nous avons passé la nuit ensemble. Une nuit que j'ai…

— … que vous avez beaucoup appréciée, je sais.

— Cessez de m'interrompre !

Zoey ferma la bouche.

— Que voulez-vous que je vous dise ? Je n'avais aucune envie de vous voir vous rengorger ! Juste après, il y a eu la soirée chez Rafael. J'ai vécu un enfer sur ce canapé avec vous, à quelques centimètres de moi, qui vous trémoussiez. Je n'aurais sans doute pas dû vous suivre. Mais… comment vous dire ? Vous me rendez affamé. Alors oui, je vous ai suivie dans cette chambre. Vous vous souvenez sans doute de la suite.

— Nous avons fait l'amour, murmura Zoey.

— Je vous remercie, je suis au courant de cette partie-là. Je ne peux plus entrer dans mon propre dressing sans avoir une érection. Ce qui me retarde considérablement le matin.

— Puis vous m'avez laissée en plan.

— Vous avez raison sur ce point.

Elle lâcha une exclamation satisfaite, stoppée net par son regard toujours furieux.

— J'étais gêné, continua-t-il. Je m'étais laissé emporter par le moment. Peut-être un peu trop.

Contrairement à ce que vous pensez, je ne suis pas aussi à l'aise que ça avec… ce genre de…

— Spontanéité ?

— Pulsion, précisa-t-il. Mon Dieu, Zoey, je me suis jeté sur vous dans la chambre d'invités de l'appartement d'un des plus vieux amis de mon père !

— Dans le dressing, rectifia Zoey.

— Arrêtez de sourire comme ça.

Il s'approcha d'elle. Elle reconnut le regard affamé qu'il avait déjà eu avec elle.

— Sinon, je vais être obligé de me montrer particulièrement cavalier et je n'ai pas envie de repasser par là. J'ai horreur que vous ayez perpétuellement le dessus.

Il était si proche d'elle qu'il lui suffisait de lever le bras pour le toucher, ce qu'elle brûlait de faire.

— A priori, je n'ai pas le dessus, objecta-t-elle. Vous me disputez depuis au moins un quart d'heure.

— Je ne vous dispute pas. Je vous explique. Puis-je enfin savoir ce qui vous a fait quitter cet appartement, si ce n'est pas le remords ?

— J'ai vu Sofia dans vos bras. J'ai pensé… j'ai cru…

— Que j'étais allé tranquillement rejoindre ma maîtresse officielle.

— Oui.

— C'est tout à fait ridicule ! s'indigna-t-il en s'éloignant d'elle. J'ai retrouvé Sofia en larmes. Si vous voulez la vérité, et Dieu sait que ça me coûte de vous l'avouer, quand elle a vu comment je vous regardais, cela lui a rappelé mon père. Elle avait terriblement honte de craquer devant tout le monde. Je l'ai consolée. Puis je vous ai cherchée. Qu'avez-vous donc réellement cru ?

— Qu'elle vous léchait l'oreille.

Il écarquilla les yeux, horrifié.

— Vous avez un esprit d'une perversité incroyable. Et vous n'avez aucune confiance en vous !

— C'est un fait, maugréa-t-elle. Vous me l'avez déjà dit. Ne faites pas comme si vous le découvriez.

Elle prit une longue inspiration.

— Je suis désolée. Voilà. Je comprends parfaitement que vous n'ayez pas répondu à mes messages et que vous ne vouliez plus jamais me voir.

— Je ne voulais effectivement plus vous voir. J'ai passé les pires semaines de ma vie. Je me suis torturé en attendant auprès du téléphone. Je vous ai…

Il déglutit et la contempla, plein de rancune.

— Je vous ai googlisée tous les jours. Vous saviez que votre photo officielle est terriblement sexy ?

— Celle où je porte une toque ? s'exclama Zoey.

— Celle-là même.

— C'est moi que vous traitez de perverse…

— Pour tout vous dire, je n'ai jamais rencontré plus compliqué ni plus pervers que vous.

Elle se leva.

— Bien. Je vous présente encore mes excuses. Vous direz à Nana que j'ai dû rentrer pour une urgence professionnelle.

— Ce qu'elle ne croira certainement pas étant donné que vous n'êtes pas chirurgienne cardiaque, il me semble, ironisa-t-il.

Elle était debout devant lui et ne savait pas du tout quoi faire. Il avait réussi l'incroyable exploit de lui faire la plus belle déclaration d'amour qu'elle ait entendue de sa vie, tout en lui criant dessus et en soulignant toutes ses erreurs.

Et il lui avait rappelé la séance dans le dressing.

— Maintenant que nous avons vu tout ça, j'ai une dernière chose à régler.

En quelques enjambées, il fut près d'elle et la dévisageait toujours de son air outré. Elle s'apprêta à recevoir une dernière salve de reproches, alors que son cœur battait la chamade, à la fois d'émotion et d'un désir si violent qu'il la tétanisait.

Il se pencha vers elle et planta ses yeux dans les siens.

— Verriez-vous un inconvénient à ce que je vous embrasse ? demanda-t-il d'une voix enrouée.

Elle fit non de la tête.

28

Les gentilles filles suivent les conseils de leurs aînées

— J'ai accepté la proposition de ton oncle Malcolm, annonça Nana en leur tendant leurs verres, pas du tout embarrassée par le fait qu'elle était partie faire du thé et qu'elle était revenue une demi-heure plus tard avec une carafe de sa fameuse limonade et trois verres en cristal ciselé, pour les trouver en train de s'embrasser à pleine bouche dans son salon.

Matthew avait repris son air sérieux et professionnel et Zoey, sagement assise dans un fauteuil près de lui, évitait le regard amusé de sa grand-mère. Nana avait toujours été impossible et, pour la première fois de sa vie, elle redoutait un peu le moment où elle se retrouverait seule avec elle et devrait subir ses railleries.

— Je ne comprends pas l'influence de l'oncle Malcolm et de Tina dans cette histoire, dit-elle.

— Ils ont racheté la maison d'édition où votre grand-mère est publiée, l'informa Matthew. Voilà ce que je ne pouvais pas vous dire.

— Une chose de plus, souligna-t-elle avec un rien de cruauté à l'égard du jeune homme. Nana, je ne comprends pas ! Tu vas devenir dépendante de l'oncle Malcolm. C'est abominable !

— Ne t'inquiète pas, répondit Nana, l'air roublard. J'ai d'excellents avocats et ce n'est pas un petit chef d'entreprise imbu de lui-même qui va réussir à me rouler.

Zoey gloussa. Il n'y avait que Nana pour qualifier l'oncle Malcolm de « petit chef d'entreprise ».

— Je n'ai jamais été dupe, continua la vieille dame. Il a œuvré pour que Tina se retrouve impliquée dans ce que sera votre héritage. Je n'ai rien contre. Tu as ta propre carrière à mener. Dalton se contrefiche de l'argent, quoi qu'il en dise, et il dépense tout. Tina est une fille qui a les pieds sur terre et, si je n'ai pas beaucoup d'affinités avec elle, j'admire cette qualité.

Zoey marmonna sa désapprobation.

— Tu n'as plus douze ans, Zoey ! lança Nana. Ta cousine n'est pas le monstre que tu crois qu'elle est.

— Je n'ai jamais dit que c'était un monstre. Elle manque juste d'éclat… de générosité…

— Tu en manques tout autant. Tu as toujours été âpre, quand il s'agissait de récupérer de l'affection, n'est-ce pas ? Nous avons déjà établi que c'était ma faute. Tina manque d'éclat, mais l'éclat n'est pas une qualité nécessaire pour réussir. Comment dit ton frère ? Le panache ! Quelle idée stupide… Surtout en affaires. Tina gérera tout ça. Je lui dois bien ça. Je n'ai pas été tendre avec elle. Maintenant, il faut que nous définissions ce que nous avons envie de faire.

— Nous ? s'étonna Zoey.

Nana éclata de rire.

— Que crois-tu ? Que je vais servir à l'oncle Malcolm mes recettes d'un autre temps ? J'ai envie que ce livre marche, vois-tu ! Tu seras donc aux commandes avec M. Ziegler. Et c'est moi qui ferai la préface. C'est entendu entre lui et moi.

— Je vous remercie de m'avoir consultée avant ! s'indigna Zoey.

— Tu refuserais la dernière volonté de la femme qui t'a élevée, Zoey ? gronda Nana, son œil perçant fixé sur elle.

Zoey soupira.

— Ce n'est pas la peine de faire du chantage affectif. J'y réfléchirai. Mais je viens de me lancer dans une nouvelle… aventure qui va m'obliger à déléguer mon travail à Sally.

— Une nouvelle aventure ? demanda Matthew, sortant brusquement de sa réserve polie.

— J'ai accepté la proposition de Sofia, murmura Zoey.

La bouche de Matthew s'ouvrit puis se crispa.

— Pour le Brésil ? Vous vous fichez de moi ?

— À moitié, admit Zoey avec un sourire ravi. J'ai accepté sa proposition, à la condition qu'elle ouvre son restaurant à New York, avec le financement et la direction artistique de Rafael Branco.

La bouche de Matthew se rouvrit et se referma, avant de réprimer un rictus de satisfaction.

— C'est donc pour ça que Rafael voulait m'avoir à dîner ce soir… Qu'est-ce qui vous a décidé ?

— Je suis une sentimentale, au fond.

— Romanesque comme une jeune vierge… susurra Nana, moqueuse.

— Nana !

— Je ne fais qu'imager la vérité, sourit la vieille dame. Tu as donc décidé d'être chef. Bien. Et quel est ce prétexte que tu nous as trouvé pour ne pas t'avouer que tu es forgée d'une redoutable ambition au fond ?

— Dalton. Sofia sera obligée de rester à New York le temps de monter le restaurant. Donc Marianita n'aura plus de scrupules à rester également.

— Tu es une gentille fille, Zoey, répondit Nana, le regard brillant de joie.

— Plutôt deux fois qu'une ! rétorqua Zoey. Cette solution permettra aussi à Sally d'avoir les commandes de Zoey's Kitchen et de gérer mon entreprise comme elle le veut. Elle s'est toujours sentie à l'étroit à ce poste d'assistante. Je suis sûre qu'elle saura mieux le faire que moi.

Elle se leva.

— Tu auras parfaitement le temps de peaufiner tes recettes et nous pourrons même faire un partenariat avec Sofia Alves, suggéra Nana. Ou toute personne que vous jugerez bon d'impliquer, Matthew. J'ai confiance en vous. Votre franchise concernant l'implication de mon gendre m'a laissé une bonne impression.

— Que veux-tu dire ? demanda Zoey.

— C'est Matthew qui m'a prévenue que ton oncle avait racheté ma maison d'édition, lors de notre première entrevue. Il ne voulait pas que je signe ce livre sans avoir parfaitement conscience d'où je mettais les pieds. Veux-tu m'aider à rapporter tout ça à la cuisine ?

Zoey acquiesça.

Alors qu'elles entraient dans cette cuisine où elle avait passé toute son enfance et appris les bases de tout ce qu'elle savait désormais, sa grand-mère se pencha vers elle.

— Ce garçon est redoutable, tu sais ? dit-elle. Il a le diable au fond des yeux.

— Je l'ai remarqué aussi, confirma Zoey, avec une moue.

— Et toi, tu es vraiment une gentille fille. Mais que dit ton frère sur les gentilles filles ?

— Elles vont au paradis. Ce n'est pas de lui, Nana. Il l'a pris sur Internet.

— Peu importe. C'est tout à fait juste : les vilaines filles vont là où elles veulent.

Elle attrapa le bras de sa petite-fille, le serra tendrement et lui murmura, malicieuse :

— Sois une mauvaise fille, ma chérie.

29

Les gentilles filles ne parlent pas la bouche pleine

Matthew tapotait nerveusement le tableau de bord, quand elle le rejoignit dans la camionnette qu'elle avait empruntée pour se rendre chez Nana.

— Votre grand-mère est exceptionnelle, dit-il, alors qu'elle s'asseyait derrière le volant.

Elle fit un dernier geste à Nana dont le regard pétillant ne les quittait pas, derrière la fenêtre de son salon.

— Intrusive, fit-elle remarquer, prenant subitement conscience de qui elle tenait ce trait de caractère.

Elle démarra et s'engagea sur la route qui conduisait hors de la ville. Lorsqu'ils attcignirent l'autoroute, ils n'avaient toujours pas échangé un mot.

— Je crois que vous vous trompez de sortie, murmura Matthew, soudain.

— Je ne crois pas, non.

Elle vit ses yeux suivre le panneau qui indiquait la direction d'un motel, dont l'enseigne au néon finit par apparaître.

— Vous comptez m'emmener dans un motel ?

— Tout à fait.

Le visage qu'il tourna vers elle était à la fois étonné et horrifié.

— Vous me poussez dans mes derniers retranchements, affirma-t-elle.

Elle ralentit à l'approche du parking. Le bâtiment gris devant eux la fit douter un court instant. Néanmoins, elle réussit à garder un peu de sang-froid et à afficher une maîtrise déterminée, comme elle se garait le plus loin possible de l'entrée.

— Vous auriez pu attendre que nous soyons chez vous, dit Matthew.

— Je n'ai pas souvenir que vous ayez été très patient par le passé.

Il sourit.

— J'ai cédé à la pulsion d'un moment. En revanche, ce que vous faites là est parfaitement calculé.

— Je l'avoue.

Elle relira sa ceinture de sécurité et se pencha vers lui. Ses lèvres étaient délicieusement tièdes. Il la prit dans ses bras, doucement. Elle le repoussa, enjamba l'espace qui les séparait, puis les jambes de Matthew, et glissa contre lui. Avec un sourire, il se remit à l'embrasser, sans la passion qu'il avait mise auparavant dans ses baisers. Elle reconnut néanmoins la lueur sauvage qui lui traversait les yeux.

— Je ne perdrai pas le contrôle cette fois-ci, dit-il calmement.

Du moins, avec un calme apparent. Elle sentait le renflement de son sexe contre sa cuisse.

— En êtes-vous sûr ? souffla-t-elle.

— Tout à fait sûr.

Elle tira sa chemise hors de son jean et laissa ses doigts s'aventurer sur sa peau, d'abord le long de son cou, puis sur sa poitrine. D'une main, elle défit les boutons de son pantalon d'un geste ferme.

— Zoey, il y a probablement des caméras de surveillance, gémit-il.

— Personne ne nous reconnaîtra, murmura-t-elle.

— Le nom de votre entreprise est écrit sur la camionnette…

Elle se releva brusquement.

Refermer le pantalon, traverser le parking et prendre une chambre sous le regard ennuyé du gérant du motel leur prit un moment.

Zoey remarqua à peine l'état de la pièce. La porte tout juste claquée, Matthew se jeta sur elle, sans essayer de cacher son impatience. Elle le repoussa de nouveau pour l'entraîner vers le lit, sur lequel il se laissa tomber, sans grande résistance.

— Où en étions-nous ? demanda-t-elle.

Il s'abstint de répondre, la regardant rouvrir son pantalon et le faire glisser le long de ses jambes. Elle lui ôta ses chaussures, du même élan.

Appuyé sur un coude, il enleva lui-même sa chemise. Zoey se sentit prise d'une fébrilité qu'elle parvint difficilement à contenir. Matthew la regardait faire, la respiration haletante, alors qu'elle laissait sa langue tracer des sillons sur sa poitrine, puis son ventre.

Soudain, il ne tint plus et l'attira contre lui, en l'agrippant fermement sous les aisselles. Sa bouche se posa sur celle de Zoey, sans plus aucune retenue.

D'une main, il entreprit de la déshabiller, le souffle court.

Puis il se pencha pour la faire passer sous lui, tira sur les boutons de son jean et le descendit sur ses chevilles.

Arrivé à ses pieds, il s'attarda un moment. Il avait l'air de batailler.

— Pourquoi portez-vous ces satanées baskets ? maugréa-t-il en s'énervant sur les lacets.

— Je n'avais pas prévu de coucher avec vous aujourd'hui.

Elle l'aida, conciliante, en les enlevant elle-même, du bout des pieds, puis fit suivre le même chemin à son jean et à sa culotte. Une fois qu'elle fut nue devant lui, allongée sur le couvre-lit, il la contempla un instant.

— Moi non plus, répondit-il, avec un léger contretemps, je n'ai pas fait de double nœud pour autant.

Il remonta sur le lit et l'enlaça, tendrement. Elle resta quelques instants entre ses bras puis, avec un soupçon d'agacement, échappa à son étreinte et se dressa au-dessus de lui. Il leva la main vers son visage et lui caressa la joue.

— J'ai besoin d'un peu de temps, dit-il.

Elle n'était pas prête à attendre. Elle se pencha sur lui, laissant ses lèvres glisser sur sa peau tiède et son nez humer son odeur. Le cou de Matthew se tendit lorsqu'elle le caressa avec sa bouche.

— Est-ce suffisant ? demanda-t-elle.

Sans attendre de réponse, elle descendit un peu plus et sa langue se remit à explorer chaque parcelle de son torse, depuis ses tétons, qu'elle sentit durcir, jusqu'à son bas-ventre, qui se contracta brusquement.

Les mains de Matthew jaillirent pour la frôler, à son tour. Elle lui attrapa les poignets et les maintint fermement sur le lit. Un gémissement étouffé lui parvint, alors qu'elle glissait encore, jusqu'à ce que ses genoux atteignissent le sol.

Elle releva la tête. Il la regardait, la bouche entrouverte. Du bout des lèvres, elle embrassa son sexe tendu.

Quand elle l'encercla de ses lèvres, elle perçut un frémissement le parcourir et un grondement sourd vibrer dans sa poitrine. Elle se retira, pour le plaisir de le voir se tendre de nouveau vers elle.

— Voudriez-vous cesser de jouer ? demanda-t-il d'une voix enrouée.

— Je ne joue pas, répondit-elle. Je prends la pleine mesure de mon pouvoir.

Elle titilla le bout de son sexe de sa langue. Elle jouait, effectivement, et ce jeu l'amusait autant qu'il l'excitait.

— Je déteste vraiment que vous ayez le dessus, murmura-t-il.

— Vous mentez, répondit-elle, sans le quitter des yeux.

— Définitivement.

Alors qu'elle remontait vers lui, il replia les bras derrière sa tête, du geste plein d'élégante nonchalance qui lui était habituel, et lui sourit.

30

Les vilaines filles vont là où elles veulent (sauf dans la chambre de leur petit ami)

Fran donna un dernier coup de peigne à sa somptueuse chevelure noire pour discipliner une mèche rebelle qui n'existait que dans son esprit tatillon.

— Vingt-neuf ans de mariage ! Est-ce que ça se fête ? piaillait-elle devant le miroir de l'entrée.

À ses côtés, Zoey contemplait son propre reflet sans grand espoir. Elle avait fait des efforts pour le maquillage, mais ses cheveux étaient définitivement désespérants.

La fin août avait rafraîchi l'air et Fran accepta avec gratitude l'étole que son mari lui posait sur les épaules. Jo jaugea brièvement le niveau d'agacement de sa femme et fit ce qu'il faisait depuis plus de trente ans dans ces cas-là : il prit la fuite.

— Stella a toujours eu un esprit de compétition acharné ! continua Fran. Et aucun sens des convenances. Elle doit bien savoir que tout le monde a fait le calcul ! Adrian a plus de trente ans !

— Il n'y a pas de quoi rougir à avoir mis au monde un enfant de l'amour, murmura Zoey.

— Parce que tu crois que tu es quoi, toi ? rugit sa mère, en redressant la tête. On n'a pas besoin d'avoir été conçu à l'arrière d'une voiture pour être un enfant de l'amour.

— Maman !

— Ne sois pas aussi coincée ! Ta grand-mère en sort de bien pires et ça te fait rire. Je suis ta mère, pas la mère supérieure d'un couvent. Et les Peters, sous leurs airs bien-pensants, sont des babas cool.

Zoey rit en imaginant Stella et Darryl Peters affublés de jeans à franges et de chemises à fleurs.

— Maman, la vie des autres n'est pas systématiquement un affront personnel à la tienne, fit-elle remarquer.

Fran la dévisagea, royale et terrifiante.

— Tu n'as aucune conscience des guerres qui ravagent nos banlieues, ma pauvre Zoey, dit-elle très sérieusement. Je dois mettre tout ce que j'ai comme diplomatie pour maintenir une certaine harmonie dans notre cercle d'amis. Évidemment, tu n'es pas concernée par ce genre de problèmes. Ta bande et toi vous contentez de vous vautrer sur ce que vous appelez des canapés et de vous partager des paquets de chips et des bières. Je suis sûre que Matthew se sent très mal à l'aise avec vous.

Dans le panthéon personnel et masculin de sa mère, Matthew était systématiquement mal à l'aise, comme Jo toujours agacé ou furieux. Ce qu'ils n'étaient jamais, ni l'un ni l'autre.

Zoey gloussa de nouveau à l'évocation de Matthew vautré avec un paquet de chips et une bière, surtout dans la mesure où la dernière fois qu'elle l'avait vu sur son canapé, il était entièrement nu et la suppliait d'accélérer le rythme. Pas vraiment l'image du gendre idéal que Fran voulait bien se faire.

— Je ne comprends pas pourquoi tu t'acharnes à te conduire comme une adolescente.

La trêve provoquée par l'accident de sa mère avait touché à sa fin. Fran était revenue, plus majestueuse et péremptoire que jamais. Mais Zoey savait que sa mère l'aimait et c'était tout ce qui comptait. Elle s'apprêtait à accepter de bonne grâce la remontrance, quand Matthew surgit hors de la cuisine.

— Elle a certainement pris ça de vous, dit-il d'un ton aimable.

Fran sourit. Et battit des cils.

— Vous êtes donc d'accord avec moi.

Zoey leva les yeux au ciel. Sa mère n'admettait jamais de perdre une bataille. Encore moins une guerre.

Elle fit tourner son collier sur son cou d'un millimètre à peine et sonna le signal du départ.

— Zoey… si cette peste de Suzie Harting essaie de minimiser ta nouvelle promotion, ne réponds pas. J'en fais mon affaire. J'en ai proprement ras le bol de l'entendre parler du mariage somptueux de sa cruche de fille.

Son accident l'avait changée, finalement. Elle avait largement gagné en verve. Celle de Nana, en fait.

Tel un général poudré et parfumé, elle se dirigea vers l'allée de son pas élégant.

Matthew étreignit Zoey, tendrement.

— Je te remercie de subir ma mère, lui dit-elle.

— J'ai survécu à l'ensemble de ta famille, fit-il remarquer. Ta grand-tante Vic ne se tait-elle jamais ?

— Encore moins que toi.

Matthew enfouit son nez dans ses cheveux, pour toute réponse.

— Ne serait-il pas possible d'être légèrement en retard ? demanda-t-il.

Ses mains s'égaraient déjà le long de ses cuisses. Zoey se dégagea, d'un trémoussement inélégant.

— Ma mère t'attend au bout de l'allée. Si tu crois qu'elle va se priver d'une arrivée à ton bras…

Matthew siffla d'agacement mais, bon joueur, reprit aussitôt une de ses expressions les plus courtoises.

Ils traversèrent ensemble le jardin jusqu'au portail, où Fran les attendait effectivement, en rajustant son étole de soie noire.

La pelouse des Peters était aussi envahie que celle des Westwood l'avait été, deux mois plus tôt, et l'assemblée constituée à peu près des mêmes personnes. Zoey aperçut l'immense piano qui avait été transporté sur une estrade, sous la tonnelle de coton écru. Adrian était assis sur le même tabouret qui l'avait accueilli pendant vingt ans, regardant dans le vide d'un air parfaitement désespéré. Apparemment, sa technique de voyage intérieur ne marchait pas vraiment en cette occasion et, lorsqu'il refaisait surface, il considérait l'horreur de la situation avec une lucidité douloureuse. Près de lui, Marianita feuilletait des partitions, moulée dans une robe longue blanche, dont les paillettes reflétaient la lumière des bougies.

Fran Westwood allait détester ça et Dalton souffrir horriblement pendant les jours qui suivraient. Zoey ricana.

Elle vit sa mère s'avancer vers Stella, son air le plus aimable calqué sur le visage, et l'entendit s'extasier sur la décoration. Sally parlait avec Darryl Peters, un peu plus loin. La voir parmi les amis de ses parents lui laissait une impression étrange mais pas désagréable. La façon dont Adrian et elle vivaient ce qu'ils refusaient de définir la rendait bienveillante et indulgente.

Une nouvelle Zoey, en somme. Pas tellement différente au fond, comme Fran n'était pas tellement différente de celle qu'elle avait été avant son accident, mais peut-être moins âpre et sûrement moins angoissée.

Elle considérait les événements de cet été comme son AVC personnel.

Son AES. Accident existentiel et sentimental.

Matthew la rejoignit, une fois assuré que Fran était bien engagée dans sa bataille et ne se préoccupait plus de lui. Il s'adaptait avec une facilité redoutable.

— Personne ne remarquera notre absence, souffla-t-il à son oreille. L'important est qu'ils nous aient tous vus au début de la soirée.

— Tu ne lâches jamais, répondit-elle, en essayant d'ignorer la lueur qui passait dans son regard.

— Tu ne m'avais pas parlé d'une cabane ?

Elle se retourna pour le tancer ouvertement.

— Je ne suis plus la Zoey qui abuse de la margarita et qui s'enferme dans une cabane pour embrasser son petit ami.

— Quel dommage… murmura Matthew en l'attirant contre lui. Cela dit, lundi dernier, tu as abusé de la margarita dans ce restaurant et il me semble que nous avons…

Elle lui mit la main sur la bouche. Près d'eux, un couple d'amis de ses parents leur jetait des regards amusés.

Du coin de l'œil, elle vit Laurie et Spencer fendre la foule, main dans la main. Elle recula d'un pas et sourit à Matthew qui, les yeux ombrageux, garda ses mains sur ses hanches, autoritaire, et ne dégagea que la droite pour serrer la main de Spencer. Elle aperçut rapidement la nouvelle lueur qui traversait son regard, bien moins suave que celle qu'il lui réservait.

— Est-ce que je peux te parler en privé, Zoey ? demanda Laurie, pas du tout à l'aise.

Elle dansait d'un pied sur l'autre comme une gamine embarrassée.

— Nous n'avons rien à boire, dit Matthew. Spencer, vous me guidez ?

Ils s'éclipsèrent.

— Le mariage se prépare-t-il bien ? demanda Zoey, aussi poliment qu'elle le put.

— Nous avons encore le temps, répondit Laurie, avec un petit geste dégagé de la main. Justement, je voulais te parler de mon mariage. Nous n'avons jamais eu l'occasion de mettre cartes sur table.

— Je ne savais pas que nous jouions une partie de poker, riposta Zoey.

Laurie rougit.

— Tu ne me facilites pas la tâche. J'ai toujours eu un peu peur de te parler, tu sais.

— Peut-être parce que tu as séduit mon fiancé ? C'est une bonne raison pour éviter quelqu'un, non ?

La grimace de Laurie lui inspira un peu de pitié, vite balayée par la perspective de la torturer comme lorsqu'elles étaient enfants.

— Je n'ai pas séduit Spencer, répondit Laurie. Du moins, je ne l'ai pas fait exprès. Je suis tombée amoureuse et je m'en suis vraiment voulu. Nous n'avons jamais été amies et je ne pouvais pas être franche avec toi. Maintenant, tu es avec Matthew et tu sembles plus heureuse. Je me disais que nous pourrions faire la paix.

— Je n'ai jamais été en guerre contre toi, Laurie, souligna Zoey, mauvaise. Je ne vis plus ici depuis longtemps.

— Tu n'as pas été spécialement aimable non plus.

— J'aurais dû l'être ? aboya Zoey.

Laurie l'agaçait à présent. Elle n'allait certainement pas s'excuser d'avoir mal pris le fait que Spencer la quitte pour sa meilleure ennemie d'enfance.

— Peut-être un peu, rétorqua Laurie en se redressant. Tu aurais pu imaginer que nous n'y pouvions rien. Spencer n'allait pas rester avec toi juste parce qu'il t'avait rencontrée avant moi… Tu sais très bien comment il est… Il ne s'exprime pas facilement.

— Je n'ai pas très envie de t'écouter m'expliquer qui est Spencer, répondit Zoey. J'ai été plus qu'indulgente jusque-là.

— Indulgente, toi ?

Son exclamation était d'une spontanéité vexante.

— Pas vraiment, continua-t-elle. J'ai passé mon enfance et mon adolescence à subir vos moqueries, à

Adrian, Dalton et toi. Vous m'avez fait pleurer plus d'une fois. Vous avez été abominables et vous maîtrisiez tellement tout mieux que moi !

— Pardon ?

Zoey la dévisagea, sincèrement étonnée.

— Nous maîtrisions tellement tout mieux que toi ? répéta-t-elle.

— Vous étiez plus à l'aise, plus drôles, plus talentueux. Ma mère passait son temps à me comparer à vous.

Cette information lui arracha une vague de sympathie pour Laurie, bien malgré elle. Elle avait dû subir, elle aussi, cette terrible pression des mères soucieuses de la réussite de leurs enfants, surtout par rapport à ceux des autres, dans cette toute petite vie de quartier bourgeois.

— Adrian et son piano, toi et ta cuisine, Dalton et son diplôme d'avocat… et moi… à peine assez douée pour faire une maîtresse de maison convenable. Mes parents ont accueilli Spencer comme s'il était le messie, persuadés qu'il allait me tirer vers le haut.

Zoey réprima la répartie exquise que cette formule suggérait et regretta qu'Adrian ne soit pas à ses côtés pour la partager.

— Ça me coûte, tu sais, de te dire tout ça, reprit Laurie. J'aimerais vraiment que tu viennes à notre mariage, avec Matthew. C'est important pour moi. Ce serait comme si nous faisions définitivement la paix.

— Ta mère sera ravie de pouvoir interpréter la moindre de mes expressions.

Laurie émit un petit rire.

— La tienne critiquera ma robe et trouvera la décoration clinquante.

— C'est sûr et certain. Je viendrai à ton mariage. Avec ou sans Matthew.

— Merci, Zoey, répondit Laurie avec un sourire qui éclairait son joli visage. Je ne te dérange pas plus.

Zoey hésita puis, comme elle avait décidé qu'elle n'était plus tout à fait la Zoey d'avant et se sentait particulièrement assurée, la retint.

— Laurie ? Est-ce que Tina m'en veut, pour Matthew ?

— Pas le moins du monde, dit Laurie, doucement. Il l'intéressait plus pour son carnet professionnel que pour sa vie sentimentale. Tina ne cherche pas vraiment une relation suivie.

— Vraiment ? s'étonna Zoey.

— Vraiment, rit Laurie. Tu devrais apprendre à la connaître. C'est une chouette fille et une excellente amie, bien moins conventionnelle que ce que tu peux croire. Mais en famille, souvent, nous sommes toutes obligées de faire semblant. Sauf toi, évidemment, qui as toujours été libre.

Zoey sourit. Cette image lui convenait assez peu.

— Pas tant que ça, murmura-t-elle, en se souvenant de la façon dont elle s'était enfermée dans son rôle de l'insupportable rebelle et de la souffrance qu'elle en avait éprouvée.

Laurie s'éloigna, à la recherche de son fiancé. Dalton prit sa place, en bondissant. Il portait une des chemises bleues que sa mère continuait à stocker dans le placard de sa chambre et affichait une expression chagrine.

— Tu as vu la robe de Marianita ? demanda-t-il précipitamment.

— Maman va te tuer, annonça Zoey, avec une certaine sobriété.

— Maman va doublement me tuer si elle provoque une érection chez tous les vieux croulants qui lui servent d'amis.

— Dalton, je t'en prie, épargne-moi les détails.

— Les détails risquent de te sauter au visage, ma fille, répondit-il sèchement.

— Tu es répugnant.

Son frère esquissa un sourire narquois.

— Je suis peut-être répugnant mais je te signale que ma chambre se trouve exactement entre la tienne et la chambre d'amis où ton Matthew dort. Si tu veux que je le laisse passer, tu as intérêt à être de mon côté quand Maman s'abattra sur moi pour m'expliquer la différence entre une robe et une tenue de strip-teaseuse.

— Tu exagères… Elle est tout à fait élégante… et très jolie. Si tu empêches Matthew de me rejoindre, tu n'auras absolument aucune aide.

— Zoey, je crois sincèrement que si je suis devenu avocat, c'est uniquement pour avoir une chance d'être un jour meilleur négociateur que toi. À bien y réfléchir, j'aurais peut-être dû entrer dans la mafia.

— Tu as encore du chemin à faire, morveux, riposta-t-elle en souriant.

Elle souriait encore quand Matthew la rejoignit, une coupe de champagne dans chaque main.

— Pas de bar à cocktails, dit-il en lui en tendant une. Cette fête manque cruellement de ta touche.

— Maman n'aurait jamais accepté que je m'occupe du buffet, Stella non plus, d'ailleurs.

— Je viens de passer les dix minutes les plus ennuyeuses de ma vie, se plaignit-il. Ce Spencer ferait somnoler une équipe de sprinters olympiques.

Il la prit par la taille. De nouveau, il avait ce regard sournois, légèrement ombrageux, qu'il avait eu envers Spencer une minute auparavant.

— Je croyais que tu n'étais pas jaloux, dit-elle.

— Je n'ai jamais rien affirmé de tel. J'ai dit que je n'aimais pas les femmes jalouses. Pas que je ne l'étais pas.

— C'est original. Mais Spencer, tout de même…

— Ce type n'a aucune prestance.

— C'est presque insultant pour moi.

— Ça le serait si tu étais restée avec lui.

Il l'embrassa, brusquement, devant tout le monde. Zoey avait cru pourtant comprendre qu'il n'aimait pas les démonstrations publiques. À leurs côtés, Dalton lâcha un faux borborygme de dégoût et s'éloigna.

— Verrais-tu un inconvénient à ce que je t'enlève ? murmura Matthew.

— Aucun, répondit-elle, le souffle court.

Ils restèrent cependant à la fête. Adrian joua tous les morceaux que sa mère lui avait imposés, et Marianita chanta, ce qui permit à Dalton de réunir quelques arguments contre l'attaque à venir de sa mère. Fran aimait la musique, tout comme Jo, et il fallait admettre que Marianita avait un talent exceptionnel.

Le lendemain matin, Zoey débarqua dans la cuisine, sanglée dans une robe de chambre de son adolescence, à peu près coiffée et démaquillée, pour y trouver Fran, occupée à préparer le petit-déjeuner familial.

Elle se sentit vaguement inquiète de ce qu'elle allait lui dire. Matthew l'avait rejointe aux premières lueurs de l'aube, la réveillant par des baisers bien trop passionnés pour son état d'éveil à cette heure matinale. Il n'avait cependant pas mis beaucoup de temps à la convaincre de renoncer à une grasse matinée.

Fran la dévisagea un moment, comme si elle préparait son allocution, un sourcil levé.

Zoey rougit. Elle était certaine qu'ils n'avaient pas fait de bruit, même quand il l'avait collée contre le mur de sa chambre. Elle n'avait émis aucun son, en outre, puisqu'il lui avait mis la main sur la bouche, délicatement, ce qui avait eu l'effet contraire de celui escompté et l'avait encore plus excitée.

— Si tu pouvais t'occuper des toasts, ma chérie, ça m'arrangerait, demanda sa mère, aimable. Tu les fais exactement comme ton père les aime et je n'ai jamais réussi à comprendre le fonctionnement de ce grille-pain. Tu es tellement plus douée que moi !

Zoey s'abstint de signaler à sa mère qu'il ne fallait pas de talent pour utiliser un grille-pain et qu'il suffisait de régler la bonne température grâce au bouton destiné à cet effet.

— Tu as vu la robe de la petite amie de ton frère ? attaqua Fran, tout en pressant des oranges.

— J'ai surtout entendu sa voix, répondit Zoey, bonne joueuse.

— Certes. Elle chante très bien. J'espère qu'elle gagne correctement sa vie. Dalton ne supportera jamais une femme dépendante.

— Il est très amoureux d'elle, Maman, plaida Zoey.

— Il a été élevé par moi. Il lui faut une femme indépendante et du même milieu que lui.

Zoey voulut faire remarquer que Marianita allait sans doute hériter d'un empire à côté duquel les biens des Westwood faisaient figure de bicoques en tourbe. Elle évita. Sa mère se sentirait aussitôt menacée et elle préférait de toute façon que Dalton se charge lui-même de défendre sa petite amie.

Fran lui servit un café. Durant quelques minutes, Zoey savoura le calme de la cuisine et la vision rassurante de sa mère, qui s'échinait à préparer un petit-déjeuner correct, alors qu'elle détestait ça depuis toujours, et ce, dans le but certain d'impressionner Matthew. Elle avait souligné à plusieurs reprises qu'il était orphelin et que la chaleur d'un foyer devait lui manquer. En cela, elle n'avait pas tout à fait tort, bien que Zoey eût pu émettre quelques doutes sur le fait que la chaleur d'un foyer se résume pour Matthew à des toasts servis dans de la porcelaine décorée de pensées mauves.

— Tu sais, Zoey, dit soudain Fran, j'espère que Matthew n'a pas été vexé de dormir dans la chambre d'amis. Cependant, tu comprends bien que les règles ne changent pas, n'est-ce pas ? Je n'ai aucune envie que tu me ramènes tes petits amis au gré de tes envies, au cas où tu aies la stupidité de rompre avec ce garçon.

Zoey ouvrit la bouche pour répondre mais s'abstint de nouveau. Il ne servait à rien d'expliquer à Fran Westwood qu'elle n'avait plus vingt ans, ni qu'elle comptait bien éviter une rupture avec Matthew. Elle avait même fini par s'habituer à sa détestable façon d'éclater de rire après avoir fait l'amour.

— Ce n'est pas très juste pour ton frère, évidemment, fit remarquer Fran, songeuse. Je ne pouvais pourtant pas accueillir Marianita dans ces conditions. Je préfère prendre plus de précautions avec lui, compte tenu de sa vie dissolue.

Fran ne lâchait jamais un os à ronger.

Elle posa les tasses à café sur un plateau, à côté de la carafe de jus d'orange.

— Cette fille a l'air particulièrement émotive, en plus. Elle va lui en faire voir de toutes les couleurs ! Je suis certaine qu'elle a un caractère emporté. Le pire au monde. Vivre avec quelqu'un de colérique est infernal. Crois-moi, je suis mariée à ton père depuis trente-cinq ans !

— Papa n'a pas un caractère emporté.

Fran claqua des lèvres.

— Tu n'es pas dans notre intimité, Zoey. L'autre jour, figure-toi qu'il m'a contredite à propos du jardin. Avec un ton !

Ses narines frémissaient encore de rage. Puis elle reprit son masque souriant en arrangeant les tasses près des serviettes en lin.

— Tu n'auras pas ce souci avec Matthew. Il a l'air de t'apprécier comme tu es et d'avoir un certain respect pour notre famille, même si je sais qu'il t'a rejointe ce matin.

Zoey écarquilla les yeux, au comble de la gêne.

Fran esquissa un petit sourire.

— En revanche, il aurait pu être plus discret. Il nous a réveillés, ton père et moi.

Elle aurait voulu disparaître. Elle fit tomber son visage sur ses mains, se cachant derrière ses cheveux pour masquer sa honte.

— Ne sois pas aussi dramatique ! Je n'ai rien contre le fait qu'il vienne te dire bonjour. Je suis moins vieux jeu que ça et j'ai eu votre âge. Simplement, la prochaine fois…

Zoey releva la tête.

De l'autre côté de la table, sa mère la contemplait, sans aucun embarras, et ajouta :

— … dis-lui de rire moins bruyamment.

La tarte au citron de Nana

par Zoey Westwood

- Une pâte sablée
- 8 cl de margarita (5 cl de tequila, 3 cl de cointreau, le jus de 2 citrons verts)
- 40 g de maïzena
- 150 g de sucre en poudre
- les zestes de deux citrons verts
- 3 jaunes d'œuf
- 50 g de beurre

Sortez vos ingrédients du réfrigérateur une heure avant de commencer.
Au moment de cuisiner, lancez une playlist de Dalton (garantie sans Sinatra).
Dans un four à 210 degrés, faites cuire votre pâte sablée à blanc pendant vingt minutes.
Mélangez le jus des citrons verts, la tequila et le cointreau pour faire la margarita. Goûtez-la (elle est toujours trop forte).
Refaites-vous-en une. Deux, tant que vous y êtes. Mettez-en une de côté.
Dans une casserole, portez une dose de margarita à ébullition.

Battez les jaunes d'œufs et le sucre, jusqu'à ce que le mélange gonfle. Ajoutez les zestes de citron puis la maïzena petit à petit.

Délayez le mélange avec un peu de margarita chaude.

Versez la préparation dans la casserole puis faites-la épaissir, sans cesser de mélanger, sur feu moyen.

De votre main libre, prenez votre verre et sirotez la margarita que vous aviez mise de côté.

Hors du feu, incorporez doucement le beurre.

Sur la base sablée sortie du four, étalez la préparation refroidie puis renfournez vingt minutes.

Une fois la tarte refroidie, mettez-la au réfrigérateur pour au moins trois heures.

Servez-la à vos invités.

Évitez les dressings.

DE NOUVELLES TRIBULATIONS FAMILIALES DÉSOPILANTES

LE TENDRE BAISER DU TYRANNOSAURE

AGNÈS ABÉCASSIS

N° 34198

Rassurez-vous, il n'y a pas de vrai tyrannosaure dans cette histoire. Mais on y trouve Félix, un paléontologue peureux à qui sa grand-mère ordonne de quitter la femme avec laquelle il vit pour affronter ses pires angoisses. S'il y parvient, il aura droit à une immense surprise… Et puis il y a Olive, sur le point de se marier, qui annonce à sa famille que son couple ne désire pas avoir d'enfant. Scandale, indignation et machinations de la mère et de la belle-mère ! On évoque Tom, aussi ? Un flic désabusé et terriblement romantique, trop sans doute pour la fille capricieuse qu'il va rencontrer. Et n'oublions pas Ava, vendeuse d'escarpins de luxe, qui reçoit un jour d'une cliente millionnaire un bijou hors de prix et quitte illico l'emploi qu'elle déteste tant. Jusqu'à ce que son bijou disparaisse… Des personnages qui forment une bande irrésistible et nous emportent dans un tourbillon de sentiments. Une comédie réjouissante, à dévorer d'urgence !

LE CLASSIQUE DES CLASSIQUES, ENTRE PASSION ET IRONIE !

ORGUEIL ET PRÉJUGÉS

JANE AUSTEN

N° 32337

Elizabeth Bennet a quatre sœurs et une mère qui ne songe qu'à les marier. Quand parvient la nouvelle de l'installation à Netherfield, le domaine voisin, de Mr Bingley, célibataire et beau parti, toutes les dames des alentours sont en émoi, d'autant plus qu'il est accompagné de son ami Mr Darcy, un jeune et riche aristocrate. Les préparatifs du prochain bal occupent tous les esprits...

Jane Austen peint avec ce qu'il faut d'ironie les turbulences du cœur des jeunes filles et, aujourd'hui comme hier, on s'indigne avec l'orgueilleuse Elizabeth, puis on ouvre les yeux sur les voies détournées qu'emprunte l'amour...

PAPIER À BASE DE
FIBRES CERTIFIÉES

Le Livre de Poche s'engage pour
l'environnement en réduisant
l'empreinte carbone de ses livres.
Celle de cet exemplaire est de :
300 g éq. CO_2
Rendez-vous sur
www.livredepoche-durable.fr

Composition réalisée par PCA

Achevé d'imprimer en juin 2020 en Espagne par
Liberduplex 08791 Sant Llorenç d'Hortons (Barcelone)
Dépôt légal 1re publication : juin 2020
LIBRAIRIE GÉNÉRALE FRANÇAISE
21, rue du Montparnasse – 75298 Paris Cedex 06

39/1849/8